チャイナ・インパクト
The China Impact

大前研一
Kenichi Ohmae

講談社

チャイナ・インパクト

目次

装幀――倉田明典

プロローグ

　中国は完全に目覚めてしまった。「眠れる獅子」と呼ばれた時代は、沿岸部にかぎっていえば、すでに過去のものとなっている。一二億人を超える人口を背景にした安価で良質な労働力と、最新鋭設備を取り入れた産業基盤を背景に発展する中国経済の力強さは、もはや疑いようがない。圧倒的なコスト競争力が引き起こす価格競争から、日本企業だけが逃れることはできないし、かといってこれと正面からぶつかっても勝てる見込みはまったくないのだ。

「世界の工場」として注目が集まっている中国だが、世に出回っている中国関連の記事や著作を見ると、そのスタンスには非常にばらつきがあるのがわかる。中国脅威論や中国進出マニュアル、さらには中国の崩壊を予言するようなものまで幅が広い。成長する中国をどう受け止めていいのか、判断をつけかねているという印象だ。

　それを反映してか、日本側の中国に対する態度もさまざまだ。

　中国をもっとも利用し、成功した日本企業は、おそらく「ユニクロ」を展開するファーストリテイリングだろう。自前で商品開発や販売を手がけ、製造は中国の委託工場に任せてしまう。中間業者を入れないため、製造コストやマージンを低く抑えることができる。こうして、低価格でそこそこの品質の製品を大量に日本に供給することを可能とし、消費者からの圧倒的な支持を獲得した。

ユニクロも今では追いかけられる立場となったが、中国の競争力を自社の費用構造の中に取り入れる、いわゆる「ユニクロ化」戦略は、日本の企業社会にあっと言う間に定着してしまった。

ホンダの展開もユニークだ。ホンダはこれまで、日本製オートバイのコピー製品に苦しめられてきたが、なんとそのコピー製造の元締め会社と合弁を始めてしまった。模造車の品質が上がってきたことに着目し、その低コスト開発から学ぼうという、これまでとは全く逆の発想をしたのだ。

三洋電機は、「中国の松下」の異名を取る家電メーカー・海爾《ハイアール》と提携し、家電製品の相互販売をおこなうと発表、新聞でも大きく報じられた。三洋は、海爾の販売網を使って中国で売り込みをおこなう一方、日本においては合弁会社を設立し、海爾ブランド製品の販売を手がけるとしている。日本の大手メーカーで、中国ブランドの製品を扱う会社を設立するのは三洋が初めてだ。

だがこうした例は、まだまだ少ない。長ネギやシイタケにセーフガードが発動された例を見ればわかるように、日本はいまだ中国を市場や職を奪う脅威としか見ていない。何かあったら政府に泣きつき、自分たちの市場を守ってもらう。そういった発想からの転換ができずにいる。

しかし、こうした見方は表層的だ。日本に流入してくる中国産の工業製品や農作物は、実は中国に進出した日本メーカーや、開発輸入を得意とする日本の商社が持ち込んできている。つまり「世界の工場」を利用した日本企業が、利用していない日本企業に攻め込んでいるという構図なのである。ユニクロの例がまさにこれだ。

だから、中国脅威論に凝り固まっているかぎり、本当の中国の姿は見えない。日本は、もっと中国を利用しなくては、市場での競争に勝てなくなりつつあるのだ。

では、中国の本当の姿とは何か。

この巨大な国家は、政治的にはまだ北京《ペキン》の中央集権国家なのだが、経済的にはすでに別の国に生まれ変わってしまった。朱鎔基《しゅようき》が首相になって始めた改革により、経済面では地方に権限が委譲され、実質的には連邦制の統治機構になってしまった。その中でも特に発展し、経済的な自立を果たしているのが、「東北三省」「北京《ペキン》・天津《てんしん》回廊」「山東《さんとう》半島」「長江《ちょうこう》デルタ」「福建《ふっけん》省」「珠江《じゅこう》デルタ」という、沿岸部の六つの地域である。

これらの地域は、それぞれが独自性を持って発展しており、独立性が高い。面積や人口、経済力からみても、中国の一部というよりは、一つの国家として認識したほうがより正確に把握できる。私はこれらを「メガリージョン」と呼んでいる。地域＝リージョンの枠を超えたメガ地域という意味である。本書では、この六つのメガリージョンを重点的に取り上げていく。

中国は、このメガリージョンが互いに競争しながら、外資系企業を呼び込み、その力を借りながら経済発展するという、いわゆる貧席経済で伸びてきた。世界をよく見れば、繁栄している国というのは、アメリカを筆頭にすべて貧席経済の国ばかりだ。ところが、これに対して日本は排外的で、外資の進出に身を固くし、なるべくなら国内市場を自分たちだけで守りたいという意識が強い。こういう姿勢では、ボーダレス経済の中で発展していくのはきわめて困難だ。

中国のメガリージョンは、それぞれ文化、歴史、言語的なつながりで結ばれた複数の都市からなる文化圏＝カルチャーユニットになっている。各々のメガリージョンは、一つの国家のように振る舞い、他のメガリージョンとは違った特質を持つ。

中国を単一の国家として眺めていたのでは、いつまでたっても中国の本質が見えてこない。別の言い方をすれば、日本企業がしばしば使いたがる「中国戦略」という言葉は、現実的にはありえないコンセプトだ。

例えば、サントリーは中国で成功した日本企業の代表だが、成功の鍵は中国全土を相手にせず、目標を上海に絞って集中的に展開したことだった。日本ではビール戦争で苦戦しているサントリーだが、この戦略によって上海のビール市場で高いシェアを獲得することができた。

中国には全国をカバーするメディアはないし、コマーシャルもすべてローカルだ。だから、このメガリージョン、カルチャーユニットごとの戦略が必要になってくる。それぞれの地域は、まったく別個の国として認識するほうが真実に近いのである。

北京だけ見ていては、中国のマーケットは見えてこない。地域ごとの戦略を練る視点が、中国を攻めようとする企業にとってはどうしても不可欠だ。

企業ばかりではない。日本という政府も中国との付き合い方を考え直す必要がある。本書は、そうした新しい中国との付き合い方に対する大胆な提言でもある。

図表 0.1　発展する6つのメガリージョン

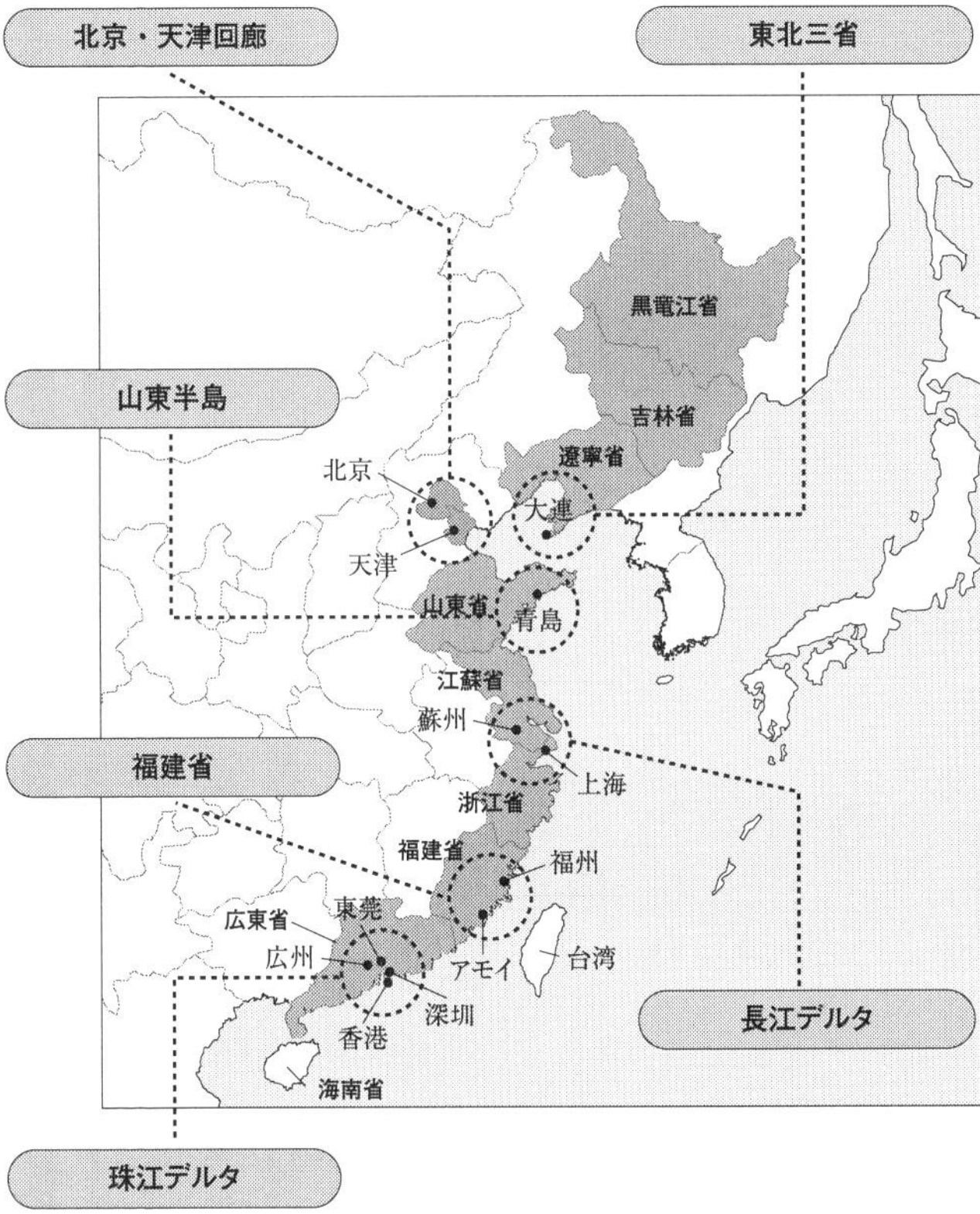

第1部

中国の成長は止まらない

第1章◆新しい中国の誕生

❶——古い中国は消え去った

活気溢れる中国

私が新しい中国の姿をはじめて垣間見たのは二〇〇〇年の夏、珠江デルタの深圳《しんせん》にある、創業三年というまだ新しい電子部品製造工場を訪問したときのことだった。

香港にほど近い海岸線の南、珠江の河口に位置する珠江デルタは、中国でもっとも発展が著しい地域だ。私が訪れたその工場は一万人規模の大きなもので、月給は約八〇ドル、この地域では平均的なレベルだった。工場を案内された私は、従業員がすべて若い女性で、しかも眼鏡をかけている者が一人もいないことにまず気づいた。

不思議に思い、「視力の悪い人は雇っていないのか」と工場長に尋ねてみたところ、彼の返してきた答えに、私は少なからず驚いてしまった。「もし従業員の目が悪くなったら解雇します。ここで彼女たちは別の仕事を見つければいいし、いずれにせよ私の知ったことじゃありません。ここで働きたがる人はまだまだ大勢います」。

言っておくが、こんなやり方が中国全土でまかり通っているわけではない。中国にも労働基準法はある。しかし、田舎から大勢の人々が職を求めて押し寄せて来る深圳、上海《シャンハイ》、蘇州《そしゅう》や大連《だいれん》といった都市部では、こうしたやり方が当たり前になっているのも事実だ。

たとえば、大連のとある工場では九〇ドルの月給で求人広告を出したところ、近隣の農村から二〇〇〇人の少女が押し寄せ、面接を受けさせてもらおうと文字どおり工場を取り囲んだという。採用されれば会社の寮に住み込んで昼夜休みなく働くうえ、昼休みには電子回路などのハイテク・スキルを身につけようと熱心に勉強する。

だから、近眼やその他の理由で解雇されても、ほとんどがもとの農民の生活に戻るようなことはない。都市に次々と生まれる新しい産業が彼女たちの雇用を吸収しているし、中には起業家に転身する者もいる。

こうした現代の中国社会を眺めてみると、四〇年前、世界との競争に向けて勤勉に準備を重ねていた一九六〇年代の日本を思い出す。産業革命黎明期のイギリス、あるいは世界的な経済大国としての兆しを見せはじめた一九世紀後半のアメリカを彷彿とさせるところもある。しかし共産主義国家で、しかも中国のように尽きることのない人口がいる国では、このような先行事例はいまだかつて存在しない。

中国は本質的に変わった

中国は今、まったく新しいタイプの国家に生まれ変わろうとしている。それは、経済的には並はずれた競争力を備え、政治的にも安定し、社会的不穏に直面しても揺らぐことのない国である。そして将来は、政治・経済の両面で、アメリカ以外のどの国よりも優位に立つ国家になるはずだ。

すでに中国は、さまざまな意味で「大国」になっている。まずはそれを示す基礎的なデータを示しておこう。

手始めに中国の人口規模から見てみよう。一二億七〇〇〇万人を超え、世界一である。ただし一人っ子政策の影響で増加率が落ちているため、早晩、二位のインドに抜かれるのは確実だ。しかし、アメリカの二億七八〇〇万人、日本の一億二七〇〇万人とくらべてみると、その多さは明らかに際立っている。

さらにGDP（国内総生産）規模を見てみると、アメリカや日本、ヨーロッパ諸国に次いで、七位にランキングされている。八位のカナダに大きな差をつけてのランクインである。人口が多いため、一人当たりGDPで見るとまだまだ低水準だが、全体の規模では、G7のカナダをすでに抜いている。つまり、中国は経済的にはすでに大国の仲間入りをする資格を十分持っていると言える。「眠れる獅子」などという認識を中国に対して持っているなら、それは現実を見ていない証拠なのだ。

輸出入の面においても、中国の存在感は増している。図表1・2にあるように、中国の輸出額は全世界の三・九パーセントを占め、第七位である。しかし、一〇位を見てみると香港がランク

図表1.1　世界各国の人口とGDP規模

人口規模ランキング

（2000年・百万人）

1	中国	1,278
2	インド	1,014
3	米国	278
4	インドネシア	212
5	ブラジル	170
6	パキスタン	156
7	ロシア	147
8	バングラデシュ	129
9	日本	127
10	ナイジェリア	112
11	メキシコ	99
12	ドイツ	82
13	ベトナム	80
14	フィリピン	76
15	エジプト	68
16	イラン	68
17	トルコ	67
18	エチオピア	63
19	タイ	61
20	フランス	59

GDP規模ランキング

（2000年・10億ドル）

1	米国	9,996
2	日本	4,620
3	ドイツ	1,922
4	英国	1,435
5	フランス	1,317
6	イタリア	1,081
7	中国	1,071
8	カナダ	699
9	ブラジル	642
10	スペイン	565
11	メキシコ	564
12	韓国	491
13	インド	475
14	オーストラリア	385
15	オランダ	371
16	台湾	321
17	アルゼンチン	289
18	スイス	242
19	ロシア	236
20	スウェーデン	235

資料：国連、IMF

インしている。香港はすでに中国に返還されているから、これを加えると四位のフランスを抜き、三位の日本に肉薄する勢いである。

輸入についてはもっとすごい。中国と香港を足して考えると、日本を抜いて、アメリカ、ドイツに次ぐ三位になってしまうのだ。ただし、中国は香港との間の貿易量が多く、この部分がダブルカウントされているから、単純に両者を合算すると過大評価になってしまう。ダブっているのがどれくらいの額になるのか、はっきりとした統計がないのでなんともいえないが、輸出入における中国の勢いは理解してもらえるだろう。

もちろん輸出入額が増えただけではない。中国経済の成長率は、世界のどの国よりもずば抜けて高い。二〇〇〇年に四・一パーセント成長を達成したアメリカは、二〇〇一年には一・三パーセントまで落ち込む見通しである。ユーロ圏も三・四パーセントから一・八パーセントへ、「アジアの虎」ＮＩＥｓ（新興工業国・地域）に至っては八・四パーセントから〇・一パーセントへの大幅ダウンが見込まれている。わが日本に至ってはマイナス成長という有様だ。

そうした中にあって、健闘しているのが旧ソ連と中・東欧である。五・五パーセントから四・三パーセントと、若干落ち込んだとはいえ高い数字だ。ところが、中国はさらにそれを上回り、七・五パーセントという、日本の政治家が涎《よだれ》をたらして羨ましがりそうなほどの成長率を誇っている。

まだ中国のパワーを実感できない人のために、もう一つデータを示しておこう。

図表 1.2　世界の輸出・輸入総額の上位10ヵ国（2000年）

2000年の輸出総額上位10ヵ国

		輸出額（10億ドル）	対世界シェア（%）	対前年比（%）
1	米　国	782	12.3	12
2	ドイツ	552	8.7	1
3	日　本	479	7.5	14
4	フランス	298	4.7	−1
5	英　国	280	4.4	5
6	カナダ	277	4.4	16
7	中　国	249	3.9	28
8	イタリア	235	3.7	−1
9	オランダ	211	3.3	5
10	香　港	202	3.2	16

2000年の輸入総額上位10ヵ国

		輸出額（10億ドル）	対世界シェア（%）	対前年比（%）
1	米　国	1,258	18.9	19
2	ドイツ	500	7.5	5
3	日　本	380	5.7	22
4	英　国	332	5.0	4
5	フランス	305	4.6	4
6	カナダ	249	3.7	13
7	イタリア	233	3.5	6
8	中　国	225	3.4	36
9	香　港	214	3.2	19
10	オランダ	197	3.0	3

資料：WTO “Annual Report 2000”

図表 1.3　主要国・地域の経済成長率(%)

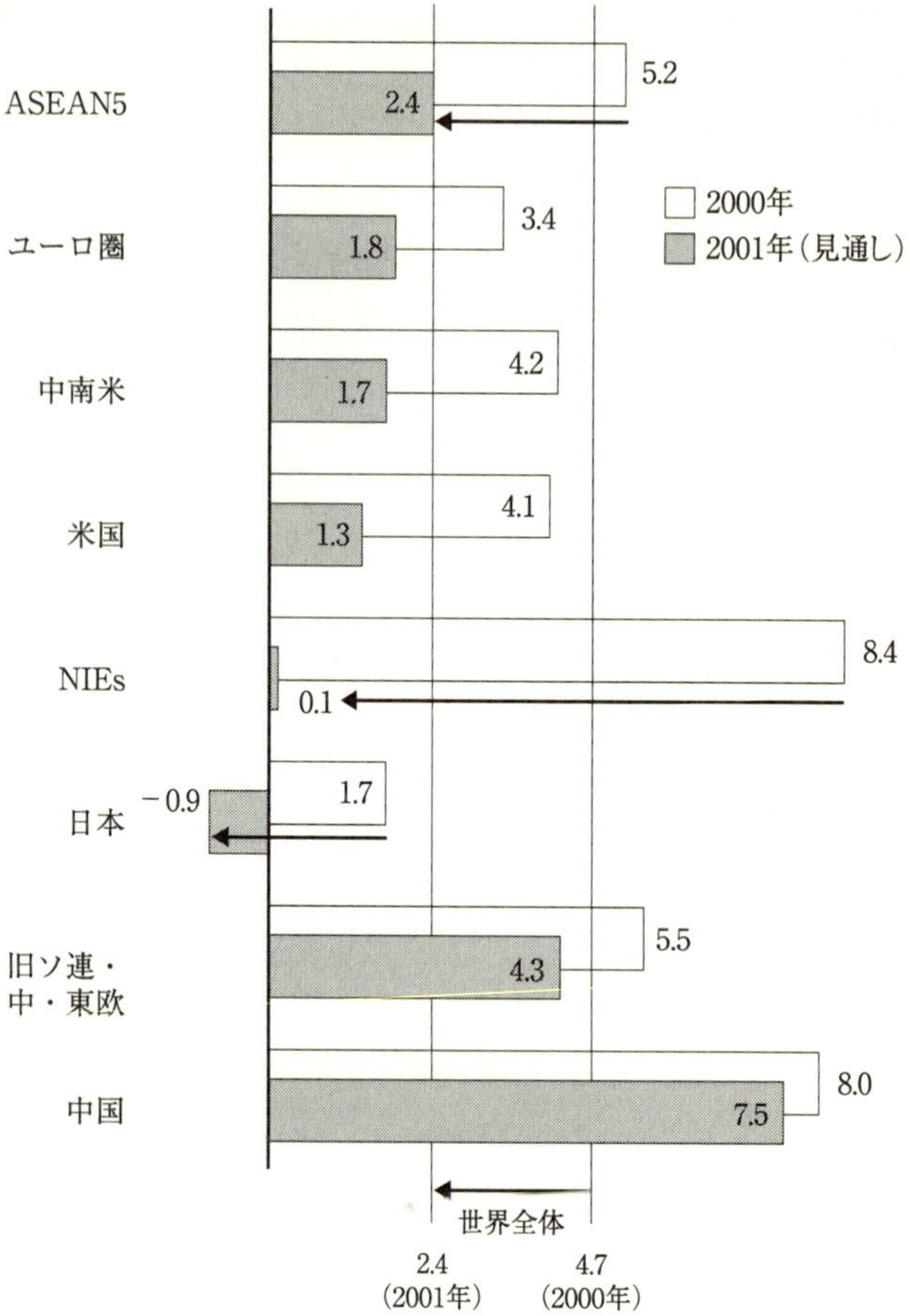

注：ASEAN5=インドネシア、マレーシア、フィリピン、タイ、ベトナム
資料：内閣府、IMF、アジア開発銀行、各種記事

図表1.4　世界の製品供給基地・生産拠点となる中国

中国が世界シェアNo.1の製品の対世界シェア及び生産台数

		エアコン	オートバイ	テレビ	洗濯機	冷蔵庫
中国生産世界シェア		50.1%	48.9%	36.2%	23.5%	21.1%
生産台数（万台）	中国	1,338	978	4,262	1,342	1,210
	世界	2,670	2,000	11,787	5,717	5,376

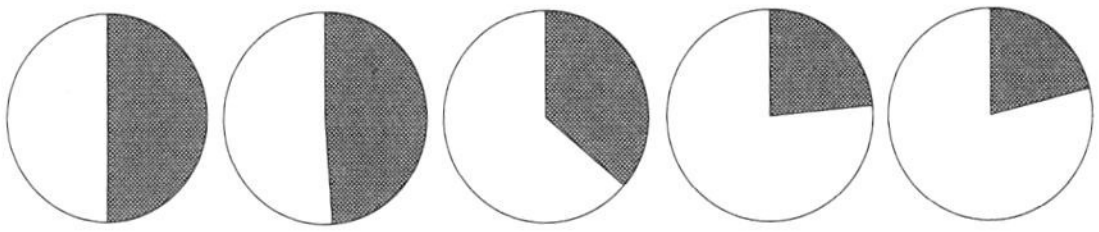

出典：「日経ビジネス」2000年11月27日

中国とアジア（日本含む）の製品別世界シェア

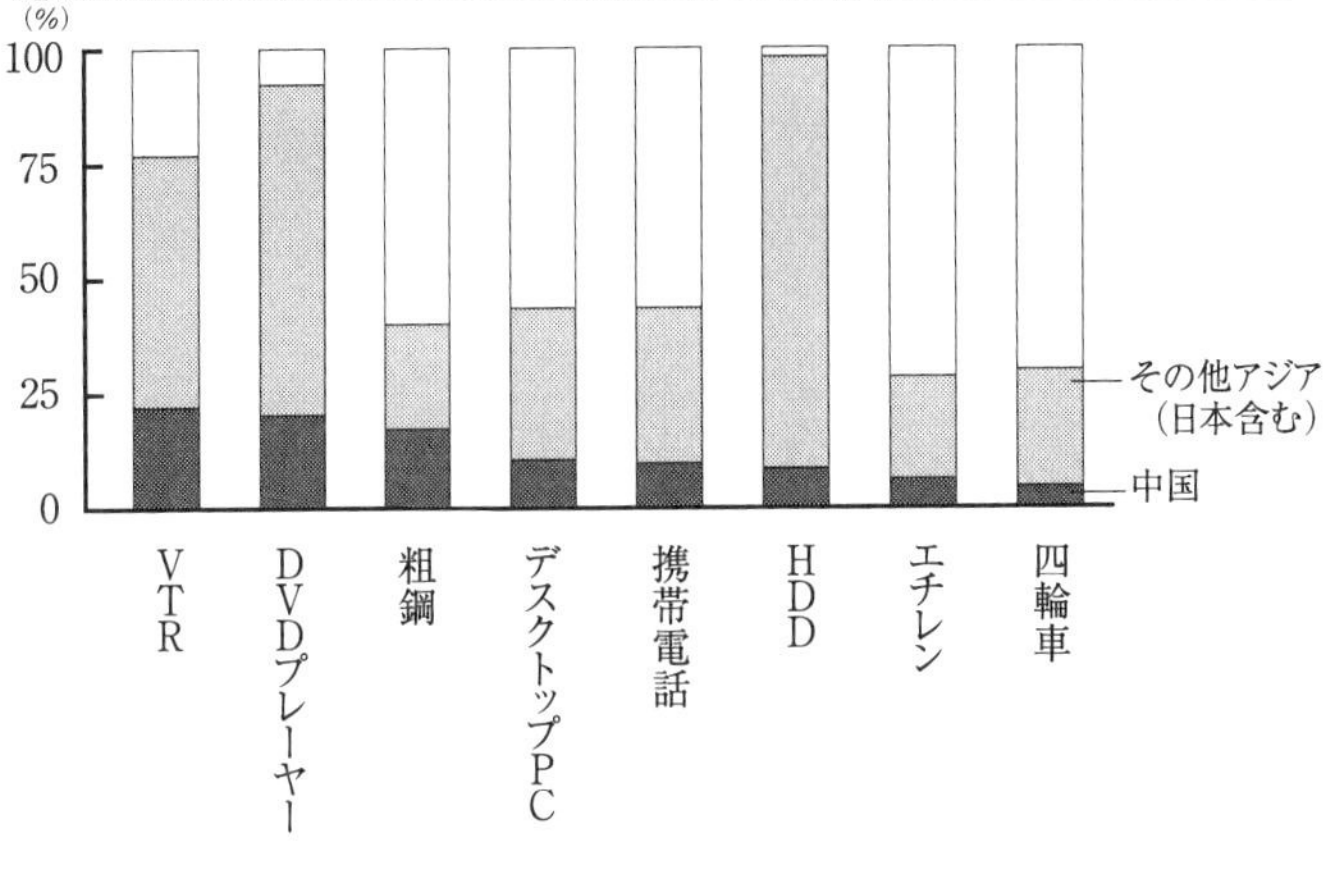

注：数量ベース
出典：日本経済新聞2001年7月27日

中国はすでに、特定の分野においては世界一のシェアを確立している。例えばエアコンでは、全世界における生産台数のおよそ半数を占めるまでになっている。これを牽引しているのは、海《ハイ》爾《アール》（Haier）、美的《メイタ》（Midea）、格力《クーリー》（Gree）といった企業だ。

オートバイも同様に、四八・九パーセントとやはり世界シェアの半数を占めている。ここでは嘉陵《ジャーリン》、五羊《ウーヤン》といったローカルメーカーが健闘して、中国を世界一の座に押し上げている。他にも、電子レンジで世界最大の生産能力と世界最低の生産コストを誇る格蘭仕《クランツ》（Galanz）、カラーテレビで世界最大の長虹《チャンホン》（Changhong）など、日本人にとってはまだまだ知られざる巨大企業が次々と誕生しつつある。

これが現実なのだ。そして、その変化を強力に後押しする要因の一つは、ここ数年でピークを迎えた中国の政治・経済構造の根本的な転換にある。あまりに急な出来事だったので、ついついわれわれは、この変化を単なる見掛けだけのこと、あるいは中国ビジネス環境の一時的な変化にすぎないと、簡単に片づけてしまいたくなる。ところがそれは違う。この改革の成果は恒久的なものであって、統治機構からグローバル・アイデンティティーまで、ありとあらゆる側面に影響をおよぼすのは必至なのである。

一国二制度から一制度複数国家へ

共産党の一党独裁という政治体制、そしてほとんどの政策から見ても、中国は今なお社会主義国であることは疑う余地がない。しかし、一方では経済特別区（経済特区）や経済開放区を設けるなどして、一九七九年から部分的に市場経済の実験も試みてきた。

九二年、当時の最高実力者であった鄧小平は「一国二制度」というコンセプトを用い、台湾と香港を中国に統合させても、経済システムは従来通りに保つことができると説いた。

そして同じ頃、もう一つ注目すべき発言をしている。特別区での市場経済の実験が成果を上げていることを受け、次はこうした経済開放区を三二ヵ所に拡大すると言ったのだ。つまり、深圳や上海でのやり方に自信を深めた鄧小平が、沿岸部のみならず、内陸部の都市に対しても経済開放的な措置を均等に実施すると発表したのである。

当時私は、鄧小平のこうした発言を分析し、「中国には一五の〝シンガポール〟ができるのではないか」ということをある雑誌に書いた。サンディエゴで開かれたアジア太平洋会議では、「ユナイテッド・ステイツ・オブ・中華」――いわゆる中華連邦という概念を提案した。ここでも「中国には最低一二、多ければ三〇ぐらいのシンガポールができるのではないか」というコンセプトを発表したのだ。

中国は竹のカーテンで遮られて、その向こう側がほとんど見えず、さらに中央集権の計画経済で全体を発展させようという国家である。中国の計画経済とは、五ヵ年計画を作り、全体を秩序を保ちながら発展させていくやり方だ。

しかし、私は当時から「地域国家論」を主張していたので、「中国も複数の地域国家になるのだ、発展するためにはそれしかない」と考えていた。中国はシンガポールのような都市国家をモデルとして発展をすればいいのだ。「貸席経済」で、つまり外国に座席を貸すような感覚で、世界中から中国に来てもらって、賑々しくやればいいのではないのかというのが私の提案だった。

その会議には、中国や香港からも出席者がいたため、私の発言をきっかけに、彼らを巻き込んで侃々諤々の議論が始まった。中国は台湾も含めて一つというのが、彼らの主張だからだ。

やがて議論は白熱し、論争の最後になって中国人たちの意見が熱を帯びてきた。そしてついに、「中国はあなたが主張するような一五の地域には分かれていない。民族的にも歴史的にも五つなのである」と本音を漏らした。

このとき私は「しめた」と思った。数の議論になった時点でこちらの勝ちだ。彼らは「一つの中国」という発想に凝り固まっていた連中だ。そこに「五つ」という数字が彼ら自身の口から出てきた。当時はまだ、「一つの中国」という考え方に対して「複数の国家」を口にすることさえ憚《はばか》られた時代だ。出席者がその数字を上げたことは、きわめて重要な意味をもっていた。

ところが今になって検証してみると、鄧小平的な開放経済の路線は結果的に、均等で均衡ある発展ではなく、六つの巨大な文化圏を作り、まずそこから発展していくという構図を生み出してしまった。この文化圏を、私は「メガリージョン」と呼んでいるのである。

中国の変化は、メガリージョンという自然発生的な経済単位の出現ばかりではない。中国共産党さえも時代への対応を余儀なくされている。

共産党にとって二〇〇一年はエポックとなる年になった。北京オリンピックの開催決定もその理由の一つなのだが、とりわけ大きな意味を持っていたのは、七月に北京の人民大会堂で開かれた中国共産党創立八〇周年祝賀大会だ。

この祝賀大会で演説した江沢民総書記（国家主席）は「三つの代表論」を発表し、その中で企業経営者の共産党入党を認めると表明した。これは中国共産党に強烈な衝撃を与えた。資本家である経営者を入党させるということは、労働者による革命を目的とする共産党の自己否定に繋がりかねないから、党員が腰を抜かすのも無理はない。詳しくは第七章で触れるが、この江沢民の演説は、中国共産党が質的な転換を迫られていることを改めて浮き彫りにした。

こうした変化はまさに、中国が経済発展という旗印の下、自立する地域をいくつも抱えた総体としての「一制度複数国家」へと実質的に移行する兆候といえよう。

❷――朱鎔基が推し進めた地方分権

「眠れる獅子」からの脱皮

ここ何十年もの間、世界中の政治家や経済学者、投資家たちは、一方では「いつまでも眠っていてくれ」と祈りながらも、他方ではその潜在力を認め、中国はじきに世界経済の原動力として目覚めるだろうと推測してきた。

そうした中国への期待を後押しするかのように、これまで五年から一〇年の周期で「中国ビジネス・フィーバー」が起きてきた。多くのメーカーは、中国の全国民が、自分たちの作った靴やテレビを一足あるいは一台でも買ってくれれば、莫大な利益が見込めると考えた。しかし、いざ北京や上海で事業を始めてみると、外部からの投資に対する共産党政府の横柄な態度や、消費者となるはずだった市民の貧困、行政の都合でコロコロと変わる法律や役人の腐敗など、事業展開するうえでの困難に直面し、とたんにやる気も消え失せてしまった。

こうした経験を何度も経てきたため、今起きている中国の劇的な変化について、エコノミストや識者が懐疑的に見ているということを一概に責めることはできない。大勢の人々が、中国が爆発的に成長することは、幻想とは言わないまでも、その可能性はほとんどないだろうと結論づけていたのだ。私自身もつい最近まで、中国が全体として繁栄する国家となることはまったくもって無理だと考えていた。

しかしその時、私は中国の各地域がどれほど活気に満ちてきているか、まだ知らなかった。また、中国を目覚めさせようとしているファクターについても、完全には把握していなかった。その最たるものは、おそらく一九九八年、日本の内閣にあたる中国国務院の首相に朱鎔基が任命されたことだろう。

朱鎔基は、首相就任前から、中国の年間経済成長率八パーセントの立役者、並びに中央銀行の総裁としてインフレを大幅に削減した人物として知られた存在であった。率直さ、国際的教養、まず第一に成果を求める実績主義の姿勢から、彼は中国のジャック・ウェルチとも呼ばれている。

朱鎔基による三大改革

首相就任から数ヵ月後、朱鎔基は「三つの約束」を掲げた声明を出し、活力のある自立した経済を実現するために、三つの思い切った政策をおこなうことを公約とした。それは国有企業の改革、金融システムの改革、行政のスリム化であり、朱鎔基は三年以内にこれら改革に目処をつけると約束したのだ。

今から考えれば、朱鎔基は中国を中央集権国家から地方分権国家へ、さらには連邦制への移行までを視野に入れてこの改革を実行したと言わざるをえない。この改革で、実際に中国は連邦制へ移行しつつあるのだが、実はまだ中国人自身もこのことに十分気付いていない。「中国は中央集権国家で、北京一極集中の国、人民解放軍と共産党に支配されている国」という認識を断ち切れないでいるのだ。

だが、経済の実態から見ると、これはもう幻想にすぎない。そして、この流れを強力に推し進める原動力となったのが、国有企業の改革だった。

かつて中国に三〇万以上あった国有企業は、公式には約半数、実際にはその七〇パーセント以上が利益を出していない、つまり赤字経営と言われていた。彼らは、政府の助成金でかろうじて生き延びていたにすぎなかったのである。

しかし硬直化した行政機構の下では、いくら国有企業の業績が悪化しても、監督責任のある行政機関は解決策を見出そうとはしなかった。逆に天下り先確保のため、国有商業銀行に口を利いてやることで、延命資金を不振国有企業に融通し、その企業に恩を売る幹部が後を絶たなかった。このため赤字企業は増加し、国有商業銀行だけで約二兆円もの不良債権が発生したのである。

この危機的状況を脱するために大ナタを振るったのが朱鎔基だった。

赤字国有企業改革の手始めに、大きな赤字を出した経営責任者には、一年目で警告、二年目には更迭する方針を打ち出した。かつて、ジャック・ウェルチがGE（ゼネラル・エレクトリック社）の中で収益を上げていない部門について、「立て直す、閉鎖する、または売却する」と言明したのと同じように、朱鎔基も二年間連続して赤字決算となった企業は閉鎖もしくは売却し、責任者はクビにすると脅したのだ。

それと同時に、それまで中央が持っていた国有企業への権限を地方政府にどんどん移管していった。つまり富の生産は地方政府の責任となったのだ。国有企業にしてみれば、それまでぬるま湯にどっぷり浸かっていたところを、突然厳しい競争社会に放り出され、黒字化するか閉鎖・合併するかの厳しい選択を迫られることになったのである。

言い換えれば、国有企業は上場するか、地方政府の援助を受けざるをえなくなった。これが中国の統治法が急速に地方分権化する大きな刺激となった。もはやこれは改革どころではなく、朱鎔基による「革命」だったのだ。

国家の中において、直接的な意味で富を創出することができるのは企業しかない。役人というのは富を生み出すことはなく、税金を食うだけの存在だ。その富を生み出す唯一の存在である企業が、中央のコントロールから外れていった。権限が地方政府に移管したといっても、地方政府は国有企業の経営に不当に介入してくることはなかった。つまり、経営者による経営の自由度が飛躍的に高まったのである。

それでは朱鎔基の改革以後、地方政府は何をしてきたのか。税収の不足や技術力の欠如という実態をみて、ほとんどの省で外資の導入に本腰を入れて取り組みだした。外資の導入がうまくいけば、資本と技術が入ってくる。場合によっては人材も入ってくる。あるいは、人材を教育してくれるのである。

三大改革の二番目として、朱鎔基は国有商業銀行と国際信託会社（ＩＴＩＣ）が大量に抱えている負債を一掃すると宣言した。

中国には国有商業銀行として、中国工商銀行、中国農業銀行、中国銀行、中国人民建設銀行があり、この四行で全金融機関の融資額と総資産のそれぞれ約八割を占めている。彼らは、経営不振の国有企業に対しても、共産党幹部の口利きなどの影響もあって、盲目的に資金を供給し続けていた。しかし赤字国有企業の増加で、たちまち不良債権が膨れ上がり、その額は総額二兆円にも達してしまった。

また、同様に多額の不良債権を抱えていたのがITICである。もともとは外資の受け入れ窓口として各地に設立されたノンバンクだ。朱鎔基の首相就任当時には二四五社あったが、返済があまりにも滞っていたため、すでに海外の投資家が離れ始めていた。特に、広東の不動産バブルの崩壊の波をまともに受け、広東国際信託投資公司（GITIC）が九九年に破産したときのショックは大きかった。

三番目に朱鎔基が掲げたのは、中央政府を合理化し、中国が抱えるもっとも致命的な問題である政府機関の根深い腐敗に取り組むことだった。政府と組織犯罪との関係を断ち切り、政府機関が賄賂を受け取りにくくすることなどが主要な課題だった。

これら三つの改革は、いずれも中国が抱える根深い問題に焦点を当てている。はたして改革が成功するのか、はじめは誰しもが懐疑的に見ていた。

改革がもたらした繁栄の基盤

しかし、朱鎔基の手腕は並はずれていた。まず二〇〇一年七月の党大会で、一番目の公約はすでに果たしたと宣言した。中国の国有企業は、収益を上げるか、さもなくば民営化か閉鎖のいず

図表1.5　朱鎔基による三大改革

中国の抱えていた問題点

- 国有企業の業績が悪化しても監督責任のある行政機関は見て見ぬふり
- 天下り先確保のため国有商業銀行に延命資金を融資

→

- 赤字国有企業増加
- 国有商業銀行だけで総額2兆円規模の不良債権発生

↓

朱鎔基の公約した三大改革

1998年首相就任当初の公約

	国有企業改革	金融改革	行政機構改革
目標	・赤字国有企業を3年で立て直し	・赤字国有企業への貸付けなどで累積した不良債権処理	・行政の腐敗の根絶 ・行政のスリム化
方策	・管理のまずさが原因で赤字をだした企業責任者は1年目で警告、2年目で解任 ・国有企業に対して持つ権限を地方政府に移管 ・倒産の自由、事実上の民営化の自由（買収・合併の自由、上場の自由）を与えた	・不良債権資産の2/3までを資産管理会社に移管 ・同会社が10年かけて借り手企業のリストラ推進、資産売却を実施	・国務院を機構改革し、部門を40から29へと減らす ・同人員を半分の1万7,000人に削減 ・地方政府レベルでも人員削減計画を策定
結果	・国有企業の赤字解消がほぼ達成された	・まだ不確定要素があるものの、改善スピードが向上	・中央政府のスリム化はほぼ達成された

➡ 国有企業改革の推進により、地方政府は中央政府に依存しない独自の方策を採るようになった

各種記事をもとにOhmae&Associates作成

れかを選ばされたのだ。存続する企業には厳しい収益目標と人材採用の自由を与え、さらに株式市場での資本調達を奨励した。

香港市場には、もともとH株と呼ばれる中国企業が上場していて、それらは主に大型国有企業、中でも重工業が多数を占めていた。ところが国有企業改革の結果、通信・サービス・IT系の企業が上場しはじめ、市場を席巻するようになった。彼らは今では、H株とは別に「レッドチップ」企業と呼ばれ、中国経済の発展ぶりを象徴するまでになっている。

続いて二番目の公約について、不良債権を処理するため、各行にそれぞれ資産管理会社を設立させた。そこに不良債権を買い取らせ、回収や株式転換へ向けた軌道作りに取り組もうというわけである。その過程で、金融機関の五〇人以上の責任者がクビにされ、投資情勢を変えるのに十分な改革がおこなわれた。

結果、資本は国外へ流れるどころか、かつてなかったほど急速に国内に入ってくるようになった。これだけでも驚くべき功績である。当初、その惨状は「改善するには一〇年はかかる」と朱鎔基に言わしめるほどだったITICについても、今ではすでにそのほとんどが業績を回復して軌道に乗り出したか、あるいは廃業してしまった。

三番目の公約についても大幅な進展を遂げていた。中央政府（国務院）の規模は三万四〇〇〇人から一万七〇〇〇人へと削減された。腐敗に関してだけは、まだ一掃することができていないが、その理由の一端は、彼自身が政府内の最高レベルを含む既得権益の勢力から反発を受けていることにある。

しかしながら、彼の三つの公約はこうして、活力に満ちた資本主義制度に欠かせない、公平な競争の場と法規範を中国に作り上げた。

さらに、国有企業改革と外資の導入、この二つが主なきっかけとなり、朱鎔基の三大改革開始からわずか三年で分権化が一気に進んだ。中国は、表向き北京による中央集権国家なのだが、実質的には地方が自治権を確立した、アメリカに似た連邦制の国へと変容を遂げたのである。

「中国株式会社」

世の中には、いまだに「やがて中国の崩壊がはじまる」と言って喜んでいる人たちがいる。だが、私に言わせれば、彼らの頭は三年は古い。つまり、ちょうど国際信託会社がバタバタ倒れ、外資が逃げている時代の認識で、「中国は中央集権で、共産党の一党独裁、沿岸部と内陸部に大きな格差があって、腐敗が蔓延している」という発想から一歩も先に進んでいない。

とはいえ、三年前を振り返れば、当時は私も中国が栄えるわけはないと思っていたし、そういうことを書いたこともある。中国に対しては極めてネガティブだった。三年前の中国は明らかにそうだったのだ。どう分析してみても、繁栄の方程式から見放されていた。賃加工で安く生産しているうちはいいのだが、これはいずれどこかで行き詰まる。そういう危惧を私も持っていた。

現に、九九年の広東国際信託投資公司の破産、二〇〇〇年の大連国際信託投資公司の破産の際には、華僑が金を引き揚げ始め、逃げ出していた。この時、まさに中国は崩壊するのではないか、と私も思った。

ところが、現在は状況が一変した。朱鎔基革命で地方の自立化が進んだため、今の中国に中央集権という概念は当たらない。共産党一党支配も当たらない。

当然だが幹部の腐敗は依然としてある。江沢民の親戚である福建省副省長が逮捕されたように、腐敗はまだそこいらじゅうに存在している。しかし、その腐敗が国全体を覆いつくしたり、あるいはアヘン戦争の時のように麻薬が蔓延したり、危険視された法輪功が中国全体を揺るがしたり、ということはもはやありえない。なぜなら繁栄している沿岸部は、われわれが思っているほど抑圧されていないからだ。皆自由に、どんどん前向きに事業に取り組んでいる。

今の中国は、さながら「中国株式会社」という感じなのだ。かつて日本も同じように呼ばれたが、発展に向けた取り組みは今の中国のほうが徹底しているだろう。

珠江デルタにある番禺《パンユウ》市（現在は広州市番禺区）の市長と会談した際、彼は「自分の業績目標は年成長七パーセントです」と語っていた。自分の市のGDPの伸び率として七パーセントの目標を北京から与えられ、これが二年続けて達成できなかったらクビになる、というのだ。自分が首長を務めるところで大事故が起きたり、テロ事件が発生したりしてもアウトである。市長に与えられている業績ターゲットが、非常に明確なのだ。

日本の市長にもこれを導入してもらいたいと思うのだが、このシステムの効果で中国における市長は、「中国株式会社」における事業部長といった存在になってしまった。民間企業の事業部長と同じように、使える予算があらかじめ設定されており、業績目標の未達が二期連続になるとクビ、というわけだ。

朱鎔基の改革はここまで徹底していたのだ。

最近私は台湾に行って台湾の人間にこう言うのである。「外資から見てみると、台湾に投資するより、今や蘇州に投資するほうがずっと楽だ」と。私は番禺と深圳に工場を持つ香港企業の社外重役をしているのだが、その経験からしても珠江デルタにある深圳や、長江デルタにある蘇州のほうが、台湾よりはるかに事業がやりやすい。台湾のほうが規制が多いのだ。それほどこの三年で中国はガラリと変わった。

中国国内の不良債権を隠れた爆弾だという人がいる。改革で国有企業に対する権限を地方政府に移管したことで、地方に不良債権が溜まっており、いずれそれによって中国は崩壊するという懸念だ。

しかし、本当にそうなら国有企業をさっさと潰してしまえばいいだけの話だ。国有なのだから、潰れてしまってもそれは北京の富を握り潰すだけだ。今なら一〇兆円以内で大手術が完了するはずである。中国政府はこのうち二兆円を引き当てた、とすでに発表している。

その場合、国有企業の倒産によって一時的に失業者が溢れるかもしれないが、今の中国の旺盛な労働力の需要は、それを吸収するはずだ。それでもあぶれるようなダメな人間は路頭に迷うしかない。中国というのは、元来そんなに優しい社会ではない。北欧型福祉社会ではないし、日本型社会でも、ましてや共産主義社会でもない。労働者には非常に冷たいのだ。

逆説的に言えば、中国の崩壊は「やがて」ではなく、「すでに」始まっている。中央集権というものが崩壊し、すべてがバラバラになってしまった。それでも懸念されるような地獄絵にはならなかった。各地に非常に優れたリーダーが登場し、世界中の富と技術と金をどんどん取り込んで繁栄が始まってしまったのである。

中国の繁栄を疑う人間は、珠江デルタに台湾や日本から五万社も進出しているという、この重みをまったく理解していない。珠江デルタの中で部品がすべて揃うのである。これは世界史上最大の産業集積地だ。

したがって、中国の崩壊はもはや始まりようがない。たとえ北京が滅びたところで、珠江デルタでは製造ラインが動きつづけるはずだ。北京で政変が起きても、西域で暴動が起きても、工場は稼働を続ける。中国人は拝金主義にかけては折り紙つきの連中だから、他の地域で天安門事件のような暴動が起きても、おそらく一片の同情もなく機械を動かし続けるはずである。

それは、中央の支配体制に引きずられないだけの統治機構が、すでに各地域にできあがっているからでもある。むしろ、中央に影響を及ぼすほどの混乱がどこかの地域で起きるようなことになれば、他の地域の連中は「競争相手が減って楽になった」と喜ぶのではないだろうか。中国人はそういう一面をたしかに持っているのだ。

❸――中国の発展を約束する三本の矢

回り始めた「富の創出装置」

私がこれほどまで中国の発展を確信するのには、いくつかの根拠がある。キーワードは、「富の創出機構」「連邦制」「四つのC」だ。これらが互いに相乗効果を発揮しながら、中国の爆発的成長を支えているのである。

順を追って、このキーワードを説明していこう。

まず、国家と富の関係について考察したい。中国共産党結成から八〇年を経て、彼らの目的である「富の配分」はうまくおこなわれただろうか。残念ながら答えは「ノー」だ。共産党支配になって以降、中国では貧富の格差が激しくなった。

世界中を見渡してみると、「富の配分システム」が発達した国というのはけっこう多い。北欧もそうだし、インドもそうだ。国の統治機構が民主主義になると、自然に富は配分されるようになるのである。

これに対して、「富の創出システム」を作り上げるのは難しく、うまくやりとげた国家は少ない。日本やアメリカのように、すでに創出機構ができあがった国は別格として、石油資源に恵まれた国や、豊かな農作物を生み出す肥沃な土壌を持つような国以外で、この「富の創出システム」を築き上げるのは難しい。世界中見渡して、まず九割の国家はこれができていない。「富の創出システム」ができていないと、仮に「富の配分システム」ができたとしても、国民に分け与える富がない、ということになる。あるいは、配分システムが先行してしまうと、富ではなく、貧困を配分し続けるという悲惨なことになる。実際のところ、こういう国が多いのが世界の現状だ。

ところが中国は違う。内陸部を見ると、富の配分システムはまったく不十分であるのがよくわかる。内陸部の一人当たりGDPは、沿岸部の約二分の一でしかない。しかし、国全体で見た場合、「富の創出力」はこの一〇年で爆発的に高まってきている。われわれはこの創出力に注目すべきなのだ。共産党一党支配のもと、中国は富の「配分」よりも「創出」に成功したのである。

アメリカは、ことあるごとに中国に対して民主主義の不備や人権意識の不十分さをあげつらっている。しかし、これらはいずれも富を配分する際の論理だ。私に言わせれば、中国はまだそうしたことを論じる段階には至っていない。中国経済の成長にともなって、いずれこの問題がクローズアップされる時が来るだろうが、まだまだそのタイミングではないのだ。

中国の指導者も、人権問題の改善や国内の民主化という問題のプライオリティーは下げ、まずは創出力をつけることを最重要課題としている。この創出力を高めるだけ高めて、それから配分していこうという考え方なのだ。

旧ソ連や東欧諸国の歴史が証明するように、共産主義や社会主義では富の創出力が著しく落ち込み、ＧＤＰの伸びも資本主義国に大きく差をつけられた。ここに共産主義国家の崩壊の原因があったのだが、唯一中国だけはこの危機をすり抜け、富の創出力をつけてきた。これは中国の突出した政治力の賜物で、特筆すべき成果といえる。われわれはその中国が身につけた「富の創出力」の意味をもっと重く受け止めるべきなのだ。

繁栄の方程式としての連邦制

二点目の「連邦制」については、中国について触れる前に、まずアメリカの統治機構について説明しておこう。なぜなら、中国が身につけた連邦制的な仕掛けは、じつはアメリカ合衆国のそれと非常に似ているからだ。

アメリカは、およそ二〇〇年前のパリ条約でイギリスからの独立を勝ち取り、一三州の自治を認める連邦制の国家として生まれた。この連邦制は、一三州が自分たちの上に強い力を持った中央政府ができることに強硬に反発したからこそできた、いわば妥協の産物だった。つまり、はじめに州ありき、というのがアメリカ建国当時のコンセプトなのだ。これは、中央集権制とくらべ、相対的に緩やかな統治方式である。いってみれば現在のＥＵに非常に近い統治機構で、アメリカはそれを二〇〇年も前に獲得していたのだ。

連邦制では、各地域が自分たちにとってもっとも有利な経済活動を志向してゆくので、国家としてのまとまりはあまり重要でなくなってくる。例えば東海岸は独自に大西洋経済圏に入っていき、西海岸は太平洋経済圏と結びついていく。南のフロリダはラテンアメリカと関係を深めていくし、テキサスやカリフォルニアの南の国境側はメキシコとともに自分たちの経済圏を作ってしまう。こういう具合に、放っておいても自分たちにもっとも適合する経済圏を自由に構築しだすのである。

実際、アメリカ合衆国は東と西、北と南とではことごとく利害が相反している。例えば現在、産業の多くは北部から南部に移っている。こういうバランスの悪い状況には、普通の国ならば耐えられない。連邦制でなかったら、内乱が起きている可能性すらある。

実はこのアメリカ型の国家運営は、現在のネットワーク社会と相性がいい。

ネットワークというのは、それを構成する個々の要素が自立していながら、それぞれがつながっている概念をいう。互いに競い合う一方で、情報や資源が自由にやり取りされる。だから一つの要素が行き詰まっても、他の要素が伸びてくる可能性がある。例えばテキサスの経済が行き詰まっても、ニューヨークやシリコンバレーが爆発的に伸びることもある。すべての要素がいっぺんにダメになるということはまずないのだ。

五〇の州があれば、危機に直面した場合に五〇通りの解答が出てくる。その中から正解を選び、それをみなが真似すればいいのだ。州や地域ごとの競争が激しいアメリカでは、いち早く正解を求めるために、各々が激しく競い合っているのである。

そういう意味で、これから本格化してくるネットワーク社会という観点、あるいは私の従来からの主張である「地域国家論」という観点から見た場合、アメリカはラッキーなことに、繁栄の方程式を生まれながらにして持っていたということが言える。

州ごとに法律も決められるし、税金も決められる。ましてや、結婚、離婚などの基本的な人権問題についても州によって規程がまるで違う。殺人犯に対して死刑という極刑がある州とない州がある。こういうことはほかの国ではありえない。連邦制が持つこの柔軟な構造が幸いし、さまざまな危機に耐えられたのだ。一極集中的な集権制であれば、現在のような繁栄はなかっただろう。

中国の統治システム

アメリカのこうした統治機構は、そのまま取り入れようとしても日本では難しいし、他の国でもアメリカのようにうまくは機能しないだろう。そういう意味では不思議な統治機構なのだが、これがユナイテッド・ステイツ・オブ・アメリカという合衆国の特質だ。ネットワーク社会に適合している構造が、もともと連邦制というシステムにビルトインされているのである。

そして、ここに来て中国がそれに近い統治機構になりつつある。分権化が進んだ結果、経済的な面に限って言えば、実質的には連邦制に移行している。おそらく、地球上でもっともアメリカの統治機構に似ているのが中国のそれなのだ。

つまり、現在の中国は二つの機構を併せ持っている。一つは時代遅れのイデオロギーと軍事的権力に支配された中央集権的専制の共産主義政治、そしてもう一つが地方分権化された自由市場経済の政治形態である。意図的にかどうかは定かではないが、中国は従来の中央集権と分権化とのバランスが保てるよう、統治機構を再構築した。それは、気の利いた企業が本社と事業部との間で管理バランスをとるのと同じだ。その結果、まったく新しい地政学モデル――企業としての国家が登場したのである。

だから今の中国は、「中国株式会社」と呼んだほうがわかりやすい。多くの企業と同様に、中国はその意思決定のほとんどを「事業部単位」レベル、つまり半自治的な地域国家にまで委譲してしまった。先にも触れたように、現在、各自治体は事業部、その首長は事業部長といった趣なのである。

さらに自由市場システムに後押しされて、中国の都市、地域やメガリージョンは、中国の中における新しい「国」に相当するようになった。国境の外ではほとんど気づかれてはいないが、中国は資本や技術、人材をめぐってお互いに激しく競い合う、経済的に独立した地域の集合体へと変わりつつあるのだ。この姿はまさにアメリカ合衆国と瓜二つだ。

ただし、この新しい地方分権化した自由市場の政治形態も、主に沿岸部で顕在化し始めているのみで、広大な中国全域を網羅するまでにはまだまだ時間がかかる。なにしろ中国という国は、公式には分権化や連邦制を認めていないのだ。

しかしこの水面下の動きは、すでにアジア全体の経済バランスを劇的に変え始めている。いずれ他の国々にも同じ変化をもたらすはずだ。近い将来、中国で起きたこのルネッサンスのおかげで、これまでもっとも効率的だと思われてきた事業や市場、国家経済の運営方法を疑ってかからねばならない日が来るかもしれない。

朱鎔基の進めた革命が、中国をここまで変身させた。いまや中国は、世界最強の繁栄の方程式をわがものとしつつあるのだ。

流れ込んだ「四つのC」

最後に重要なのが「四つのC」だ。ボーダレス経済の中で、ある地域の経済が発達するためには、この「四つのC」が国境を越えて流入してくることが不可欠だ、というのが私のかねてからの持論である。すなわちキャピタル（資本）、コーポレーション（企業）、コンシューマー（消費者）、コミュニケーション（情報）の四つの条件である。

まず一つ目のC、キャピタルから解説していこう。

日本の個人金融資産は一四〇〇兆円といわれるほど莫大な額を誇っている。アメリカの年金基金や生命保険会社も巨額の資金を運用している。そしてこうしたキャピタルは、少しでも有利な投資機会を求めて世界中を駆け巡っているのである。

現に、カリフォルニア教職員組合年金基金（ＣＡＬＰＥＲＳ）などは、世界経済に大きな影響力を与えるほどになっていて、中国の私企業にも、その投資を分散して入れようとしているほどだ。日本人の金融資産であっても、国内だけで運用されているという時代ではもはやない。

しかも、こうして世界を駆け巡る資本の大半は民間資本であるため、政府の干渉をほとんど受けない。自由に投資機会を求めて地球の上を這い回っている。逆に言えば、政府はこうした資本を呼び込み、また呼び込んだ資本に逃げられないような環境を常に整備しておかないと、経済成長がおぼつかないということになる。

二つ目のCはコーポレーションである。今や企業が国際的に展開する際に、本社を置いている国の政府や、あるいは進出先の国の政府の意向を気にする必要はかなり薄れてきた。企業は、魅力的な市場や顧客、資源があれば、どこにでも進出する自由を獲得しているし、またそうしていかないとライバル企業との競争に勝ち残れない。

また、企業の移動に伴って、技術やマネジメントのノウハウも現地に移転する。これらは進出先の政府に突っつかれて提供するのではなく、そうしないと企業自身が事業を展開していけないからだ。

三つ目のCはコンシューマーだ。グローバル経済においては、消費者は世界中から自分のほしいものを自由に購入できる。インターネットを使えば、個人でもさほど面倒な手続きをとらずに、世界中から買い物ができるのだ。またもっとも品質がよく、もっとも安いものの情報は、メディアの発達によっていくらでも耳に入ってくる。そうした製品を求める消費者にとって、その製品がどこの国のメーカーのものかは、気にするに足らない。

最後のCは、コミュニケーション、情報である。コミュニケーション技術の発達により、資本や企業の移動の自由度は飛躍的に高まった。例えば、日本の部品メーカーが珠江デルタに進出するとする。そこでクリアしなければならないハードルは、一昔前にくらべればずっと低くなった。なぜなら日常的な業務は、通信回線を使ったやりとりで日本にいながらにしてコントロールできるからだ。技術指導に熟練工を数名派遣すれば、ほとんど事足りてしまうという程度に、現在のコミュニケーション技術は発達しているのだ。

このような通信技術の飛躍的な向上によって、国境を越えたコミュニケーションのやり取りが非常に容易になった。そのおかげで、企業は海外展開する際に、かつてのような大がかりな事業組織を作り上げる必要はなくなったのである。

これら四つのCの自由な動きによって、経済の発展は国境の枠にとらわれなくなってしまった。国家の中の一部の地域や、あるいは二ヵ国、三ヵ国にまたがる地域を一つの経済単位として認識するほうが、現実に即した見方になってきたのだ。主権国家の枠組みが時代遅れのものになり、実際にはもっと自然な「経済単位」が徐々に形成されてきたのである。

さらに、この四つの要素を世界中から取り込むことが、その地域の経済発展に重要な役割を果たすようになってきている。アメリカのシリコンバレーを例に、もう少し詳しく説明しよう。

アメリカのIT産業を牽引したシリコンバレーでは、新しく立ち上がっている企業の半数以上は、中国人やインド人、イスラエル人といった非アメリカ人によって設立され、支えられていた。つまり、アメリカは自分たちで新たな事業を立ち上げるのではなく、事業を展開しやすい環境を整えてやることで、世界中から資金、技術、頭脳を呼び集め、その繁栄の恩恵にあずかっているのだ。

海外からやってくる企業や投資家にしてみれば、シリコンバレーという上等な座席を借り受けて、快適な事業運営ができるという意味で、これを「貸席経済」と私は呼んでいる。自前の資金、技術、頭脳に頼りがちな日本とは、その発想が決定的に違うのだ。

貸席経済の発想と、四つのCを呼び込むこと。これが、地域国家の経済発展には欠かせないのである。

私は一九九〇年の段階で、ソ連は崩壊せざるをえないと予言した。その理由は、著書『ボーダレス・ワールド』『地域国家論』などでも触れたのだが、この「四つのC」というグローバルな条件が、経済の力で解き放たれてしまったからだった。

当時、コメコン（COMECON）経済はモザイク状に成り立っていた。私も東ドイツを訪れてはじめて気が付いたのだが、自動車を作るにしても、部品はチェコ、工場は東ドイツ、そしてそれを買うのはソ連、という具合に、ソ連・東欧諸国が複雑に入り組んでこの経済体制は成り立っていたのである。

ということは、東欧諸国の一角でも崩壊すれば、経済的にソ連は成り立たないことになる。ベルリンの壁崩壊に象徴されるように、当時、各国の統制はすでに取れなくなり、バラバラになりつつあった。中央集権、計画経済はこれでは立ちゆかない。すでにボーダレス化した経済の中で、「四つのC」は旧弊な枠組みを超えて自由に動き回り始めたのだ。そんな世界では、ソ連という国家やコメコンという経済の枠組みはもはや成立しえない。予言の的中を私が確認できたのは、それから程なくしてのことだった。

これに対し中国は、朱鎔基の三大改革の下、この「四つのC」をたった三年で獲得してしまったのである。これによって、中国の統治機構は急速にアメリカと酷似してきた。

中国経済の発展が本格化したのは、鄧小平が深圳、珠海、上海などを視察し、改革・開放を訴えた、九二年のいわゆる南巡講話が大きな契機になっている。これをさらに進めた朱鎔基による三大改革が実を結ぶにつれ、海外の資本は中国に向かって一気に流れ始めたのである。

あの広大な中国で、これだけ大きな変化をもたらした朱鎔基革命というのは、おそらく中国経済の歴史において前例のないほどの衝撃を与えたのではないだろうか。

第2章◆中国　その競争力の秘密

❶——現代中国企業の実力

高まる中国製品のクオリティー

日本が品質を求めて本格的に製品開発に取り組み始めたのは、円高が始まってからだ。それ以前、特に一九七〇年代までは、ボリュームで稼ぐのが日本企業のスタイルだった。

七三年の石油危機になって、日本車はその低燃費がウケてアメリカで大いに売れた。使ってみたらそんなに悪くないということで、日本車の評価も少しずつ上がりはじめたのだ。ところが、八五年になって日本の輸出産業を襲ったのが、急激な円高だった。

円相場が一ドル三六〇円から一八〇円になってしまえば、同じ値段で売っていたのでは収入が半減してしまう。すると、どうしても価格を二倍にする努力をしなくてはいけない。ドルベースで価格を倍にしないと、円ベースでの収入は同じにならない。

ここから、日本企業はコストダウンの一方で、クオリティーを上げていくことに必死で取り組みだした。日本製品の品質の向上は自然に起こったのではなく、まさに円高をきっかけに始まったのである。

しかし、中国で起きている品質向上のプロセスは日本とは違う。これまでの「安かろう、悪かろう」という中国製品のイメージから脱皮するため、日本がしたような一歩一歩踏み固めるやり方ではなく、一足飛びに製品のクオリティーアップを目指し、それを実現させているのだ。

例えば、進出してきた外資から技術力を吸収し、いきなりキャッチアップしてしまう。広東省の風華高科技は、先進国でしか作れないと思われてきた、携帯電話に用いる極小の積層セラミックコンデンサーの生産を軌道に乗せてしまった。また同じく広東省の比亜迪（ＢＹＤ）は、最近まで日本企業が独占してきたリチウムイオン二次電池の分野で、日本企業を追い抜く勢いを見せている。この電源はパソコンや携帯電話に用いられる重要部品で、彼らはすでにモトローラやエリクソンの品質認定を受けるほどの技術力を持っている。

また、こうした生産管理の分野でも、ＧＥの「シックスシグマ」を導入したり、またＴＱＣ（総合的品質管理）を取り入れたりと、あらゆることに取り組んでいる。その成果もあって、ソニーの上海にある合弁工場では、大型テレビの不良品率が社内基準を大きく下回る結果が出るなど、日本で作るより高品質のものが生産できるレベルにまで達してしまった。しかもこうした有能な労働力に、日本のおよそ二〇分の一のコストしかからないのである。

これだけ魅力的な生産条件を持つ中国を、外資がただ指をくわえて見ているはずがない。日本企業も例外ではない。日本総合研究所の調査によると、中国における日本の電機・電子メーカーの生産拠点数は、九二年には四二だったのだが、九九年には二六四にまで増えた。マレーシアや

図表 2.1　先進国並みに向上した中国の技術力・生産ノウハウ

	企業例	内容	
技術力	・風華高科技（広東省）	・これまで先進国メーカーでしか作れないと思われていた携帯電話部品を量産化（積層セラミックコンデンサーの中でも最小部品「1005」）	先進国の技術力にキャッチアップ
	・BYIバッテリー（広東省）	・品質基準が厳しい電池で世界的シェアを高める ニッケルカドミウム電池：世界3位 ニッケル水素電池：世界4位	
ジャスト・イン・タイム	・珠江デルタ地域（広東省南部）	・部品在庫は10日程度 ・部品1日3回納入が常識 ・この地域で1時間半あれば、必要な部品をすべて調達できる（部品メーカーが多数ある） ・大手パソコンメーカーの工場が集積	サプライチェーン・マネジメントを導入する世界企業が注目
品質管理	・ソニーと合弁会社（上海）	・最先端の大型ブラウン管TV「ベガ」の不良品率が0.02％台と社内基準0.1％を下回る	日本製品よりも品質が高い場合が多くなってきている
	・国光電器（中国最大のスピーカーメーカー）	・ISO9000を取得済み。生産ラインの不良品率0.98％	
	・中国の缶詰メーカー（遼寧省）	・ミカンを缶に封をするまで、手作業／人海戦術で全数検査2回、抜き取り検査1回を行う	

資料：各種記事

図表 2.2　主要国製造業の労働コスト比較（2000年）

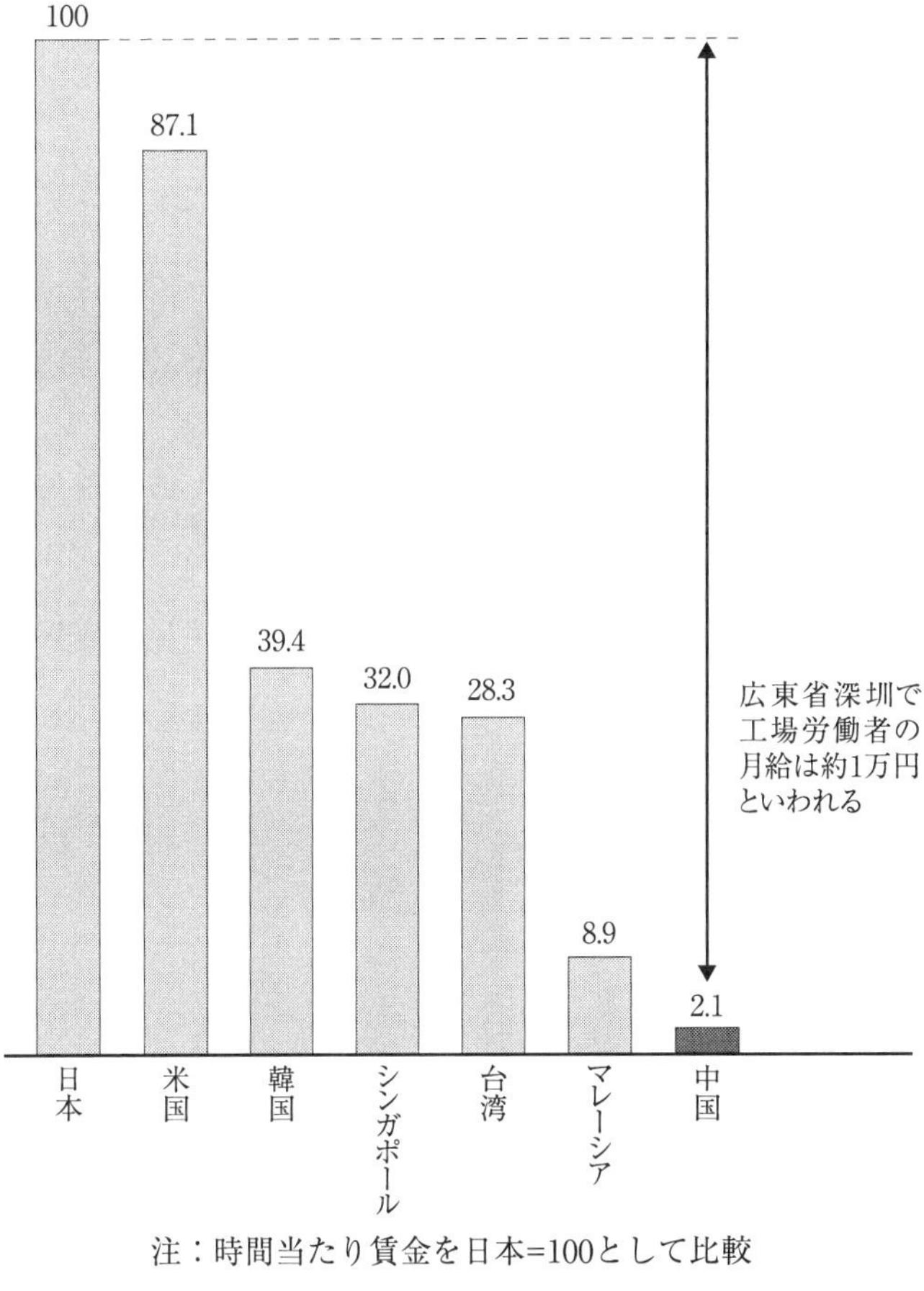

注：時間当たり賃金を日本=100として比較

資料："The World Competitiveness Yearbook" 2001, IMD

台湾といった地域における生産拠点がほぼ横ばいか、場合によっては減少している事実を見れば、どれだけ日本企業が雪崩を打って中国大陸を目指しているかが理解できるだろう。

こうした外資の急激な流入も、中国製品の品質を飛躍的に高めている大きな要因になっているのだ。

ケーススタディ――中国企業のパワー

中国企業がどれくらい様変わりしたか、実例をあげて検証してみよう。

まず取り上げたいのが、東軟集団（Neusoft Group）だ。遼寧省の省都・瀋陽にあるこのソフトウェア会社は、その社名を地元の名門・東北大学（North Eastern University）からとり、マネージャーの多くが大学の教授らである。

アジアウィーク誌によれば、東軟は株式上場されたソフトウェア会社としては中国最大であり、二〇〇〇年の売上高は一億三四〇〇万ドルだという。特筆すべき点としては、日本のアルパインとのジョイントベンチャー、東大アルパインソフトウェア（Neu-Alpine Software Company）の設立や、上海証券取引所に上場された中国初の大手ソフトウェア会社となったことが挙げられる。

東軟は、オラクルよりもコストが低いソフトウェア会社としてスタートし、今ではカーナビやメディカル・エレクトロニクス（ＭＥ）と呼ばれる医用電子機器の分野へも進出している。

図表2.3　日系メーカーによる中国への生産拠点シフト

日系の電機・電子メーカーの生産拠点数の推移

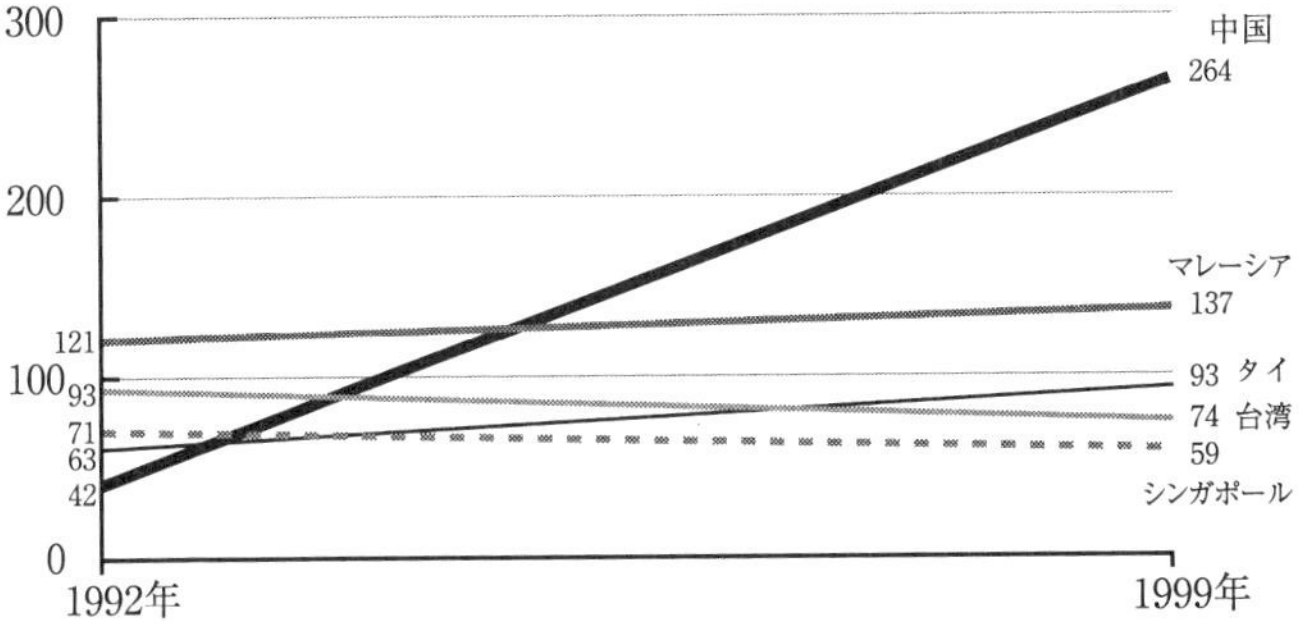

資料：現日本総合研究所調べ

中国で生産増強する主な日系企業例

企業名	進出地域	事業内容
三洋	広東省 深圳	次世代DVD向け光ピックアップの生産を集約
NEC	上海	半導体合弁工場の生産能力を1.5倍に増強
富士写真フイルム	江蘇省 蘇州	デジタルカメラ生産を倍増
日立製作所	江蘇省 蘇州	日本、マレーシア、蘇州で生産しているDRAMの後工程を蘇州に集約
コニカ	大連	デジタルカメラ用レンズユニット工場を生産能力1.5倍に増強
ソニー	江蘇省	携帯電話、ノートPC用リチウム二次電池工場新設
TDK	大連	誘電体フィルター(携帯電話の電波を選別する部品)生産を、米工場から完全移管

資料：各種記事

例えば、東軟のCTスキャナーは、一般的に使われている医療機器とは少し違う。一見しただけでは、センサーを取り付けただけのパソコンにしか見えない。しかしこれは多目的用途のスキャナーであり、病院内のすべての病室に装備することを可能にした、安価でコンパクトな医療機器なのだ。

東軟のCEO（最高経営責任者）、劉積仁教授は、GE、フィリップス、シーメンスや東芝が幅を利かせている特殊なアナログレントゲン、MRI（磁気共鳴診断装置）、超音波やCTスキャナーといったME製品がいかに高額であるかを地元の病院で耳にした。そのとき閃いたのが、インテルの標準チップと自社のイメージ化ソフトを各種デジタルセンサーとつなぐことで、低価格のME機器ができるのではないかというアイデアだった。

こうしたアイデアは、アメリカや日本では業界の反発にあって、実現できなかったかもしれない。しかし、まず中国国内の病院に向けて販売することで地歩を固め、将来海外の医療機器業界に挑戦するためのベースを築くことができた。これは七〇年代に、ホンダやトヨタが世界の自動車業界に打って出たのと同じ戦略だ。

東軟は、私が中国で訪れた創造力あるたくさんの企業のうちの一社にすぎない。欧米や日本の経営スタイルを熱心に研究し、さらに発展させて「本家」以上の成果を上げている企業は多い。

小天鵝集団（Little Swan）社は、各地の流通業者と戦略提携し、世界四〇ヵ国で洗濯機を販売している。連想集団（Legend）は現在、世界最大のパソコンのメーカーだ。しかしほとんどの場合、その製品は提携相手へＯＥＭ（相手先ブランドによる生産）供給され、他社のブランド名で販売されているため、われわれはその存在の大きさをあまり認識できていない。

中国最大の家電メーカー・海爾集団は、日本企業が得意とするＴＱＣを取り入れつつ、社員の評価には市場での結果を大きく反映させている。さらに精神面では、中国の伝統的な儒教の精神を従業員に浸透させているのである。

こうした企業はいずれもケーススタディのいい題材だ。しかし東軟や連想を勝者と決めつけるにはまだまだ早い。個々の企業は一つ誕生すれば、また一つが消えていく。中国のような新しいビジネスが活気づいている環境では、特にそうである。

中国は国内マーケットだけでも巨大なため、ほとんどの中国企業は国内市場が満たされてからでないと、おそらく海外には目を向けないと予想される。国内市場がすでに「系列」に独占されていた七〇年代の日本の場合は違った。ソニーやホンダなど、系列に属していない新興企業は、はじめから海外への輸出に専念しなくてはならなかったのだ。

まだ発展途上の中国は、グローバル・ブランドを構築する準備はできていない。しかし中国は、いまだかつて世界が見たことがないほど、競争力のあるＯＥＭの供給国になる可能性は十分にある。

図表 2.4　中国企業の欧米型人事制度導入例

企業例	TCL集団 (広東省恵州市)	華為技術 (広東省深圳)	海爾集団 (広東省南部)	連想集団 (北京市)
主な制度	疑似ストックオプション	疑似ストックオプション	社員アイデアの公開入札制度	360度評価制度
主な内容	子会社の株式40%をマネジメント層に配分 業績が一定の目標を上回れば、その割合に応じて新たに発行した株式を与える 配当にあたる金額をボーナスとして支給	入社1年過ぎで自社株を買う資格を得る 配当相当額はボーナスとして個人に配分 同社歴でも、個人の業績に応じて最高5倍程度の年収格差をつける	製品開発プロジェクトを社内で競争入札 研究開発部門の社員は、手がけた商品が売れたかどうかで収入が変動する	管理職ポストに就く際に、上司、同僚、部下から高い評価を得ることを必要する 年功的な昇進、給与制度なし

働けば儲かる仕組みを作れば、中国人は実によく働く

出典：「日経ビジネス」2000年11月27日

爆発する若手の才能

中国には、海外で学んだ人間がなにしろ多い。六〇〇〇万人いる華僑が再び祖国・中国に回帰しだしていることもあるが、それ以上に、かつてはアメリカに移住するのが目的で留学していった学生が、現在ではかなりの割合で祖国に帰ってきていることが大きい。

七八〜九八年の二〇年間に、自費、企業派遣、国家派遣の合計で三二万人が海外に留学したが、同じ七八年からの二〇年間で一一万人が帰国している。昔は一〇〇パーセントアメリカに定着していたのに、今では留学生全体の三分の一が帰国しているのだ。なぜだろうか。

そこには、留学生たちのこんな思惑が見え隠れする。「留学してみたら、アメリカ人は優秀だし、留学してきた中国人も優秀だ。このままアメリカで彼らと競い合って、そこから頭角を現すのは大変だ。今帰れば、中国は鳥なき里のコウモリで、自分にもビッグチャンスがあるかもしれない」。こうして、帰国する留学生が増えてきた。そして今の中国では、そういう人たちをいきなりナンバー2などに抜擢し、自由にやらせてくれる雰囲気がある。

翻って日本の場合はどうだろう。まず留学生がそれほどいない。そして、留学経験者がエスタブリッシュメントの中で活躍していない。この二つの点で中国と大いに異なっている。留学生が帰国した途端に大きなプロジェクトを任され、大活躍したというのは明治時代の話だ。今はMBAを取得して帰国したりすると、「おまえ、留学して少しバタ臭くなったんじゃないか」などと言われてしまう。ややもすると「生意気だ。少し汗をかいてこい」と、わざわざ工場に配属されたりする。中国の留学生とは、まるで事情が違うのだ。

私はマッキンゼーにいた時代、まさに「工場で汗かいてこい」などと言われて不満を抱えていた留学経験者を狙ってスカウトの「魔の手」を伸ばし、マッキンゼーに五〇〇人入社させた。当時つくづく感じたのは、「日本の会社は本当に人材の使い方、伸ばし方が下手だ」ということだ。大枚をはたいて留学生を派遣しておきながら、帰国すれば他の社員と同様に扱う。そうやって二〇年、三〇年と働かせておいて、「うまくいったら将来は社長になれるかも」という程度の淡いインセンティブしか与えてこなかった。

よく冗談で言われるのだが、子供の妊娠期間でさえ三ヵ月までしか我慢できないほど気が短いのが、ビジネススクールに通った連中の感覚だ。アメリカで教育を受けてくれれば、三〇年間もじっと待つようなメンタリティーを持った人間はいなくなる。だから日本の企業は二五〇〇万円もかけて留学させておきながら、その社員をことごとくマッキンゼーに奪われてしまったのだ。

しかし、今の中国はまったく違う。留学先から帰ってくれれば即、「できることは最大限にやらせましょう」という待遇が約束されている。もともと中国人は優秀だ。アジアの主要国におけるTOEFLの平均点を見れば、英語圏であるフィリピン、インドに次いで高得点を上げている。日本の順位はといえば、インドネシアや韓国、タイなどの後塵を拝する有様で、中国に遠く及ばない。

図表2.5　中国人の英語力、数学力、技術力

アジア主要国のTOEFL平均点
（1998-99年平均）

国名	平均点
フィリピン	584
インド	583
中国	562
インドネシア	545
マレーシア	536
韓国	535
香港	524
タイ	512
台湾	510
日本	501

数学オリンピック順位
（1999年）

順位	国名
1	中国/ロシア
3	ベトナム
4	ルーマニア
5	ブルガリア
6	ベラルーシ
7	韓国
8	イラン
9	台湾
10	米国
	⋮
13	日本

資料：http://www.toefl.org

米国の中国人技術者・経営者数

- 米国で科学技術関連博士号を取得した外国人8,000人中、1/3が中国人（1996年）
- シリコンバレーのハイテク企業の17%が中国人CEO企業（1998年）

資料：各種記事

数学オリンピックの成績も、中国はロシアとともに世界一の座にある。ここでも日本は一三位とまったく対抗できていない。そうした優秀な学生たちが、さらに競争に勝ち抜いて留学するのだから、中国人留学生がどれだけ才能に溢れているかわかるというものだ。

さらに、彼らが起業しようとすれば、すぐにベンチャーキャピタルから資金が集まってくるから金の心配もない。ただし、走りながら勉強しないといけないので、経営的には危なっかしい部分がなきにしもあらずなのだが、活躍しているのは結局三〇代の若い人材なのだ。

これが中国と日本の一流志向に向かうプロセスの大きな違いだ。欧米仕込みの知識を生かし、グローバル・スタンダードをストレートに取り込める中国は、予想以上に速いテンポで製品やサービスのクオリティーを上げるだろう。

実際、情報サービスなどの面でも、日本企業の間に中国を利用しようという空気ができつつある。日本を一〇〇とすると、中国の情報サービス業のコストは五・三と圧倒的な競争力を持っている。韓国やシンガポールとくらべても圧倒的に低い。日本のソフトウェア会社へのアンケート調査の結果を見ても、中国への発注を検討している企業が、インドを押さえてもっとも多いという結果になっている。

インドのソフトウェア産業は技術力も高いが、コストが上がりだしている。高度なものだけをインドへ発注し、比較的単純でボリュームのあるソフト開発を中国へ、という動きになってきているのだ。「安かろう、悪かろう」の中国は、もはや遠い過去に去りつつある。

図表 2.6　ソフトウェアにおける中国の競争力

情報サービス*の内外価格差（日本=100、2000年）

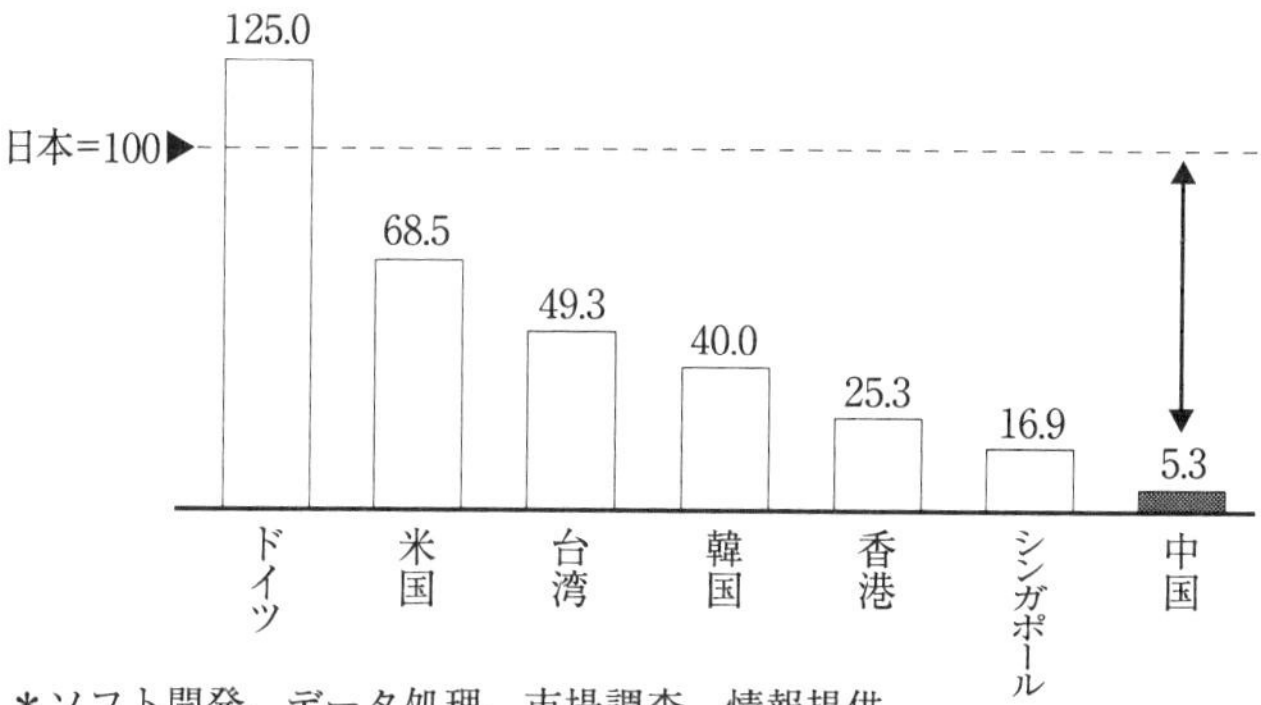

＊ソフト開発、データ処理、市場調査、情報提供
資料：「産業の中間投入係数に係る内外価格調査」経済産業省

日本のソフト開発会社の海外発注先候補国（%、複数回答　N=57）

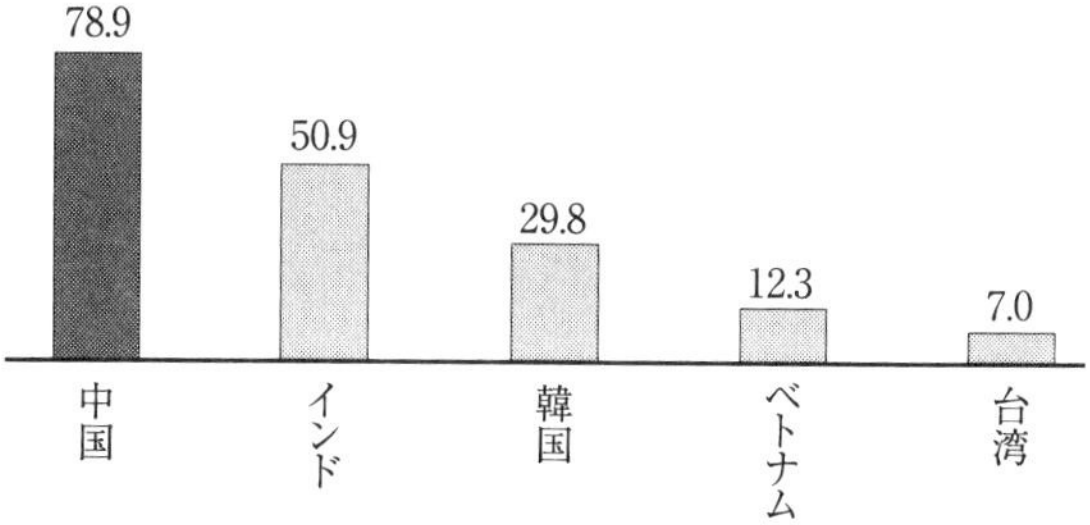

ソフト開発工程の海外発注に関心が高まる背景

・国内技術者の人件費、生産性の大幅な改善が期待できない
・競争激化による海外の安価な技術者活用の必要性が増大
・主に中国で日本語でやり取りできるソフト開発会社が増加
・Javaなど先端技術者の要因不足

出典：「日経システムプロバイダ」2001年7月6日

世界一の座に向かって深まる自信

中国沿岸部の通信事情はこの一、二年で飛躍的に向上した。中国はこれから民営化の過程で通信会社の分割がおこなわれるのだが、中国網絡通信（チャイナ・ネットコム）や中国電信集団（チャイナ・テレコム）といった会社が非常に強くなり、サービスも向上してきた。産業の中には、遅れて発達してきたほうがいいものもある。通信はその代表例だ。

日本で光通信ケーブルの敷設が遅れているように、旧式の設備を取り外して性能のよいものに少しずつ換えていくのは、手間がかかって大変だ。しかし中国では、最初から高機能で低価格の設備をいっぺんに導入できる。邪魔になる旧式の設備がそもそもないからだ。おかげで通信事情は、もはや日本とくらべても遜色のないレベルまできている。

電力も、今から数年前まではブラックアウト、つまり停電が絶えなかったが、今は工業団地ではほとんどない。電力事情で見れば、中国はフィリピンなどよりはるかに良好だ。

フィリピンではこんなジョークがある。孫がおばあさんに尋ねた。「ねえ、おばあちゃん。ろうそくの前は、明かりは何だったの？」。おばあちゃんはこう答えた。「ああ、電気があったよ」――。最近のフィリピンは政情も乱れ、国内がただれている。だから、年じゅうブラックアウトがあって、ろうそくを使用しているのである。ところが中国はまったく逆だ。ブラックアウトはなくなった。

さらに日本が凌駕されている部分もある。携帯電話網だ。これが文字通り爆発的に普及し、すでに加入者数が一億四五〇〇万人に達してしまった。日本の加入者数が七四〇〇万人、アメリカが一億三一〇〇万人である。固定電話の普及が遅れていたことも、携帯に人気が出た要因だが、とにもかくにも中国はすでにアメリカをも抜いて、世界一の携帯王国となってしまったのである。

もちろん、人口と比較した普及率で見るとまだ低いが、沿岸部に限って言えば、どこへ行っても通話ができる。少なくとも、通話の品質では日本とくらべてもほとんど遜色がないというぐらいまで進んでいる。

インターネット加入者数も、国産の低価格なパソコンのおかげでアメリカ、日本、ドイツに次ぐ数字を誇っている。

これは驚くべき進歩だ。数年前まで、中国の通信事情はまったく話にならないレベルだった。いかにこの三年間の変化が強烈なものだったのかがうかがえる。

中国では、旧来の大がかりなインフラが必要なものの普及は遅れていた。かわりに、こういう新しいシステムが、非常に値段が下がってきたこともあって爆発的に普及している。例えば固定電話は、携帯にくらべて整備が後回しにされてきた。発電も、大掛かりな発電所の建設はなかなか進まなかった。そのかわりに新しいシステムである携帯を普及させ、工場には効率の高い自家発電を導入してきたのである。

こうした結果、中国は非常に自信をつけてきた。それにつれ、時としてその自信が跳ね上がった思想として現れる場面も多くなってきた。

今や、中国は何についても「世界最高」でないと納得しないという思想に取り憑かれだしている。例えば、「上海に世界一の高層ビルを建てよう。ワールド・トレード・センター(WTC)より高いビルを」ということで、現在、日本の森ビルの協力の下、建設計画が練られている。WTCに飛行機が衝突したため、このプランも少しスローダウンしているようだが、それでも建設はおこなわれるという。

少し前までは、上海にある金茂タワーの高さが、WTCに次いで世界二位、アジアでは一番ということで彼らの誇りであった。しかし、これがマレーシアのペトロナス・タワーに抜かれてしまった。それが彼らにとっては悔しくてしかたがないのだ。だから「もっと高い、世界一のビルを造ろう」という気持ちを抑えられないのである。

また上海では、なんとリニアモーターカーが敷設されようとしている。浦東新空港から上海市内までを結ぶ計画だという。上海でこの建設風景を見たとき、思わず「変な電車だな」と呟いたところ、「いや、これはリニアモーターカーです」と指摘され、さすがに私も驚いてしまった。正直、私に言わせれば、「そんなもの作るのはやめておけ」という思いがある。

リニアモーターカーなど、日本は十数年前から実験して、まだ実用化の段階までいっていない。なのに上海ではすでに建設が始まっており、二〇〇三年には完成する予定だという。浦東新

図表 2.7　インターネット、パソコン、携帯電話の普及数上位10ヵ国

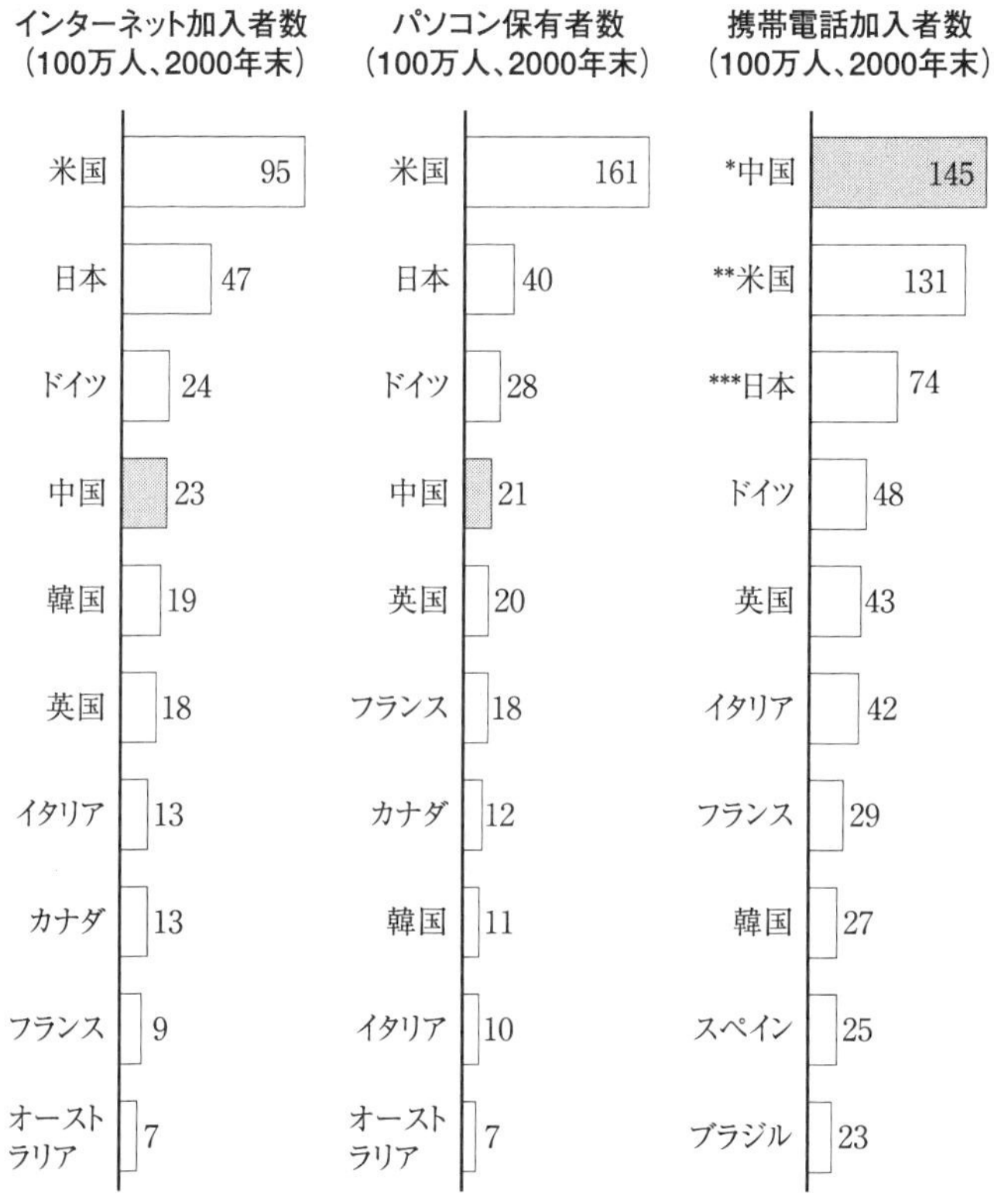

*　中国 2001年末時点　中国情報産業省
**　米国 2002年1月時点 CTIA
(The Cellular Telecommunications & Internet Association)
***　日本 2001年末時点　電気通信事業者通信協会

ITU統計 ほか各国統計よりOhmae&Associates作成

空港から市内まで、距離にすればちょうど東京―成田間くらいである。今はこの間の移動におよそ一時間を要するのだが、それが一〇分で行けるようになるのだという。

長年リニアモーターカーを研究してきた国の国民としては、「本当に大丈夫なのか。磁力線が生殖器に与える影響もちゃんと調べたかい」なんて冷やかしたくもなる。ところが彼らは、「やっちまえ。ダメだったら潰せばいいいんだ」といった感覚なのだ。

思えば日本が新幹線を作り上げたのも、東京オリンピックの頃だった。それに似た「怖いものなし」の雰囲気が中国にはある。司馬遼太郎の『坂の上の雲』のように、坂の上の雲を見ているような、上昇志向の雰囲気、勃興期という雰囲気を感じる。「世界一」とか「世界初」「世界最速」という言い方を、中国人はこの数年で平気で使うようになったのである。

❷―――中国ビジネスを取り巻く最新事情

様変わりした中国人のビジネス・マインド

私は実際に中国でビジネスをしていることもあって、中国人のこうした意識の変化を実感している。

数年前までは、事業を展開しようとすると、「合弁ですか。それでは、うちにマジョリティー（経営権）をください」と主張するくせに、「お金はありません、かわりに人と土地を出します」という具合で、中国側の資本は現物出資。しかも「経営者も送ります」などと言って、共産党員を送り込んできたものだった。

ところが今では、合弁契約を結ぼうとすると、資金は出すし、相手にマジョリティーを握らせてもかまわない、という態度に様変わりした。当然、共産党員の経営者も来なくなった。

また、かつての中国では、工業団地といっても電気などのインフラはほとんど整えられていなかった。後から「電気代はこれだけです」などと吹っかけてきたり、電気が通ってないことにクレームをつければ、「文句を言うな。必要なら自家発電を入れなさい」と言い出してみたり、われわれにとって頭を抱えたくなるような事例がたくさんあった。

工業団地に電気がないのは、中国では当たり前なのだ。「自家発電を入れてもいいですよ。余った電力を他の工場に売って、それで儲けなさい」などというご丁寧な〝アドバイス〟まで受けてしまう。そんな有様だから、「こんなはずじゃなかった」と、他国と中国とのギャップに悩む日本企業がたくさんあった。つい四、五年前まではこういう状況だったのだ。しかし、それも今では改善された。

中国がこれほど大きく変わった理由は、資本市場が整備されだしたことだろう。上海と深圳に証券取引所ができ、これが巨大なマーケットに成長した。中国企業の中には、シンガポールや香港で上場する会社もある。資本調達の場として、シンガポールと香港、そして深圳、上海という四市場が活用できるようになったのだ。勢いづいた中国企業のなかには、ニューヨークで上場する会社も出現しはじめた。

直接金融の場として、特に国内の二つの市場は資金が非常に潤沢だ。おかげでこの数年間のうちに、中国企業に資本力がついた。上海、深圳両市場の時価総額は、二〇〇一年には香港市場を上回っている。

株式会社化して上場し、資金調達した旧国有企業がしたことは、その資金を利用して工場の設備を最先端の近代装置に替えることだった。中国の工場では、賃加工する従来の工員の横に、最新鋭の機械がズラリと並んでいる光景が見られる。せいぜい月給九〇〇〇円くらいの賃金で雇われている女の子が手作業を担当しているのと同じ工場で、表面実装自動装置(SMT)などという高価な装置を使い、無人化されたラインの中で、プリント基板の実装がなされていくのである。

こうしたまったくレベルの違うラインが、一つの工場に並存している。これほど矛盾した光景もないのだが、この光景を作り出している装置のほとんどが実は日本製である。

今から一〇年ほど前、日本の経営者たちは人件費の高騰と人手不足に悩みぬいた。人手不足が原因で会社が倒れると言われ、「人手不足倒産」なる言葉が登場した。不足した労働力を補うためにパキスタン人を積極的に活用してはどうかという議論が、本気でなされていたのだ。

図表 2.8　中国の株式市場時価総額と中国企業の資金調達

中国株式市場の時価総額推移（単位：10億ドル、月末値）

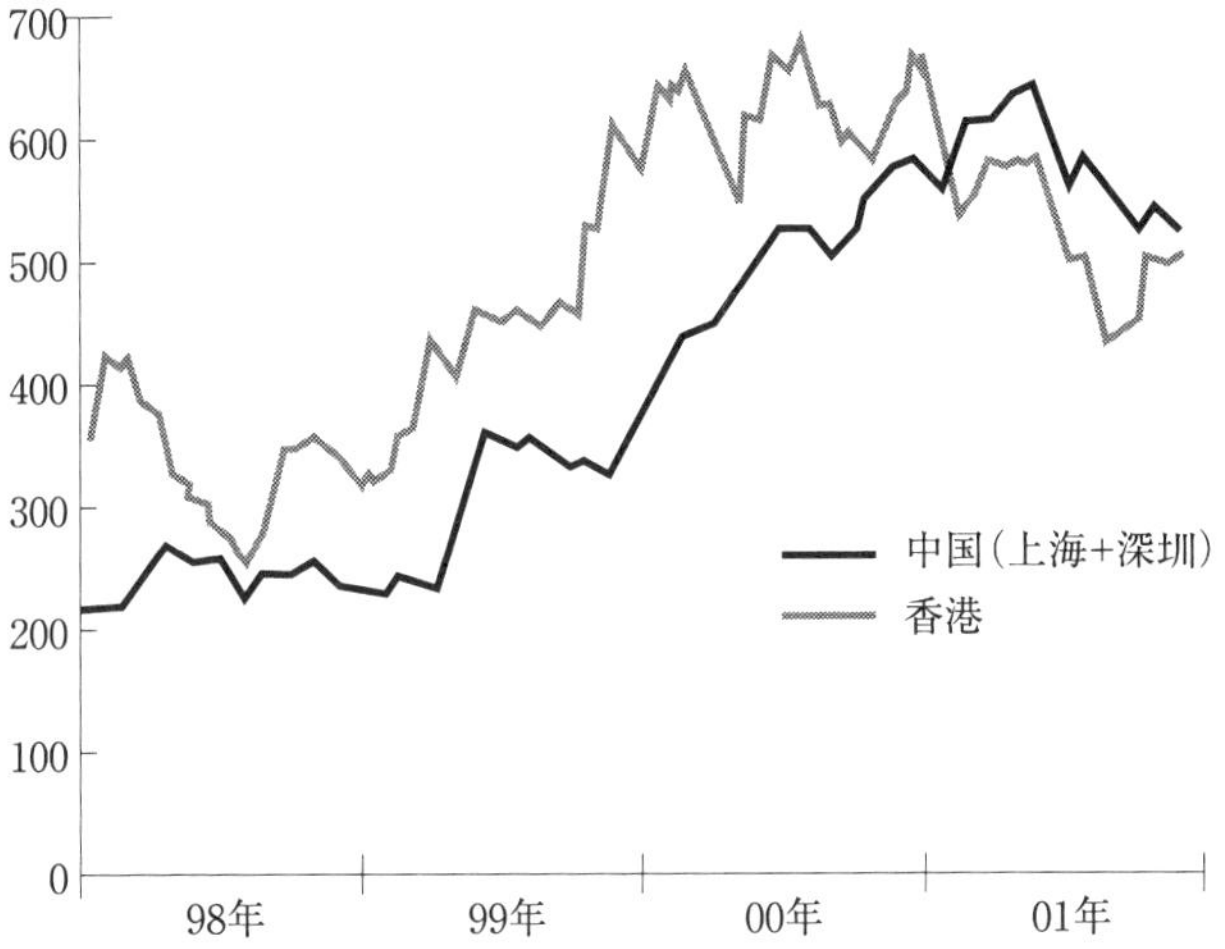

"The World Federation of Exchange" 統計
『中国証券監督管理委員会』統計より
Ohmae&Associates作成

主な海外での資金調達

中国企業	証券市場	調達額
中国石化集団（ペトロチャイナ）	香港、NY	30億～40億ドル
中国海洋石油集団	香港、NY	20億～30億ドル
中国連合通信（チャイナモバイル）	香港	41億ドル
中国連合通信（チャイナユニコム）	香港、NY	49億ドル
上海宝山鋼鉄	香港、NY	10億ドル

こうした事情から、日本は世界に先駆けて、人手を割かずに作業ができるよう「省力化装置」と呼ばれるロボットを開発した。実は今になってこれが、国内企業に対して悪さを働いているのだ。

なぜかといえば、この最先端の省力化装置は、そもそも六〇万〜七〇万円という国内の人件費を前提にして開発された。それが、いきなり人件費が一万円にも満たない国に持ち込まれてしまったのだ。一昔前なら、中国の工場がこんな高価な機械を導入することは予想すらできなかった。しかし、資本力がついた中国企業は、今やこうした先端装置を何台でも購入できるようになっている。

私にすら、最先端の機械を中国に持っていくなどという発想はなかった。それが今や、装置のプログラムでさえほとんど彼らが自前で作っているし、CAD／CAMの装置も平気で使いこなし金型も作ってしまう。ほんの四、五年前までは、「金型だけは日本の技術でないとダメだ、中国などでは絶対できない」というのがいわば常識であったのに、である。現在ではそうした作業も、すべて中国で可能になったし、日本より進んでいる部分もある。

こうして最先端の装置を次から次へと導入し、機械による作業で賄いきれない部分を廉価な労働力で補う。企業が直接金融で資金調達するようになると、必然的に資本市場に説明できる経営計画を立てなければならない。その結果、経営の近代化も自然に促されることになった。これも資本市場が整備され、資金調達の自由度が高まったことの副作用と言えるだろう。

通貨・人民元の安定

あまり知られてはいないが、中国の経済発展を支えた重要なファクターのひとつとして、中央政府がとった通貨安定策を忘れてはならない。これは歴史上の偶然の出来事とも言えるし、中国人らしい先見の明とも言える。

一九九七年に香港が返還されたとき、イギリスは通貨を五〇年間変えないことを条件に、香港にある三八億ドルの準備資本金を手放すことに同意した。中国政府はこれを受け入れ、同時に、それ以降三つの民間銀行が発行する新しい香港ドル一ドルごとに、米ドルで一三セントの外貨準備の積み立てを決めた。

これで香港ドルと米ドルは固定為替になった。さらに中国は、香港ドルと人民元を固定為替にし、実質的に米ドルと人民元を固定レートにしたのだ。つまり、経済的な苦境を抜け出すために通貨供給量を増やすという財政手段を自ら禁じたことになる。この結果中国は、メキシコやインドネシア、ロシア、ブラジル、アルゼンチンを襲った世界通貨危機から身を守ることができた。

とはいえ、どうやら「人民元は不当に安いのではないか」というアジア諸国からの圧力のせいで、中国の指導者たちは最近になって人民元を香港ドルから切り離すと発表した。そのため人民元が高くなり、中国の輸出競争力が低下するのではないかという憶測もある。

しかし、それくらいで中国経済が傾くことはないだろう。中国はこれまで、実質的には経済をドルベースにしてきたおかげで、アメリカと同様にインフレを防ぐことができた。経済が成長するにつれ、中国への直接投資は確実に増えてきた。九二年以前は、投資家たちは中国経済をまったく信用しておらず、中国をできるだけ避けてきた。しかし九二年の鄧小平による「一国二制度」発言を境に、深圳と上海の証券取引所に資本が流入するようになり、同時に保税地区には工場やオフィス建設のための直接投資がなされるようになった。

生まれながらにして博打好きな国民性を持つ中国人にとって、株式投資はいわば国民的スポーツなのだろう。海外に住むおよそ六〇〇〇万人の華僑にも旺盛な投資意欲があり、自分たちの言葉、民族、親戚などのつながりを最大限に生かし、ここ数年中国本土へ資金を投入している。起業家として中国へ戻る人たちもいる。

二〇〇〇年にはおよそ四五億ドルが海外から中国へ直接投資された。これに対して、日本には約一〇億ドル、かつて「アジアの虎」と呼ばれた東アジア諸国に対しては、さらに少ない額しか投資されていない。

行政が率先するルール変更

「低廉で良質な労働力」は企業の成長に不可欠の要素だが、これを求めているのは企業だけではない。都市にとっても同じように不可欠なのだ。そうした労働力をどれだけ提供できるかが、その地域の経済発展にストレートにつながってくるからである。こういう点からいって、深圳の取

図表 2.9　アジア各国の直接投資流入額の推移（単位：10億ドル）

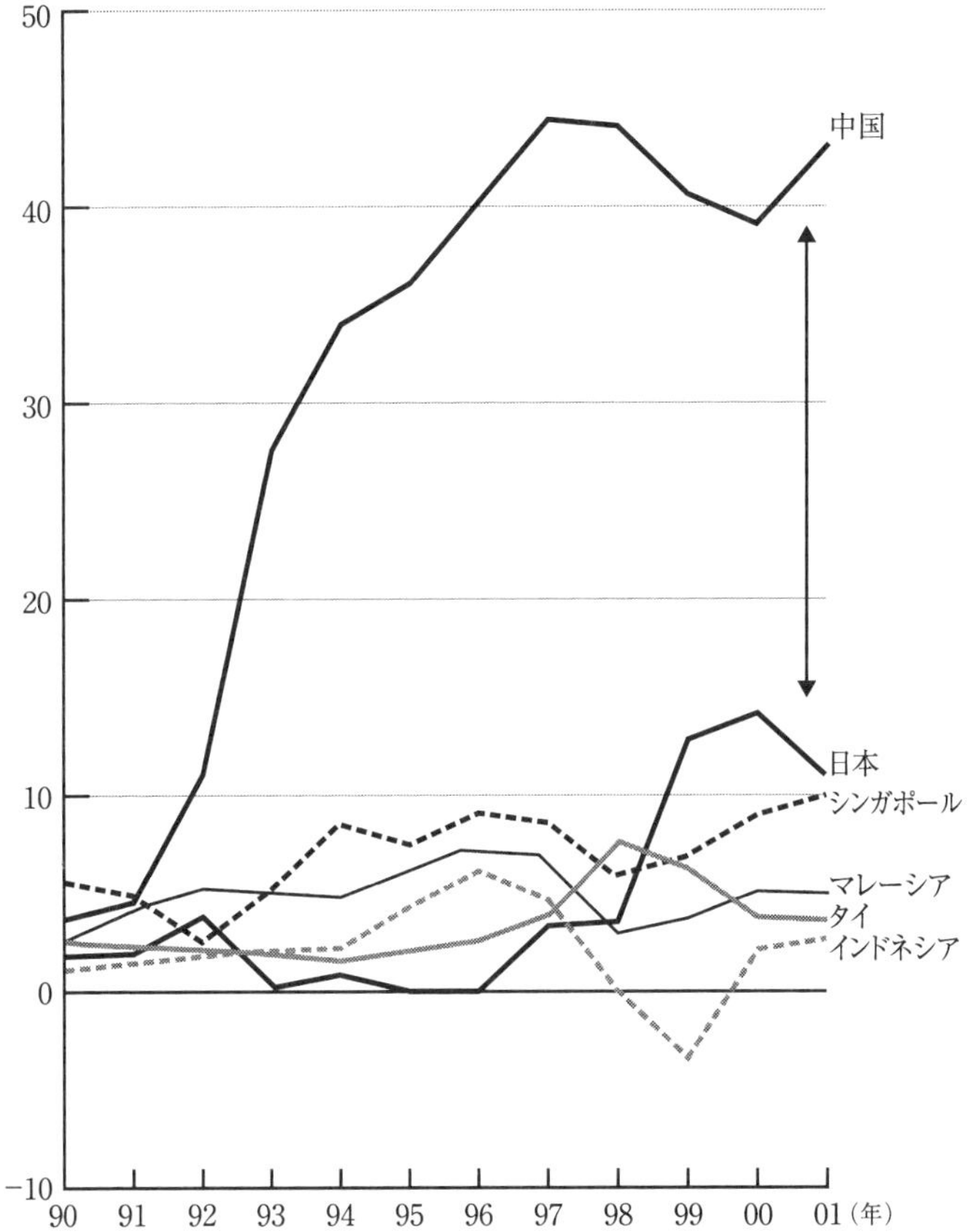

UNCTAD "World Investment Report 2000"、
The Economist Intelligence Unit "World Investment Prospects"より
Ohmae&Associates作成

り組みは大胆だ。

珠江デルタの香港側に位置し、経済特区の一つである深圳市は、経済発展した結果、人件費が高騰してしまった。すでに日本円で二万円を超えてしまったのだ。これは香港の一〇万円から見れば安い水準だが、深圳周辺の東莞《とうかん》や広州《こうしゅう》、さらには中山《ちゅうざん》、順徳《じゅんとく》といった周辺都市が頑張ってくると、人件費の面で深圳は競争力がなくなってくる。そこで深圳市が取り組んでいるのが、「第二深圳」の建設だ。

第二深圳というのは、西郷地区のように、深圳特別区の外側にできつつある新しい工業地帯のことである。本来、深圳に入るときは特別区なのでパス（入境許可証）が必要だ。しかし特別区の外側ということであれば、出入りするのにパスが必要ない。そのぶん、気軽により多くの労働力を引き込むことができる。

またここに進出した企業からすれば、田舎から連れてきた労働者をただちに就労させることができ、労働力の調達がとても楽になる。こうした理由から、今、深圳経済特区の外側に深圳市がどんどん広がっているのだ。

深圳にとって最大の敵は日本や韓国、インドではなく、周辺都市の東莞であり、広州であり、順徳なのだ。だから、深圳の競争力を維持するために、特別区の外側に保税区をどんどん作っている。保税区の区域内であれば関税がかからない。香港の会社も、どんどん進出している。地場資本の華為《ファウェイ》科技（Huawei）、香港企業であるＩＤＴ、日本のマブチモーターなどもここに拠点

図表 2.10　珠江デルタ・深圳周辺位置図

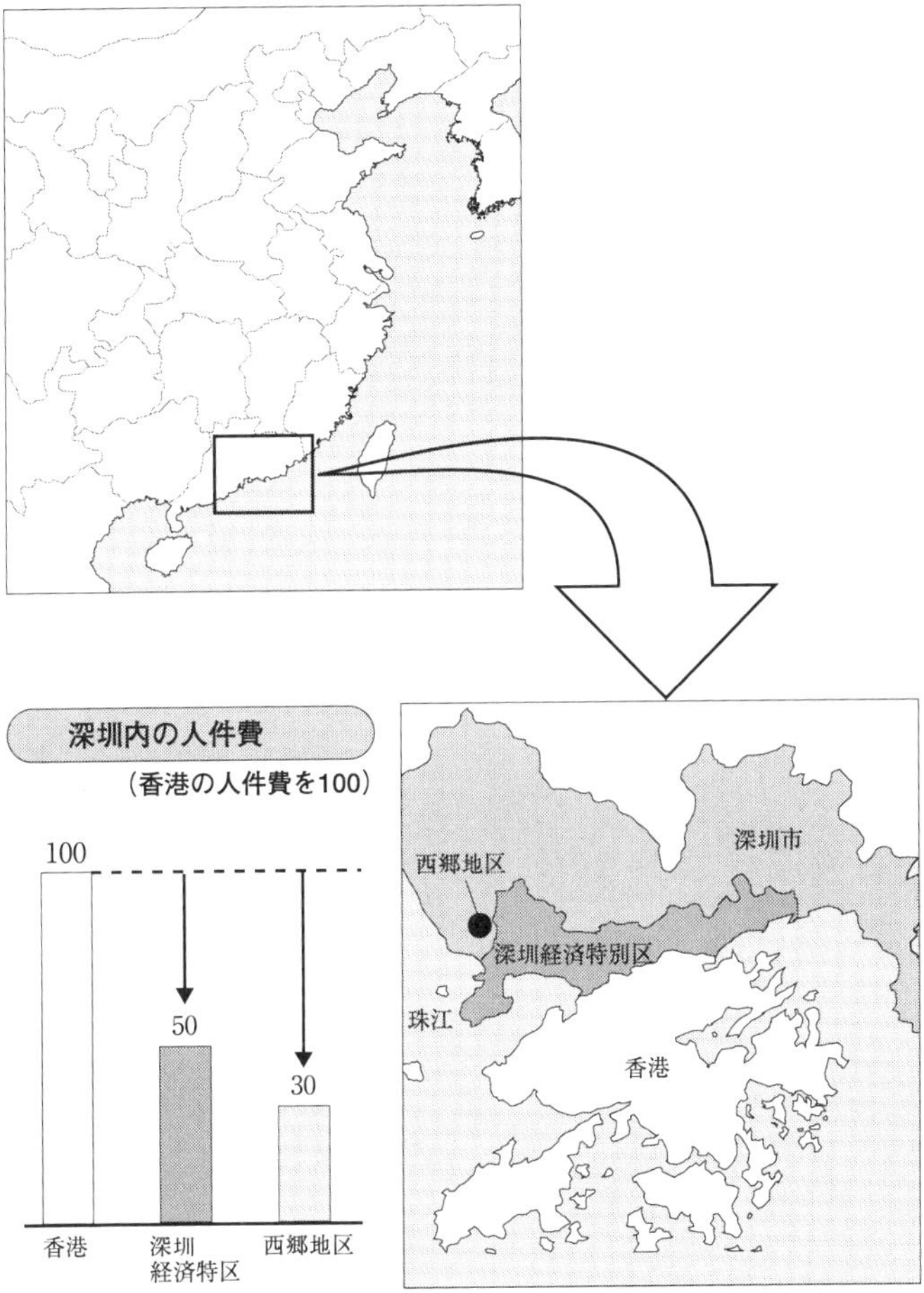

資料：Ohmae&Associates

を構えている。この地域の人件費は、八〇〇〇〜一万円で、これなら周辺都市とも十分張り合えるのだ。

中国というのは、国全体が保税区といえるような国だ。市長が申請すれば、すぐにその認可が取れてしまう。例えば、日本のある企業は浙江省《せっこう》で展開しているのだが、はじめに進出した時は保税区ではなかった。ところがだんだん成長してきて「保税区のほうが都合がいい」となったので、行政に申請して保税区にしてもらったという。中国人がいかに現実的な人種かというのがわかる。

もう一つ例を挙げると、アモイにある中国企業、厦門華僑電子（XOCECO）は本社を香港に移してしまった。「なぜ?」と聞いて返ってきた答えがこうだ。「香港に本社を置けば、外資系企業の優遇が受けられますから」。

ちょっと待ってくれ、と言いたくなる。この企業はなんと国有企業なのだ。特典が受けられるからと、国有企業が外資系企業のごとく振舞うのである。まさに朱鎔基革命の影響を示す一つの象徴だろう。生き残るためには、本社を特別行政区・香港に移して外資系としての扱いを受ける。そのうえ、その会社の所在地は現在では保税区になり、経営陣には台湾人をたくさんスカウトしてきた。もはや何でもあり、なのだ。今では国有企業の片鱗も残っていない。

行政側も率先して規制緩和の限りを尽くしている。それこそビーンボールをそこいらじゅうに投げ、儲かるためなら何でもやってしまえ、という感じだ。市長の仕事は保税区の申請だ、というくらいの勢いなのである。われわれ日本人が圧倒され、のけぞり返るほどの発想だ。官僚主義に毒されたわが国とくらべて、この中国の柔軟性はどうだろう。成功のためにはすべてのルールは可変であるという考えが徹底しているのである。

ゴルフで言えば、OB杭を政府が持って歩いていて、球を打ったあとに「セーフ」や「アウト」と宣告するようなものだ。打った方向によっては、旗まで立て替えてくれて「ここは保税区です」とまで言ってくれるのだ。

このように今の中国は、台湾とくらべても本当に自由だ。台湾など何するものぞといって台湾企業と張り合いながら、台湾人をどんどん幹部として採用してしまう。福建省のアモイだけでも、台湾からのマネージャーが四万人も雇用されている。この中国人の神経は、われわれ日本人にはなかなか理解しがたいところだ。

以上からわかるように、中国は正式には共産主義国家だが、地域国家におけるビジネスの側面から見れば、台湾や韓国、日本やドイツ、あるいはフランスなどと比較しても、規制がはるかに少ない。地域内に留まり、北京の中央政府と関わり合いを持つことさえ避けていれば、アメリカと並ぶ資本主義の天国である。

例えば関税については、決めるのは中央政府だが、管理するのは地域単位である。したがって、多くの外資系企業は地方政府から税金の減免措置を受けている。ほとんどのメガリージョンにとって、国内産業の保護は政治的プライオリティーが高くない。それよりも、政府関係者たちは海外からのビジネスを歓迎し、自由に競争させることで、自分たちの国の産業を強化できると考えているようだ。

現在のところ、彼らの判断は正しかった。私には、九八年から九九年にかけて中国に進出した日本人やアメリカ人のビジネスマンの友人がいる。彼らは最初の二年間はかなり稼いだようだったが、今では急速に学習し成長するやり手中国人起業家らとの競争を余儀なくされている。外国人が利益を生み出すには難しい環境になってしまった。やはり外資系企業との競争の結果、国内産業も競争力を強めていったのである。

だからこそ、「WTO加盟によって中国が受けるマイナス影響は?」などという質問を受けると笑ってしまう。銀行など保護されてきたいくつかの業界を除けば、中国はもはやWTO加盟くらいではビクともしない。むしろ、中国のWTO加盟は、周囲の国々のほうがはるかに影響を受けるだろう。

中国はすでにほとんどフリー貿易の世界の中にあり、国営企業だって香港に行ってしまうという環境でやってきている。いまさらWTOに加盟したからといって、実態は何も変わらないだろう。朱鎔基革命というのは、WTOどころの衝撃ではなかったのである。

❸――メガリージョンの集合体としての中国

メガリージョンとリージョン・ステイト

冒頭で書いたように、現代中国の発展を支えているのは、沿岸部に位置する六つのメガリージョン＝メガ地域である。北から順に挙げると、次のようになる。

東北三省（大連、瀋陽を中心に広がる、遼寧省、吉林省、黒竜江省）
北京・天津回廊（北京市中関村を中心に、その南東に位置する天津市とを結ぶ地域）
山東半島（青島《チンタオ》、煙台《えんたい》を中心とした地域）
長江デルタ（上海を中心とした長江河口地域）
福建省（アモイ、福州を中心とした地域）
珠江デルタ（深圳から広州にいたる珠江河口地域）

そしてこれら六つのメガリージョンが、お互いに競争し、特徴を出しながら発展しているというのが、現代の中国の姿なのだ。

ところで、地域国家論的な観点から考えると、経済が発展する条件は人口規模でだいたい三〇〇万人から、大きくても一〇〇〇万人までの間である。これがリージョン・ステイト（地域国家）の理想の経済単位だ。つまり、国家という区切りではなくても、その単位がちゃんとしていれば繁栄ができる。単位が国である必要はないのだ。たまたまそれが国であれば、シンガポールやアイルランドなら三〇〇万人の単位になるし、デンマークなら六〇〇万人という単位になる。

ただし、中国で現在できあがってきている地域経済ユニットは一つが一億人単位であり、規模的にはリージョン・ステイトではなく、さらに大きな枠組みであるメガリージョンになる。このメガリージョンの中に、リージョン・ステイト、つまり地域国家が最低二つ、大きいところだと六つくらい含まれるという構図なのだ。

中国のリージョン・ステイト

中国では、自治体の単位の分類が結構デタラメだ。日本でも県より大きな市があったりするが、中国は日本よりもその大きさにばらつきがある。日本の県に当たるのが省であり、その下に市や特別区があるのだが、この区分が中途半端になっているのだ。

例えば北京、天津、上海、重慶の四市は中央の直轄市として、省レベルの扱いを受けている。さらに経済活動の上で自主権を与えられた経済特別区（経済特区）や、それに準じた経済技術開発区もある。そして今、開放経済の流れの中で、場所によっては省の単位で自立せず、市や特区の単位での自立が進んでいる。

図表 2.11　中国経済を牽引する六地域の特徴

北京・天津地域

- ソフトを中心としたIT分野の研究・開発拠点の集積
- 米国留学帰りの創業者も多く、中国で最も優秀なエンジニアを、まとめて集められる

東北三省（遼東半島）地域

- 国有企業を中心とした重工業地帯
- 日系メーカーの誘致が盛ん
- 最近では日本語を武器としたコールセンター業務、ハイテク分野へシフト

山東半島地域

- 冷凍野菜、加工食品の産地
- 日本と緯度・気候が似ているため日本向けの農作物栽培に適する

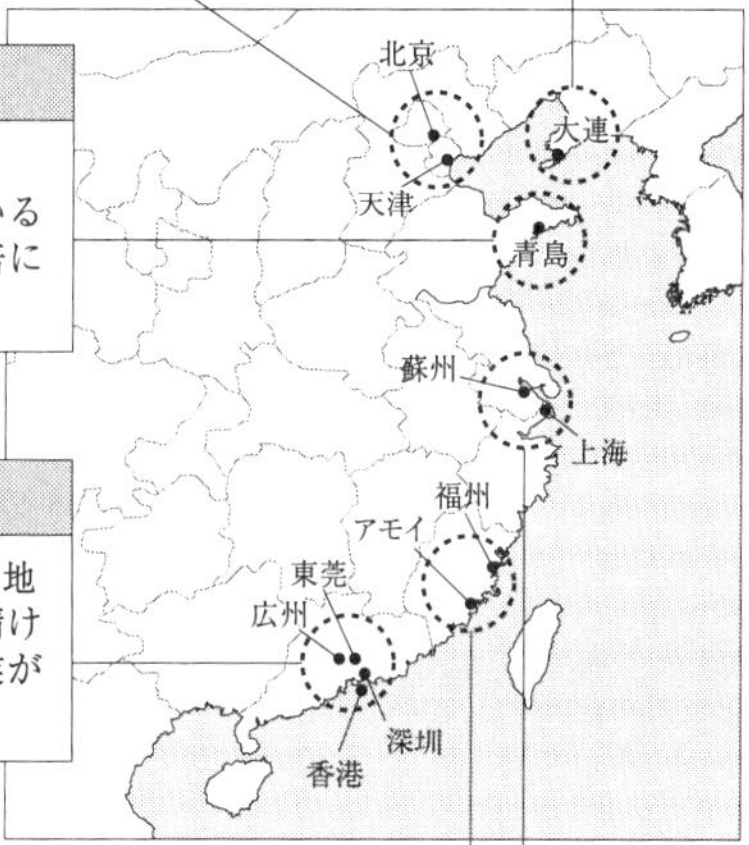

珠江デルタ地域（広東省）

- 世界最大のパソコン産業集積地
- 台湾系企業を中心に、下請け部品加工業などの裾野産業が集積

福建省（アモイ・福州）

- 台湾との結びつきが強く、小三通の拠点となる金門、馬祖に近接
- 工業製品だけでなく、山東省に並び農産物（中国茶等）の輸出拠点

長江デルタ地域（上海、江蘇省、浙江省）

- 金融・商業の中心都市
- 携帯電話、ノートPC半導体製造業など技術レベルの高い製造業が集積しつつある

資料：Ohmae&Associates

経済特区は、鄧小平によって一九八〇年に深圳、スワトー、珠海《ジュハイ》、アモイの四市が指定されたのが最初だ。これに八八年になって海南島が加えられた。経済特区には外資への優遇措置が取られ、外資を呼び込む際の入り口という役割を担ってきた。この経済特区の成果を目の当たりにした鄧小平は、八四年には沿岸部の一四の都市を経済開放区に指定し、ここにも経済特区並みの優遇措置を認めたのである。

中国の場合こうした都市は、「市」とはいっても日本のそれとはまるで規模が違う。ヨーロッパでいえば、スイスやデンマーク、スウェーデン、ノルウェーといった、人口が六〇〇万人規模の国家に相当する大きさである。例えば大連や瀋陽は、人口が五〇〇万人以上いる。北京、上海となると優に一〇〇〇万人を超える。これらの市が、リージョン・ステイトとして、それぞれ自立を始めているというのが中国の実情なのだ。

こうしたリージョン・ステイトは、具体的には例えば深圳、上海、大連、天津、瀋陽、アモイ、青島、蘇州などの地域で、今や経済的に年間一五〜二〇パーセントの成長率を見せている。これはマレーシア、台湾、タイ、韓国など「アジアの虎」と呼ばれる国よりも速いペースだ。さらに、これらのリージョン・ステイトが周辺の地域とともにより大きな経済圏を形成し、これがメガリージョンになったのである。

例を挙げて具体的に説明しよう。

大連と瀋陽はいずれも遼寧省の都市である。遼寧省は、吉林省や黒竜江省とともに東北三省と

図表 2.12　経済特区と沿海経済開放都市

80年	アモイ、スワトー、深圳、珠海、経済特区指定
84年	14の沿海港湾都市を経済開発区に指定(14都市の輸出額は全国総輸出の28%)
88年	海南島が省に格上げ経済特区に
90年	上海、浦東地区の開発計画実施

○ 経済特区(5)
● 沿海経済開放都市(14)

中国の輸出入取引に占める外資系企業のシェア(%)

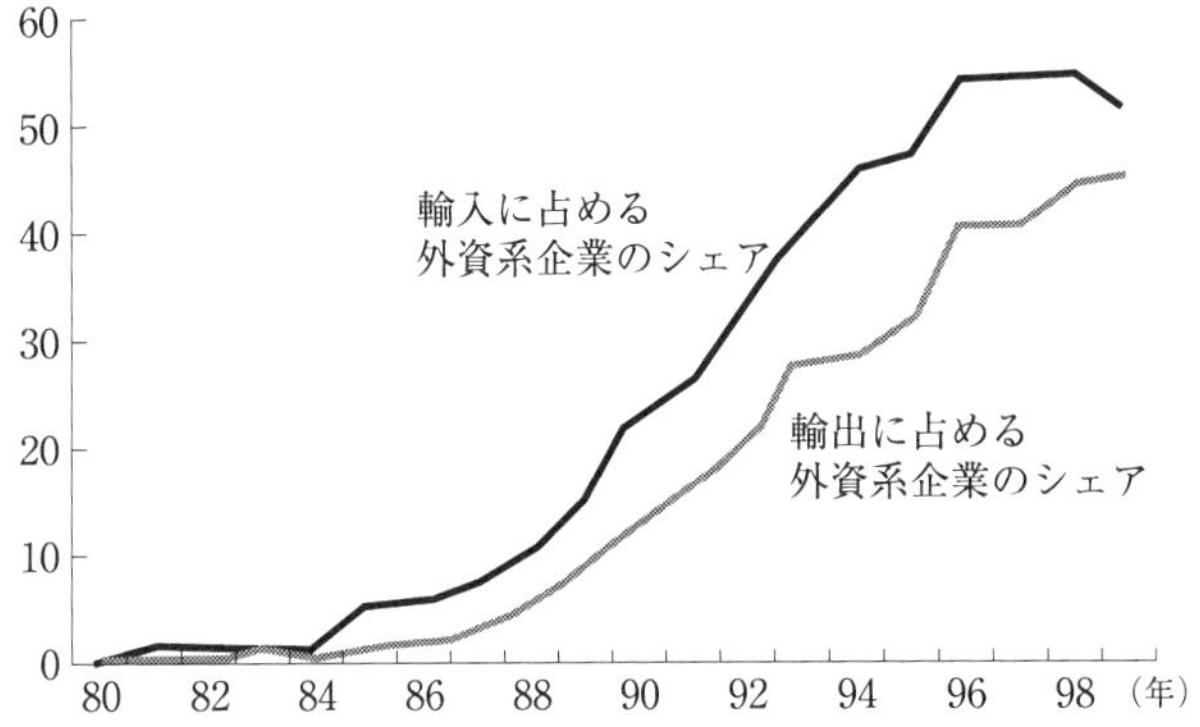

出典：『中国対外経済統計大全』、『中国統計年鑑』、
『中国対外経済統計年鑑』
資料：『通商白書』(2001年版)

呼ばれているが、この地域は民族的にはもともと満州族である。現在では漢民族との同化が進んでいて、彼らも「ウィー・アー・チャイニーズ」と言うものの、「清の時代には中国全土を統一した先祖がいたんだ」というアイデンティティーを持っている。旧満州と重なり、日本とのつながりが深い。そうした一つのカルチャーユニットになっている。

つまり東北三省は、大連や瀋陽、その他一三の都市群といったリージョン・ステイトからなる、巨大なメガリージョンとなっている。メガリージョンは、リージョン・ステイトのクラスター（房、集団）として、あるときは助け、あるときは競争し、そしてあるときはネットワークで結ばれるというカルチャーユニットだ。経済的、産業的なつながりや歴史的、文化的な関係によって、複数のリージョン・ステイトが集まって自然発生的に構成されていくものなのである。

じつは、これは日本の工業地帯のイメージに近い。例えば京阪神工業地帯は、大阪と京都、神戸という、それぞれ数百万人規模の都市がある。その間に加古川、西宮とちょっと小さめの町があって、どんどん発展してきた。

北九州工業地帯の場合には、若松、戸畑、小倉、門司、八幡という五つの町があった。ここに福岡が加わり、これらがベルト状に並ぶような形で工業地域を形成していった。京浜工業地帯は、後から千葉が加わり、そして川崎が出てきて、さらに横浜を越えて横須賀までつながった。これは非常に大規模で、全部足していくと三〇〇〇万人ぐらいの一大工業地帯としてクラスター化していった。まさに現在の中国のイメージというのは、これなのだ。

メガリージョンの条件

ちょうど四〇年ほど前、日本が大発展した時代には、太平洋ベルト地帯といわれる工業地帯にだけ資本が集中していた。その後、列島改造論者の田中角栄が「均衡ある国土の発展」と言いだして、新潟あたりまで一気に開発しようとしだしたのだが、それ以前の日本は、四大工業地帯(京浜、中京、京阪神、北九州)一辺倒の発展をしてきた。宮崎県延岡の旭化成や茨城県日立市の日立製作所、石川県小松市の小松製作所という、四大工業地帯から外れた都市に企業城下町ができてくるというのは、日本では例外中の例外だった。

これに対し、四大工業地帯に頼りきった発展ではまずいと考えたのが、かつての通産省(現・経済産業省)だった。通産省は、計画的発展を意図して、岡山県水島に大工業団地を造ったり、鹿島に工業地帯を造ったりしたところ、これがなかなかの成果を上げた。

しかし、そこで調子に乗りすぎたのがよくなかった。むつ小川原、苫小牧東でも同じことを試みて、これが大失敗したというのは周知の事実だ。これが最近までの日本の産業政策の歴史である。

こうした歴史を振り返るとわかるのだが、日本の高度成長というのは、基本的には四大工業地帯に引っ張られてなされてきた。その後の、均衡ある国土の発展というコンセプトではじめて、さまざまな取り組みがなされた。

結局、均衡ある発展自体は失敗したのだが、他方で均等な富の分配は国土全体に施すことができたとは言えるだろう。これは主として地方交付税などの税制と、公共事業の優先順位を地方重視にしたということで達成された。

しかし、おかげで発展から著しく取り残された地域は消し去ることができたものの、それがかえって地域の特色までも消してしまった。中央が描いた開発計画一色で塗りつぶされた日本は、その勢力、エネルギーを減退させることになった。四大工業地帯の空洞化が進み、製造業が東南アジアに移転したり、中国に向かったりしているというのが現在の姿である。

中国を見る際に、この流れを理解しておくことは非常に有効だ。先に触れたが、鄧小平の指示した三二地域の経済開放区構想というのは、「均衡ある国土の発展」と同じことだ。つまり、重慶や武漢、ハルビンあたりまでの国土が等しく発展をしていけばいいという構想である。鄧小平的に言えば、「上海、深圳で成功したのだから、これを全国に広げよう」ということなのだが、要するにこれは田中角栄的な発想だったのである。

確かに当時の深圳や上海の成功を見て、そうした夢を見てしまうのは自然なことだった。ところが、あいにくと工業はそういう形では伸びていかない。工業の発展には、部品などの産業基盤が不可欠なため、まずクラスター化が必要になってくる。だから、いくら鄧小平が武漢やハルビンを名指ししても、これらの都市でクラスター化が始まらないと事態は進展しない。

メガリージョンというのは単に大きい地域という意味ではなく、そこに何か一つの共通項があり、産業的に相関関係が結ばれていなければならない。人材の育成、教育、供給という面でも、部品や原材料の供給という面からも、その中でほぼ完結するというのがメガリージョンだ。

例えば北九州工業地帯は、「鉄鋼業」を中心として伸びてきたメガリージョンだった。なぜそうなったかというと、直方、飯塚という石炭の町があり、さらに積み出し港の若松があり、そこに鉄鉱石を輸入してくる港湾ができた。そうした中から世界一の八幡製鉄所というものが出現してきたのだ。そして、この鉄を使ったいろいろな産業が北九州の地で興ってくるという発展を辿ってきた。鉄鋼業という、地域に共通する特徴を持っていたのである。

ドイツで言えばルール工業地帯、アルザス・ロレーヌ、ドレスデン周辺など、同じような工業地帯がある。イギリスならグラスゴーを中心とした工業地帯、アメリカなら五大湖沿岸の工業地帯や、ニューヨーク、ニュージャージー、ペンシルバニアまで含めた東部工業地帯がある。

ただ中国の場合、このサイズが巨大国家並みだ。日本の工業地帯というのは、一部の例外を除けば一〇〇〇万人から三〇〇〇万人の人口規模なのだが、中国の場合には少なくとも六〇〇〇万人から一億四〇〇〇万人というサイズになる。これは途中で区切ろうとしても、それぞれが強く連結しているため、分解することができない。

無尽蔵の労働力と物流ネットワーク

中国のメガリージョンは、内部の農村と都市が強い力で連結している。まず、労賃を上げたくないという考えがあるために、低賃金の労働者を刈り込んでくるヒンターランド（後背地）としての農村を抱えておく必要がある。日本の場合にも、京浜工業地帯は東北から低賃金の労働力を刈り込んできた。京阪神工業地帯なら、それが四国や和歌山、北陸、九州だった。工業地帯には、独特の労働力の刈り込み場所というのがあるのだ。

当然のこと17とながら今の中国には、刈り込みの場所というのが非常に重要な、ある意味では聖域のような存在になっている。方言や言語が地域ごとにかなり違っているので、同じ言語体系を持つ発展途上の地域を、労働力の刈り込み場所として温存しておく必要があるのだ。

また、伝統的な水運、水の便によるつながりも、メガリージョン内部の連結の強さの要因である。物流という観点から見ると、中国では陸路の整備が非常に遅れていたため、地域の発展は水運に頼る部分が大きかった。川や運河、半島であれば海上を利用した水運である。つい最近まで、陸上の物流はまったく使い物にならなかったのだ。

例えば、広州から上海まで行くのに九日間もかかった時代がつい最近まであった。私の友人が広州で化粧品会社を経営していたのだが、製品を広州の工場から上海までトラックで届けるのに九日も要したのである。これが九二年のことだ。そのくらい交通の便が悪かった。

私は当時、「中国というのは島から成り立っている」と書いたことさえあった。「都市と都市の間は暗黒の海だと思ったほうがいい。これではロジスティックスが成り立たない」という趣旨だった。もちろん、今は鉄道もよくなったし高速道路も整備されてきたから、広州と上海は少なくとも二日の経済圏になっている。

しかし、このようにして中国では言語、文化、交通によってメガリージョンができあがり、一つの経済単位となっている。ここが特異な点だ。また、中国のメガリージョンは、およそ一億人規模の人口単位になる。ヨーロッパの人口がおよそ二億五〇〇〇万人だから、ヨーロッパ全体は中国のメガリージョン二つか三つぶんの大きさでしかない。

さきほどの話に戻ると、均衡ある国土の発展を目指した鄧小平による計画経済下の改革・開放経済が、ふたを開けてみたら自然発生的なクラスター、自然発生的な工業地帯の形成を促してしまった。この工業地帯は、その中で激しく競い合う都市、地域国家から成り立っており、また他のメガリージョンに対しても強烈な対抗意識を持っている。

このメガリージョンという概念が、現在の中国を見るときの最重要キーワードになる。中国の経済成長は、六つのメガリージョンがそれぞれ独自の動きをすることで爆発的に進んでいるのだ。次章以下で、この六つの地域ごとの特徴を見ていこう。

第2部

現代中国を支える六つのメガリージョン

第3章◆二大ＩＴ産業集積地——珠江デルタと長江デルタ

現代中国の発展を支える六つのメガリージョンのうち、もっとも早くから自由市場経済を導入し発展を始めたのが、珠江《じゅこう》デルタと長江《ちょうこう》デルタである。珠江デルタは広東省に位置し、香港の北側、経済特区として有名な深圳から、広州《こうしゅう》、東莞《とうかん》など珠江河口流域に広がる地域を指す。一方、長江デルタは、中央政府の直轄地である上海市から、蘇州《そしゅう》、無錫《むしゃく》、南京《ナンキン》を擁する江蘇《こうそ》省、浙江《せっこう》省へとまたがる長江流域に広がる、中国最大の工業地帯のことである。

いずれも、経済規模としてはもっとも大きく、まさに現在の中国経済の発展を牽引してきたといえる。中国の行政区割りである三一の省市自治区別のＧＤＰ（二〇〇〇年）で見ると、珠江デルタを擁する広東省がおよそ一一五〇億ドルで中国全体の一〇パーセント、長江デルタを形成する上海市と江蘇省、浙江省があわせておよそ二三〇〇億ドル、全体の二〇パーセントを占めている。

この二地域は中国のＩＴ産業の集積地である。とくに珠江デルタは、いまや世界最大のパソコン産業の集積地で、ＩＢＭやデルコンピュータ、コンパックなど世界の主要メーカーがほぼ出揃っている。パソコンに関連して、プリンターや複写機の分野でも急速にシェアを伸ばしはじめ、

図表 3.1　長江デルタ・珠江デルタの位置

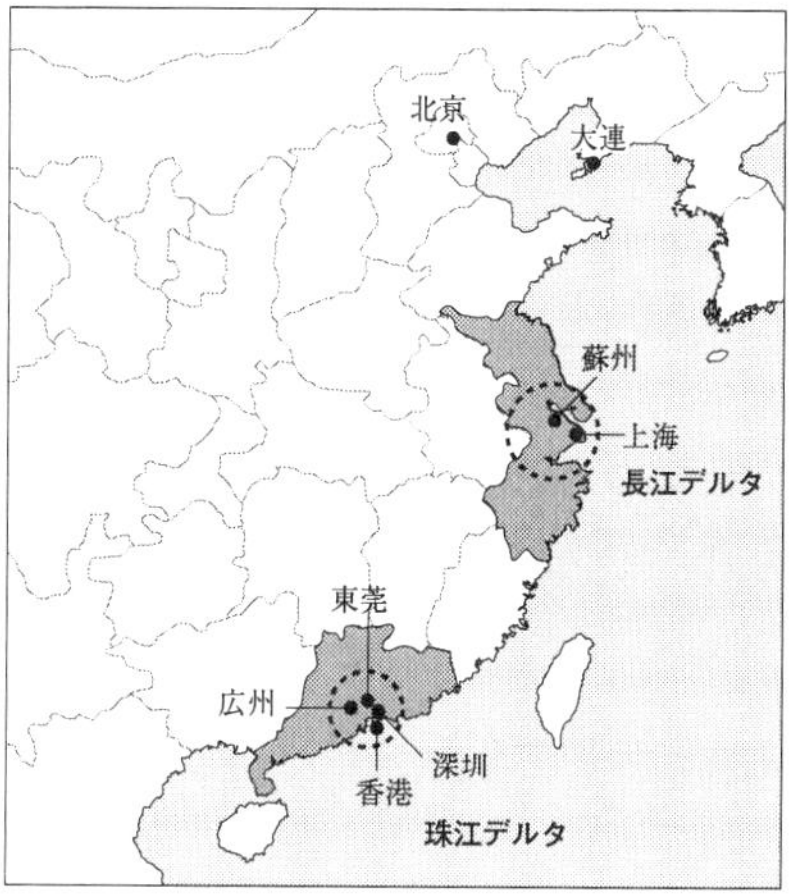

図表 3.2　中国の省・市別GDP上位10地域（2000年）

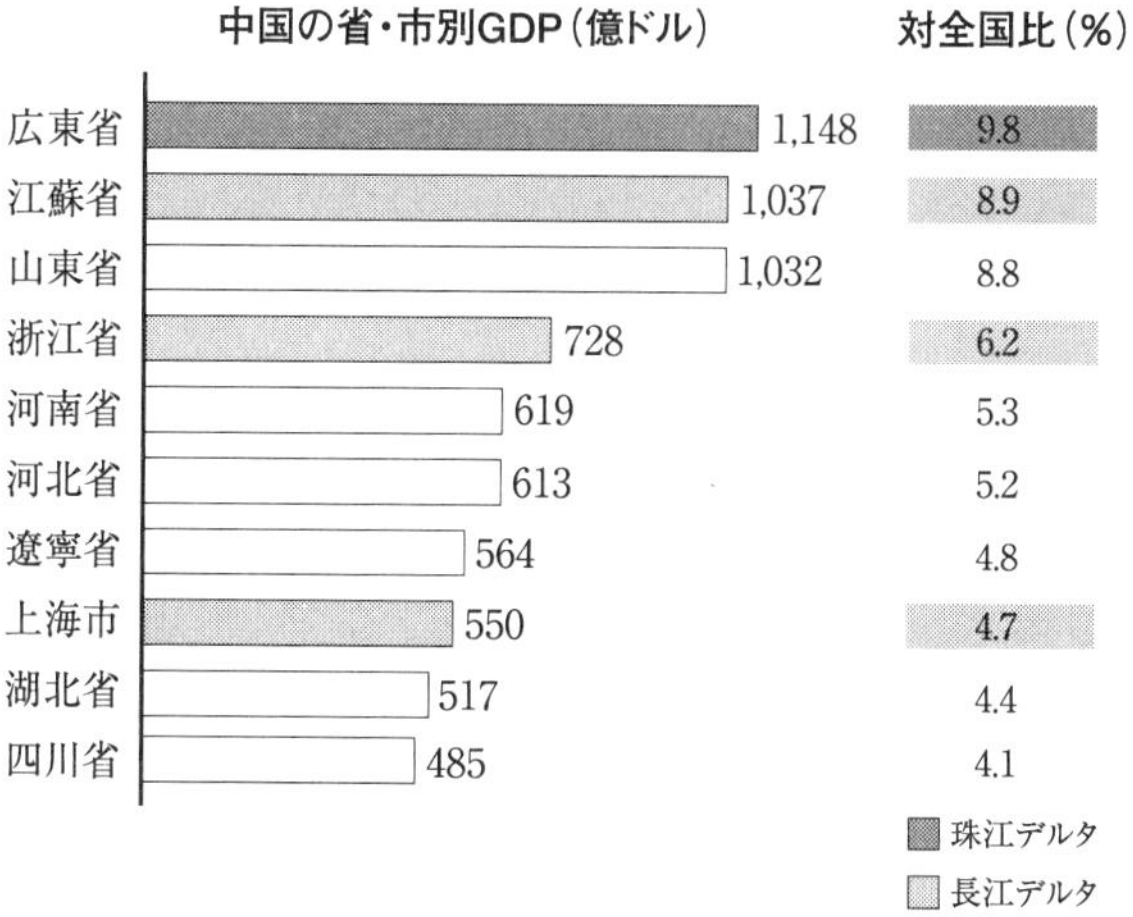

資料：『中国情報ハンドブック』(2000年版)、出典：『中国統計摘要』2000

現在では全世界の生産量の過半を担うようになった。

珠江デルタのこうした成長の背景にあるのが、部品産業の充実である。低賃金で豊富な出稼ぎ労働力がこれを支え、地続きの香港が輸出入の窓口となった。その結果、労働集約的な産業に特化し、一九九九年実績で電子・通信機器の生産額が二七〇〇億元（約三三〇億ドル）、中国全体の四七パーセントのシェアを占めるにまで至ったのである。

一方、長江デルタは携帯電話、半導体などの産業が強い。珠江デルタのような組み立て加工型ではなく、ある程度の技術力を必要とする先端ＩＴ産業が集積しているのが特徴だ。エリクソン、シーメンス、日立製作所、ソニーなどのメーカーがすでに進出している。

長江デルタ地域は昔から大学、研究機関が多く、そのため技術レベルの高い製品を供給できる素地ができていた。また国内市場へのアクセスに便利なうえ、この地域自体が中国の一大消費市場を形成し、金融機関などの他の産業も発展していることなどが、珠江デルタとの違いとなっている。

特徴の違いはあるが、二地域とも経済的な海外とのつながりは他の地域より抜きんでている。海外からの直接投資額をくらべても、全国シェアにして珠江デルタのある広東省が約二八パーセント、長江デルタのある上海・江蘇省・浙江省があわせて約二八パーセントと、この二地域だけで中国全体の半分以上を占めている。

以下では、この二つのメガリージョンについて個別に見ていくことにしよう。

図表 3.3　中国の省・市別対外直接投資受入額

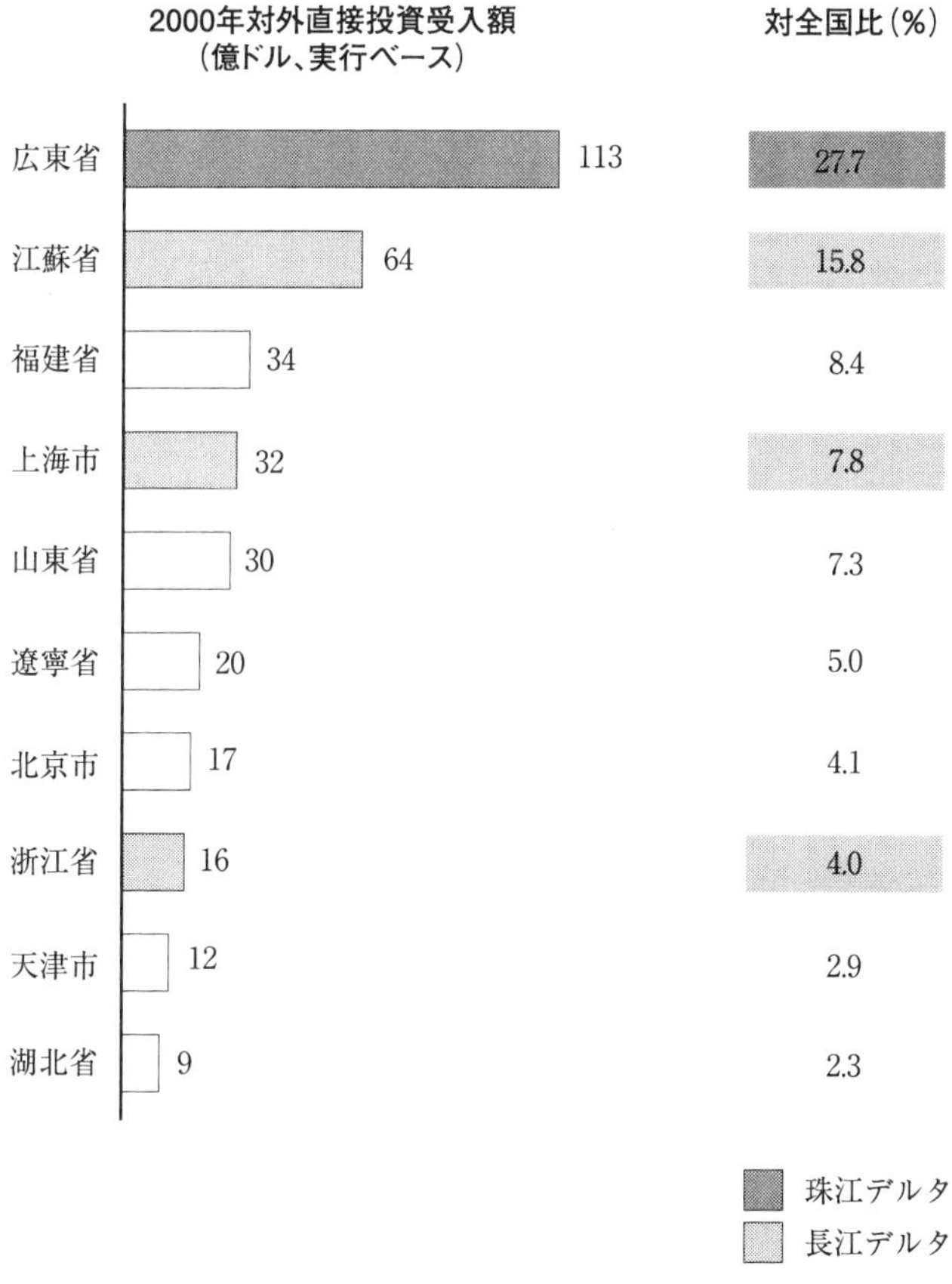

資料：『中国情報ハンドブック』(2000年版)

❶――珠江デルタ

香港の裏庭

珠江デルタというとまず思いつくのが深圳だろう。香港と地続きの深圳は、鄧小平によって一九八〇年に制定された、全国に四つある経済特区の代表的な都市ということでよく知られている。この深圳を起点として、東莞、広州、順徳《じゅんとく》、中山《ちゅうざん》、珠海《ジュハイ》などの都市を結ぶ地域が珠江デルタで、広東省の珠江河口域をぐるっと囲む形になっている。

広東省は、九七年に香港が返還されて以降大きく変容した。

広東省と言えば、かつては省都・広州で開かれる広州貿易見本市が国際的に有名だった。しかし、彼らの展示する製品には民芸品レベルのものが少なくなく、次第に広州は国際市場からの注目を失い、寂れていった。まるで、香港と深圳に生気を全部吸い取られているかのようであった。

ところが、改革・開放路線が始まった頃、香港のデベロッパー・ホープウェル社の会長、ゴードン・ウー（胡応湘）という実業家が登場し、広東省の経済に大きな貢献をした。このゴードン・ウーが、香港から広州までの高速道路をなんと個人（私企業）で作ったのである。

当時、中国にはまだ高速道路建設の資金的余裕がなかった。しかし、ゴードン・ウーは広州の

図表 3.4　珠江デルタの位置

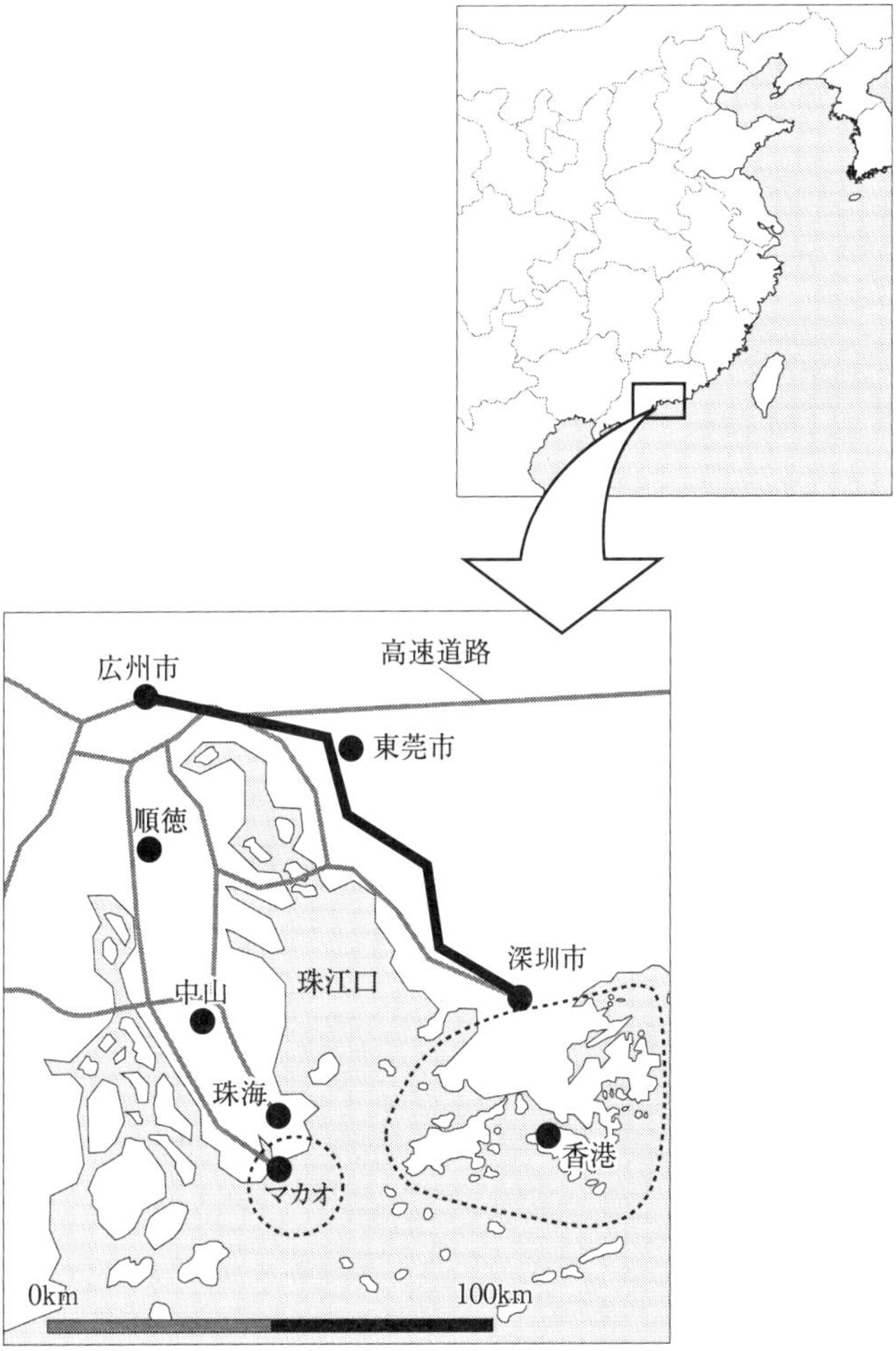

可能性を信じていた。彼は中国政府と交渉を重ね、ついに今の言葉でいうBOT（ビルド・オペレート・トランスファー）方式というもので、高速道路建設の許可を取ってしまったのである。

BOTとは、外資がインフラ施設を建設・運営し、投資を回収した後に現地政府に譲渡するという方法だ。「中国さん、お金がないでしょう。だから私が造ります。そのかわり有料道路にさせてください」という具合である。有料道路というのは、国が何でもやるのが原則となっている共産主義の国では非常に難しいのだが、「通行料を一七年間徴収したら、あとは国に返還する」という条件で、広州までの高速道路が作られたのである。

彼はその後、同じ方式をタイでも用い、バンコクの空港からバンコク市内までの高速道路を作ろうとするが、なかなか建設がはかどらずに、結局破綻してしまった。

しかし、香港―広州間の高速道路は見事に成功し、革命的な経済効果を広東省にもたらした。これによって香港から深圳へのアクセスが飛躍的に向上し、また深圳の奥に位置する広州まで開発されるようになった。

一方この頃になると、香港の競争力は次第に低下していた。そこで香港の企業は、自分たちの裏庭である深圳で、人件費の安い中国人を使って生産をしようと考え始めたのである。

今では立派な工業地区となった深圳だが、当初はまだお粗末なもので、縦型のマンションみたいな工場に、女性工員をたくさん詰め込んで働かせていた。さらに彼女たちを工場のすぐ隣に住まわせ、そこから通わせるというやり方だ。女工哀史の世界である。スタート当初はこんな感じだったのだ。それが現在見るようにものすごい発展を遂げた。かつて草原だった深圳は、このわずか一〇年間で人口六〇〇万人の工業都市になったのである。

寂れていた広州もしっかりした市長が登場し、復活した。中国沿岸部を覆う開発ブームの中で、広東省も対抗意識を燃やし、なんとか上海と競えるようになろう、香港にも負けないようにしようということで、広州を一番奥に置いた河口地域＝珠江デルタとして発展を始めたのだ。

保税区という仕掛けと来料加工への特化

広州が狙ったのは委託加工貿易、中国式で言うところの来料加工という仕事だ。香港の会社に進出してもらい、工場を作ってもらう。あるいは、工場は地元の資金のある第三者に作ってもらう。自分たちはそこで賃加工をして香港に輸出する、という形だ。

当初は香港はまだ外国だったため、製品の行き来は立派な「輸出」になったのである。それで輸出貿易で稼いでいく道を選んだ。「日本やヨーロッパなんて、そういうぜいたくは言いません。われわれは香港が来てくれればいいのです」という徹底した香港シフトを敷いて、どんどん香港系の企業を取り込んでいった。

この来料加工の産業を守り、成長させたのが保税区という仕掛けだ。先に簡単に説明したが、香港など外国から製品を輸入すると、通常は関税がかかる。しかし、国内でも保税区に置いてあるかぎりは税金がかからない。したがって、部品を輸入して保税区で組み立て、そこから輸出すれば、関税のかからない加工産業が成立するのである。

こうした仕掛けのおかげで、珠江デルタはもとより、中国各地の部品産業は成り立っていると言える。

このようにして、深圳に引き続き広州の南にある番禺《パンユウ》という都市も、同じように保税区を作り、そこに外資を誘導した。外資といってもやはり大半が香港で、賃加工して返す＝輸出するというやり方で、そのために保税区を作っていた。こうした動きに刺激され、その南にある順徳も、番禺から見ると珠江を挟んで向かい側にあたる東莞も発達しだした。

ところで、中国は今や世界第三位の貿易国である、と統計上ではなっている。しかし、この統計には裏がある。例えば、ある保税区にある組み立て途中の製品を別の保税区にもっていって完成させようとする場合、法律上は国内同士といっても自由にもののやりとりができない。だからいったん香港に輸出し、そこから輸入し直さないといけないのである。

ところが、中国は本音と建前の使い分けがうまい。主義主張とはまったく違い、例えば東莞の保税区と番禺の保税区で部品をやり取りする場合に、書類だけはちゃんと香港に行く。ところが、部品を積んだトラックは、直接番禺から東莞の工場へ行ってしまうのだ。品物が実際に香港を経由することはない。これを「転廠《てんしょう》制度」と言って、いつの間にか「方便」が「制度」になってしまったものの一つである。

したがって、統計上は香港との輸出入量はものすごく増えるのだが、それは書類上だけのこと

図表 3.5　中国での委託加工貿易(来料加工)の仕組み

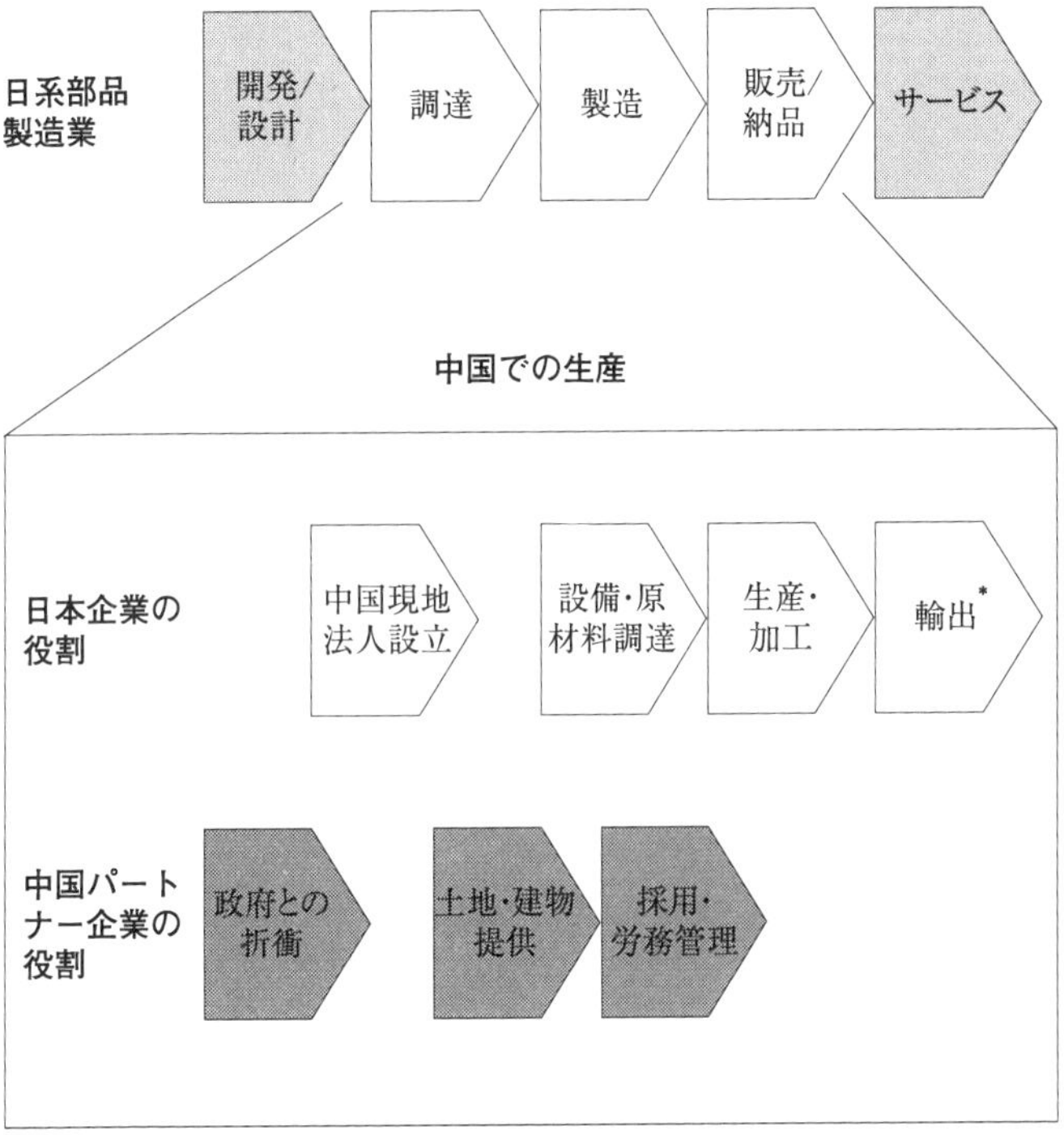

*中国国内販売ではなく、輸出のみを行う委託加工の場合、輸入関税、複雑な許認可手続きが免除される

各種資料をもとに作成

であって、実際の「物」が輸出入されているわけではない。こういう具合に、書類上の輸出入をものすごい勢いで繰り返しているため、貿易統計の数字を見ただけではその実態はよくわからないのだ。

さて、こうして外資を呼び込んでいった結果、広州は世界中の大手家電メーカー、自動車メーカーなどが進出するまでに発展した。三洋、松下、三菱電機、カシオ、ホンダのほか、フィリップス、シーメンス、LG、デルファイなどが進出している。

かつての役割を広州に奪われた深圳では、今では、通信機器・ネットワークソリューション企業の華為科技など、中国地場企業でも国際レベルのハイテク企業が成長してきている。また光ファイバー関連装置の製造などでは、仏アルカテルなどハイテク分野の外資系企業の進出が増加している。

ところで、珠江デルタの主要都市すべてが高速道路でつながったのは、この数年のことだ。最初は香港から広州までの高速道路がプライベートで通っただけだったが、今の中国には資金がある。自分たちでどんどん高速道路を作って、ほとんど無料になっているのだ。

高速道路がいたるところにできた結果、何が起こったか。珠江デルタに面した地区すべてで、人口が五〇〇万人から六〇〇万人ぐらいになってしまった。例えば広州は、番禺を併合したので一〇〇〇万人になっている。東莞は、一〇年前は一〇万人に満たなかったはずだが、今では五〇〇万人になっている。

図表3.6　転廠《てんしょう》制度の仕組み

通関書類上、部品（半製品）をいったん香港に輸出したこととし、再度香港より輸入するが、モノ自体は中国内で直接受け渡しする。

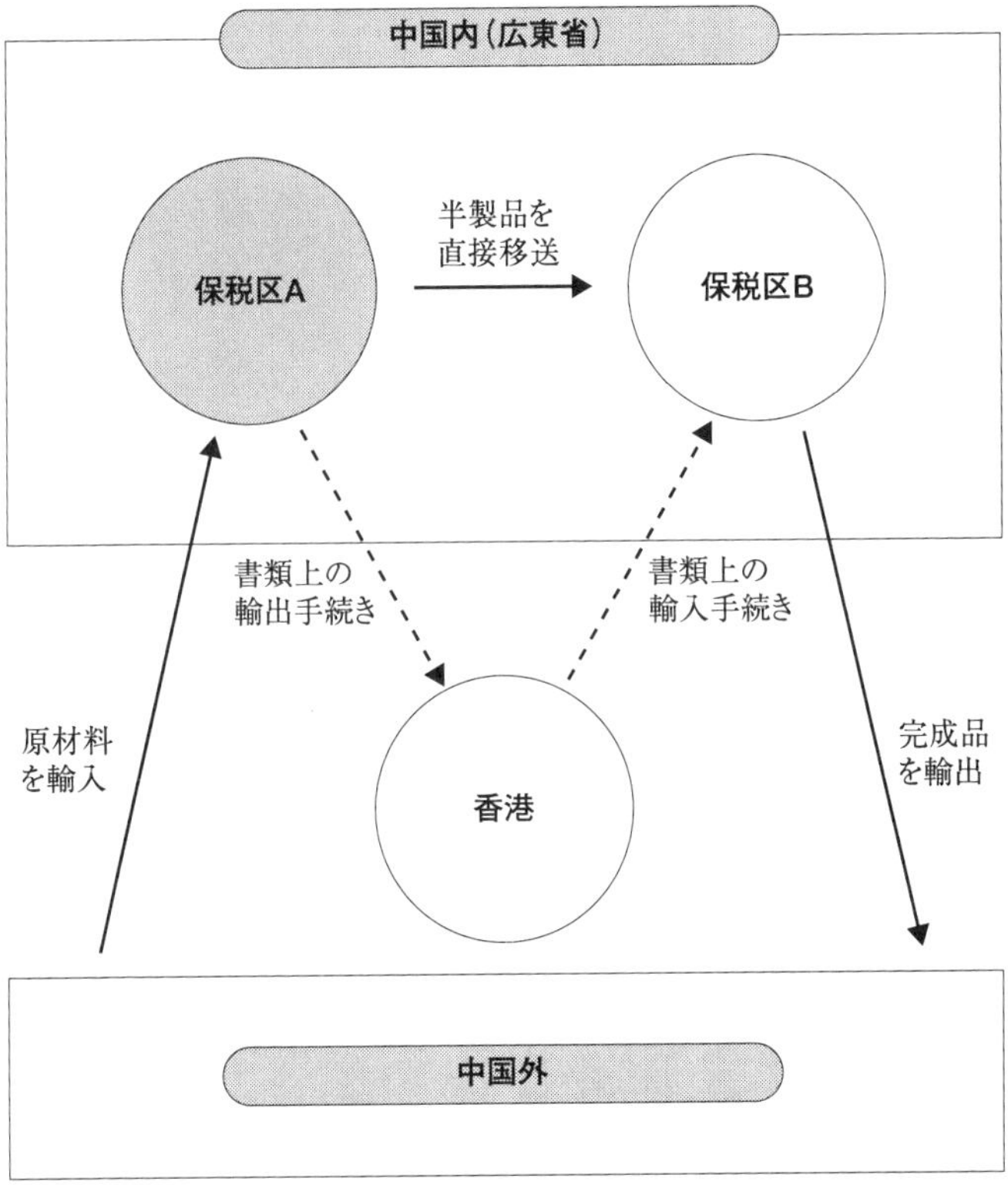

各種文献をもとにOhmae&Associates作成

日本がなぜダメになったかといったら、二〇〇万人都市、つまり名古屋クラスの都市がこの二〇年でいくつできたか考えればわかる。一〇〇万人都市一つできていないのだ。北九州市が五市合併で一〇〇万人都市の仲間入りをしたくらいである。

中国は珠江デルタだけで、珠海、順徳、中山、東莞、深圳という大都市がある。一〇年前なら、広州を除けばいずれも数十万人という規模だったが、それが今ではいずれも三〇〇万～五〇〇万人規模なのだ。これらの都市はヨーロッパでいう国家の単位だ。珠江デルタの中に一〇くらいの、デンマーク規模の地域国家ができてしまったのである。

サプライチェーンの整った部品産業の集積地

この珠江デルタは、他の地域にくらべ著しい特徴を持っている。道路網を基盤に、各都市を互いに結ぶ部品供給のサプライチェーンができあがっているのだ。あの高速道路はサプライチェーン道路と呼んでもいいぐらいだ。

例えば東莞一つ見ても、台湾の企業が四〇〇〇社も入ってきている。台湾が全部引っ越してきたようなものだ。なぜ台湾企業がこの地に越してきたのか。本来なら、台湾から飛行機で二〇分のアモイに進出するべきなのだ。ところが中台間に、通商、通航、通信のいわゆる三通がないため、飛行機が台北からアモイに直接飛べない。

私は、かつて台湾政府のアドバイザーを務めたとき、「台中に特別区を作って、そこからアモイに飛べるようにすべきだ。たった二〇分なのだから」と提言したのだが、いまだに実現していない。民進党が台湾独立などと言っているからだ。そのせいで、台湾の企業のほうはこっそりと日本経由で上海に行くか、あるいは香港経由で東莞に行くしかなかった。

こうして、結果的には香港を経由し、さらに裏庭の東莞に行ったのである。香港に行ってみたら、台湾と人件費はぜんぜん変わらない。そこで裏庭の深圳を覗いてみると、ここは香港の企業に占拠されて、にっちもさっちもいかない。それで仕方なく、さらにその少し先の東莞に出て行った。気がつけば、ほんの数年の間に台湾の企業が四〇〇〇社出てきてしまった。これが実態だ。パソコン周辺機器の生産を中心に、台達電子（デルタ）、鴻海精密（フォックス）、韓国からもサムスンなどが進出を果たしている。

日本でも、中国をよくわかっている企業は東莞に行く。マブチモーターは最初、香港、深圳に工場を作ったが、以降はもっぱら東莞に投資している。高速道路網があるから、珠江デルタの中では部品はハイウェイを使って調達できる。サプライチェーンが非常に発達して、広東省全域が一つの電子サプライチェーン、機械部品のサプライチェーンとして機能しているのだ。

三年前、四年前に中国に行った人は、「中国は人件費は安いけれど、部品は日本から持っていかなければいけない」と言っていた。しかし今、珠江デルタに行けば、まるで違う状況を目の当たりにできる。ほとんどの部品は現地で生産でき、かつまた一日三回デリバリーできる。日本のジャスト・イン・タイムが一日一回なのに対し、二四時間操業する会社の多い中国では、その三倍のサプライチェーンがこの三年間でできてしまったのだ。

珠江デルタは、部品業者の数でも日本を凌駕している。日本一の産業クラスターを形成している東京都大田区で八〇〇〇社、東大阪ではさらに少ない数しかない部品供給業者が、珠江デルタの内側だけで五万社ある。そのうち、東莞だけで四〇〇〇社である。同じことが長江デルタにもいえる。長江デルタには部品業者が六万社ある。産業集積がこれほどの規模で起こった例は、世界広しといえども他にはないだろう。

これがどのくらい脅威か。「古い型のモデルを生産するには中国がいい」なんて言っている人は、少なくともこの二年間は中国に行っていないはずだ。珠江デルタには、携帯電話からビデオまで、必要なものは最先端のものまで何でも生産できる。今、珠江デルタで作れない電子部品は、特殊な半導体を除けばない。それは、ヨーロッパからも、アルカテルやノキアといった先端企業が進出していることを見ればわかる。

中国も、そういう産業集積地が勃興する時代に猛烈な勢いで入ってきているのだ。珠江デルタはその代表例である。中国のメガリージョンの一つで、珠江デルタより遅れて発展を始めた東北三省とくらべると、その産業構造の違いが歴然とわかる。

東北三省はもともと飛行機や自動車、造船や鉄鋼業といった重工業がメインだった。その後、外資の大企業を呼び込んだため、大連の工業地区には、九二年から海外の企業が大挙して入ってきた。日本からだけでも大連に四〇〇〇社が進出し、うち一〇〇〇社は新工業地区へ出て行った。

ところが、進出した日本企業は今、ある意味で困っている。なぜかというと、地元に部品の供給源がないからだ。進出当時は、日本から基幹部品を持っていき、現地で安く賃加工して日本に再輸出していた。保税地区を利用した、こういうやり方で成り立っていた。ところが現在、部品を供給できる工場が日本になくなってしまったのだ。

今や競争力のある部品を大連に送れるような会社は、大田区にも少なくなってしまった。どこに行ったのかと言えば、上海の郊外や珠江デルタである。結果、現在では珠江デルタから香港経由で大連に部品の「輸出」が急増している。この例からもわかるように、珠江デルタは今や、日本をしのぐ部品産業の一大クラスターになってしまったのだ。

華僑の故郷としての強み

珠江デルタという工業地帯は、文化的には広東省の特徴を持っている。それはすなわち、歴史的に華僑のふるさとだということだ。華僑は世界中に約六〇〇〇万人いるが、そのうちの八〇パーセントが広東省出身である（二番目に多いのが福建省）。彼らはかつて非常に貧しく、そのためどんどん海外へ出ていったのだ。

こうした華僑のおかげで、広東省の人は海外とのつながりが強い。また成功した華僑が帰ってきて事業を始めるため、非常にビジネスセンスがある。商業主義で、お金や金融に非常に強い。

かつ、グローバル・スタンダードをよく知っている人が豊富にいる。

東南アジアの経済は、華僑が支配しているといってもいい。企業の時価ベースでいうと、華僑系の割合が五〜六割、場合によっては八割を超える国もある。ただし、華僑の人口比率は非常に少なく、東南アジア全体のだいたい一〜二パーセントにすぎない。これがタイであり、フィリピンであり、インドネシアやマレーシアということになる。シンガポールは華僑の人口が八割を占め、もちろん経済は彼らが牛耳っている。

こうした東南アジアの国々を見てみると、各国とも一時にくらべて経済が衰えてきているから、華僑は国内に投資機会がない。インドネシアなどでは、マレー系の人たちに華僑がいじめられている。そうすると、財産の保全の意味でも、どこかに資産を移さなければいけない。

一〇年前であれば、彼らはオーストラリアやカナダにそっと持って行っていた。二重国籍を取ったり、子供をアメリカ国籍にしたりという方法がよくとられていた。ところが、最近になって祖国の調子が結構いいことに気づきだした。そこで、例えばインドネシアの華僑たちは、絶対にインドネシアの政府に見つからないように、そっと中国に投資をしはじめている。子供に中国でホテルをやらせたり、レストランチェーンをやらせたり、工場を経営させたりという具合に、どんどん対中投資を始めてきたのである。

対中投資の統計を見ると、投資家としてバミューダ国籍やシンガポール国籍の企業などが登場したりするが、これらは全部華僑のダミーである。現地の政府には、華僑が投資していることを

図表 3.7　東南アジア主要国の人口・経済に占める華僑/華人系の比率

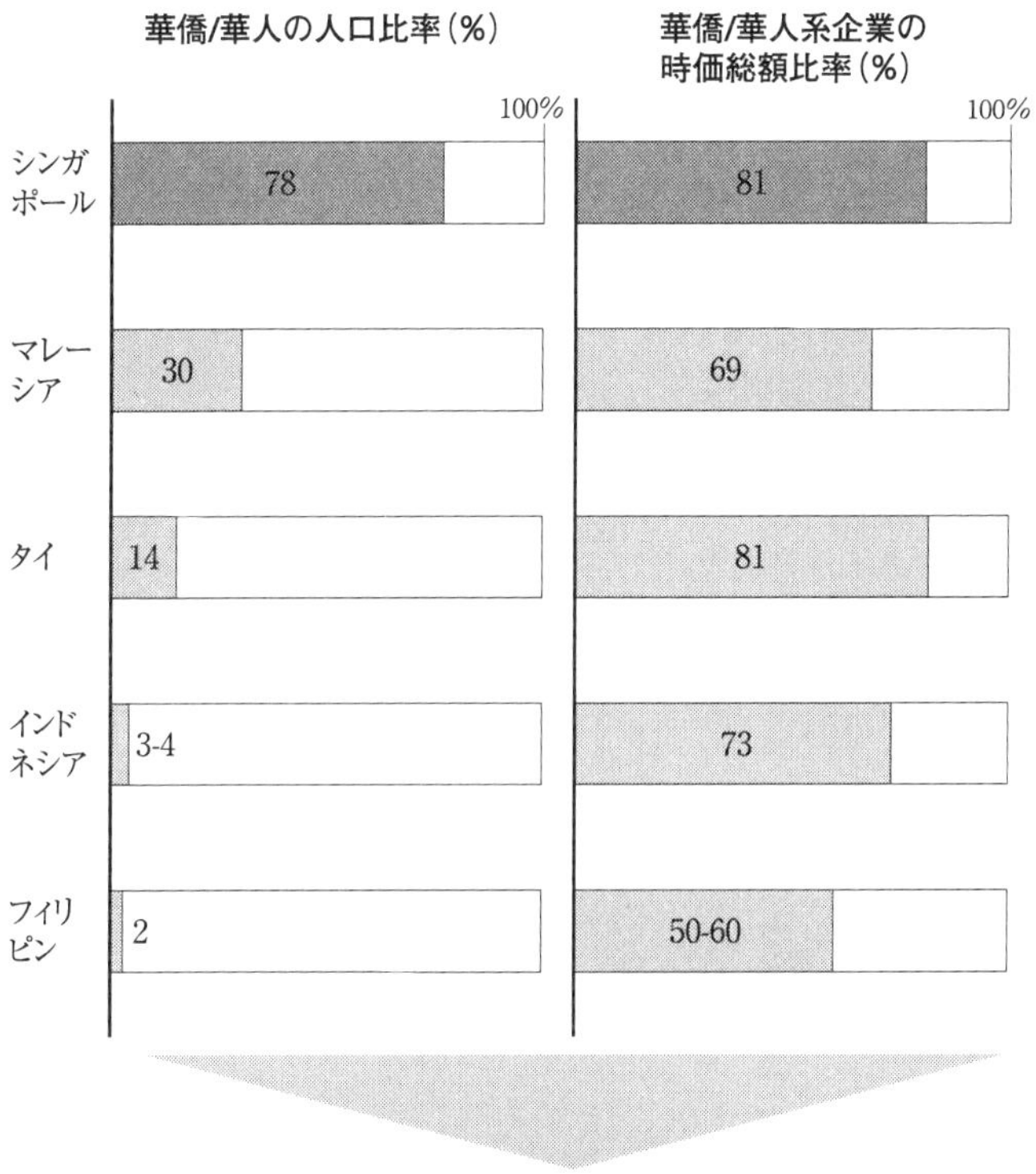

- シンガポール政府が中国へ工業団地開発、港湾管理運営ノウハウなどを提供
- 華僑/華人系企業が中国投資へとシフト

The Economist, Apr 7th 2001より Ohmae&Associates作成

知られたくない。それがばれてしまうと、「おまえは祖国を裏切った」と言われてしまうからである。だから公にはわからないのだが、彼ら華僑は珠江デルタに戻ってきている。これが実態なのだ。

したがって珠江デルタは、非常に世界に開かれており、国籍・国境関係なく、日本であれ、台湾であれ、香港であれ、それこそアメリカ、ヨーロッパ、どこからでも投資を受け入れることができるという特徴を持っている。もちろん華僑が牛耳る東南アジアとの関係は非常に強い。

珠江デルタは、こうして独特の文化圏を形成することになった。東南アジアとの深い関係があり、また華僑にとって非常に心地のいい場所、ホームグラウンドなのだ。

❷——長江デルタ

上海を中心とするメガリージョン

長江デルタは、金融・商業の中心地である上海市から連なる、ハイテク工業地帯だ。上海市に加え、江蘇省は蘇州から奥は南京まで、浙江省は杭州《こうしゅう》あたりまでが、だいたいこの長江デルタ地域と考えていいだろう。人口規模でいうと一億四〇〇〇万人ほどだ。

図表 3.8　長江デルタの位置

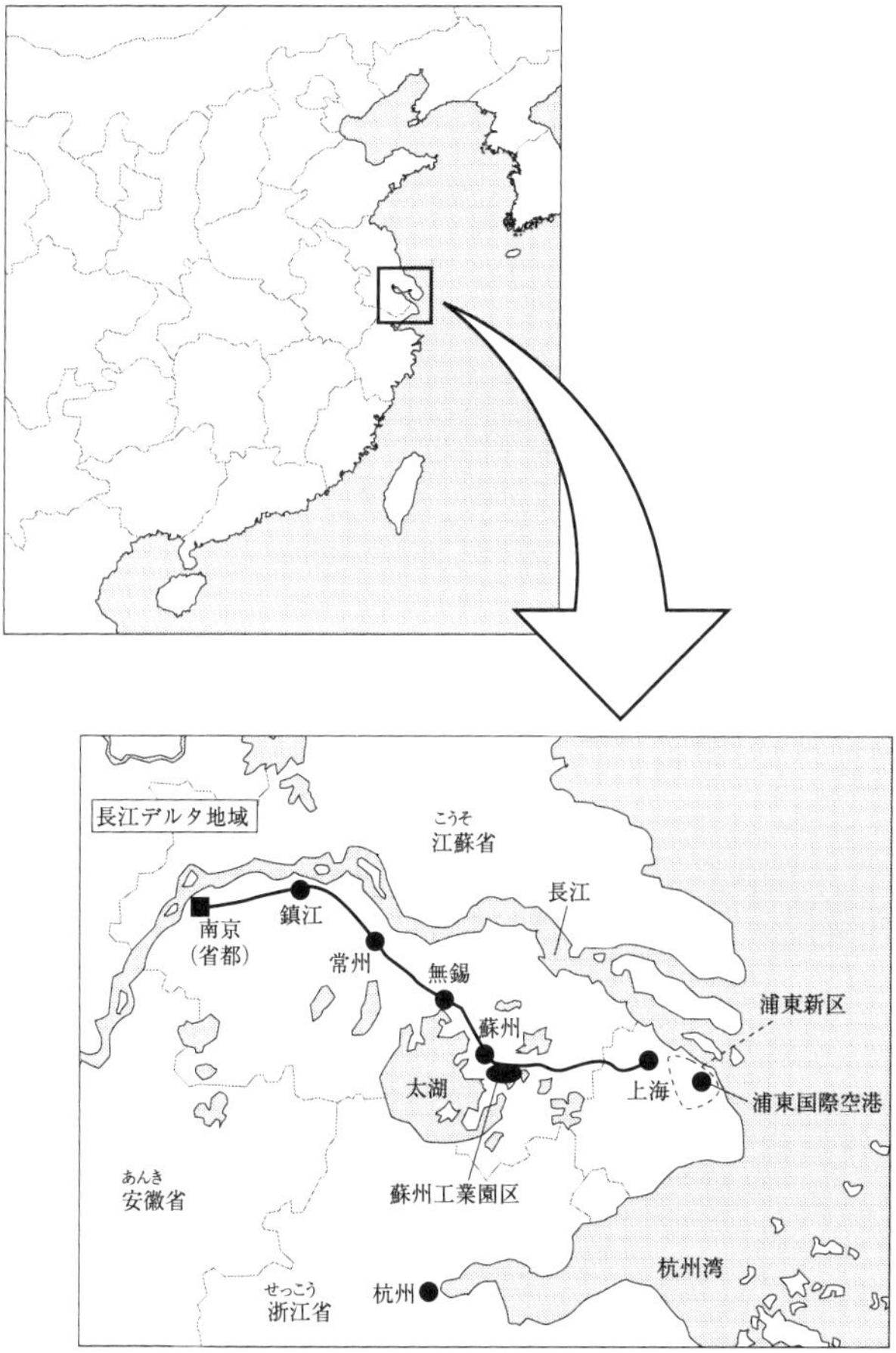

上海市は、古くから華南経済圏（中国南部）の中心として栄え、現在の人口は一五〇〇万人に達する。東シナ海を臨む天然の河口に恵まれ、市内を流れる黄浦江が水運路として機能している。高速道路網も整備され、国際空港を二つも擁する陸・海・空の交通の要所である。

上海市はまた、北京、天津、重慶とならぶ四直轄市のひとつで、中国最大の商業・金融都市となっている。そのため、一人当たりのGDPは三三〇〇ドルと国内最大であり、個人消費水準も最高レベルを誇っている。

上海に行ってみて気付くのは、数年前とくらべて街に風格が出てきたということだ。シンガポールにくらべても見劣りしない雰囲気を、この数年で身につけたようだ。今後、アジアに国際機関ができるとしたら、東京でもシンガポールでもなく、上海にできるのではないだろうか。

上海で発展著しいのは、浦東《ほとう》開発区と呼ばれる海側の一帯で、ここは旧市街の南京路エリアとは、黄浦江を挟んで向かいあう形になっている。昔ながらの街並みを残す旧市街はさながら一九世紀の雰囲気だが、浦東一帯は高層ビル群が立ち並ぶ二一世紀の大都会という具合に対照的な姿を見せている。

もちろん保税区や加工区、それにIT企業、バイオ企業のための工業団地も建設され、この中国最大の工業地帯の牽引役となっている。

長江デルタは、珠江デルタと並び称される産業集積地で、現在では、繊維からファッションへ、おもちゃからIT・AV製品へと産業の上方シフトをしている。それを支える部品産業の基

図表 3.9　中国の省・市別１人当たりGDPおよび個人消費水準

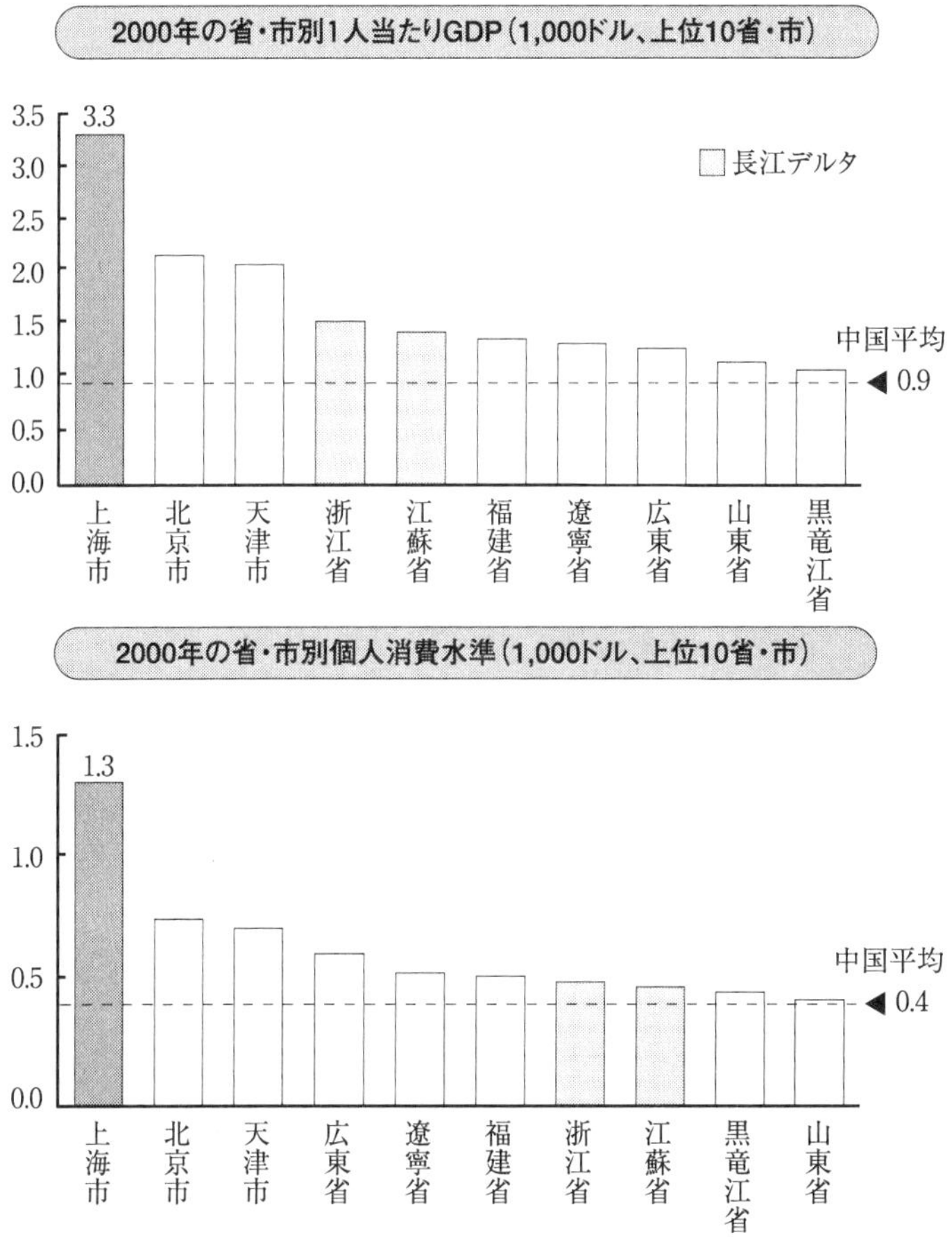

注：為替レートはその年の平均値で換算

資料:『中国情報ハンドブック』(2001年版)

盤もできている。珠江にくらべ電子部品業の数は少ないものの、技術レベルの高い製品が作られているという特徴もある。NEC、東芝、松下など日本を代表する企業も、上海に多数拠点を構えている。

上海を歩いていると、至るところでお金の匂いがする。例えば今、上海では建設ブームで高級マンションが増えているのだが、その価格は数千万円と日本人から見ても決して安くない。

こうした高級物件は、外資系企業が駐在員用に購入する場合もあるが、意外にも中国人が買い手として名乗りを上げている。しかも、彼らは自分が住むために購入するのではなく、外資系企業に勤務するビジネスマン向けに貸し出すための、投資用として買っているのだ。計算すると、八〜一三パーセント程度の利回りになるらしく、オーナーである中国人たちはもっと安い価格や賃料の場所に住み、生活費を不動産投資の利回りで得ている人が少なくない。

ほんの数年前まで、中国には貧困の匂いが立ち込めていた。しかし、上海のこの様子を見ていると、世界中から金、人、企業、そして情報が集まりだしている。これは、経済のいい循環ができつつあることの証拠だ。

旧市街を歩いていると、携帯電話を使っている光景がやたらと目につくし、ショッピングエリアでは、日本と値段の変わらないルイ・ヴィトンのバッグに人々が群がっている。平均所得からは考えられないほどの消費意欲がある。長江デルタは、中国の一大生産拠点にして、また一大消費地なのである。

最先端ビジネスエリア・上海浦東新区

上海市長は中国共産党幹部にとって、出世階段の最後のステップになっている。江沢民《こうたくみん》も朱鎔基《しゅようき》も上海市長経験者である。次期総書記が確実視されている胡錦濤《こきんとう》は、かつて上海の副市長だった。そうした歴代の市長が上海に巨大な街を作ろうと取り組んできたのが、この浦東新区だ。

ここには、モルガンスタンレーなどに依頼して、はじめから国際ルールで運営される仕組みで作った上海証券交易所（証券取引所）がある。また世界第二の高さを誇る高層ビル・金茂大廈や、日本の森ビルが建てた上海森茂国際ビルなどがあり、世界中から金融機関が集まって、アジアの新しい金融センターに成長してきた。まさに、中国のビジネスの拠点である。

この浦東新区は、おもに四つの地区からなっている。メインが陸家嘴《りくかし》金融貿易区で、その名の通り、金融、貿易、サービス業の企業が集まる商業地域だ。先に紹介した上海証券交易所のほか、上海不動産取引センター、中国人民銀行など国内を代表する金融機関、またＨＳＢＣ（香港上海銀行）など外資系金融機関が軒を連ねている。

外高橋保税区は、総合的な自由貿易区で、珠江デルタと同じような輸出加工、あるいは保税倉庫、管理センター等の地域となっている。ＩＢＭ、ＨＰ、モトローラ、インテル、シーメンス、フィリップス、シャープ、日立、京セラなど、錚々たるメーカーがここに進出している。

金橋輸出加工区は、外高橋とは違って、付加価値の高い製品を生産・輸出する企業が集積している。日本からはＮＥＣ、シャープなどが、欧米からはＧＭ、コダック、シーメンスなどが進出している。

四地区のうち、長江デルタの特徴でもある技術レベルの高さを表しているのが、張江高科技園区である。ここは製品の加工・輸出ではなく、バイオ、医学、電子などの研究開発型企業の地区となっており、日本からは麒麟薬業、三共製薬などが進出している。

まさに新しい上海の顔といった浦東新区だが、その経済規模も急成長している。この地区のＧＤＰ、工業総生産額とも、上海市全体の二割を稼ぐようになったが、もっとも注目すべきは外資導入額が市全体の半分を占めることである。

もう一つ、上海の最近の特徴を紹介しておこう。

アルカテルはフランスの大きな通信機器メーカーだが、ここが最近、アジア本社を上海に移転した。同様にイギリス系のＨＳＢＣ（香港上海銀行）もアジア本社を上海に移した。この二つの動きは非常に重要だ。

従来こうした外資系企業は、香港にアジア本社を置いていた。香港のほうが便利だし、生活環境もいいからだ。ところが、中国シフトを真剣に考え始めると、やはり上海に本社を置かないと具合がよくないのである。

一九九七年の返還で香港が自分たちの国になったといいながらも、やはり北京の政府は、上海までこないと仲間だと認めないところがある。特に許認可が必要な銀行業や通信業では、手続き

図表 3.10　浦東開発区

上海浦東新区の各開発区の位置

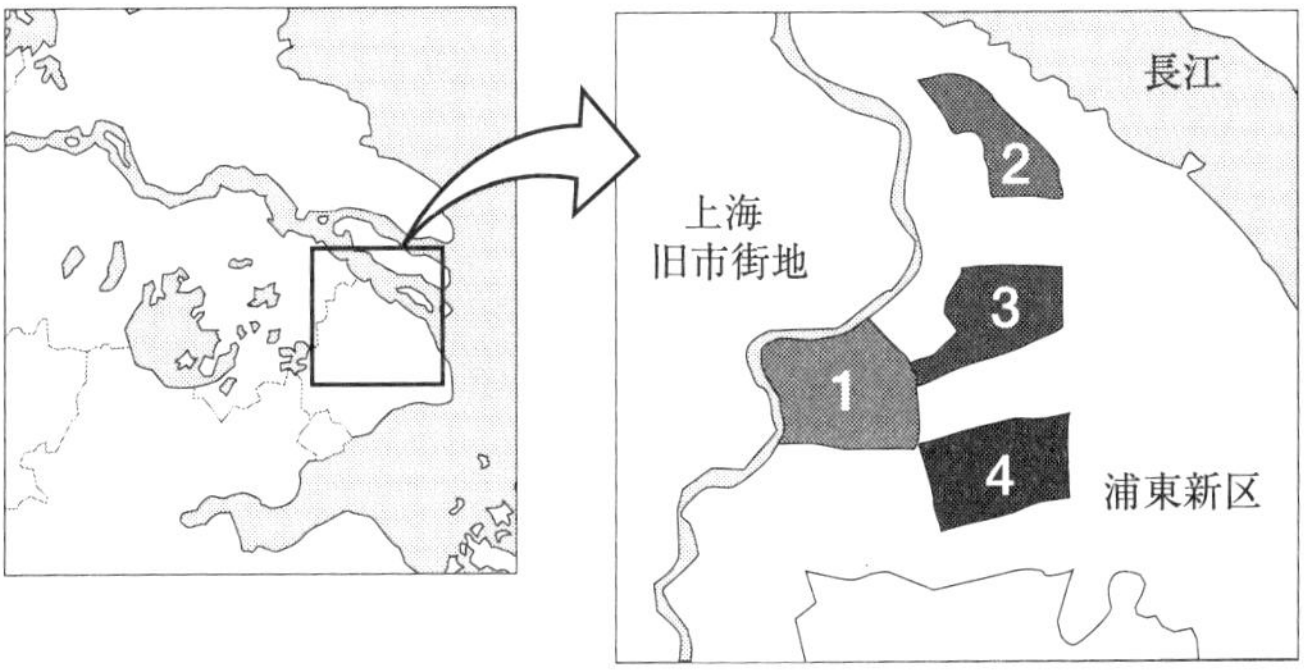

	主な開発区	主な進出企業
1	**陸家嘴金融貿易区** 金融、貿易、サービス業等の企業が集まる商業地域	上海証券取引所、中国人民銀行、HSBC、その他外資系金融機関等
2	**外高橋保税区** 総合的な自由貿易地区。輸出加工地域、保税倉庫、管理センター等	IBM、HP、モトローラ、インテル、シーメンス、フィリップス、シャープ、日立、京セラなど
3	**金橋輸出加工区** 付加価値の高い製品を生産・輸出する企業が集積する工業地域	NEC、シャープ、GM、コダック、シーメンスなど
4	**張江高科技園区** バイオ、医学、電子等、開発研究型企業の立地地区	麒麟薬業、三共製薬など

浦東地区ホームページ、各種文献よりOhmae&Associates作成

図表 3.11　浦東新区の各種経済指標

	各経済指標の変遷		浦東地区の上海市経済に占める割合
	1990年（開発当初）	1999年	浦東地区／上海市（%、1999年）
面積（km²）	350 →	523	8.3
人口（万人）	134 →	156	10.7
GDP（億元）	60 →	800	19.8
工業総生産額（億元）	177 →	1,451	19.8
輸出額（億ドル）	－ →	66.7	35.5
外資導入額（億ドル）*	1 →	29**	49.5

*　浦東地区への直接投資額、契約ベース
**　1998年

資料：『中国情報ハンドブック』（2000年版）、出典：『上海統計年鑑』（1999年版）

の際、香港に本社があると外国の企業という感じで受け止められ、不利になる。とはいえ、本社を北京にまで移す必要はない。なぜかというと政府のトップがみんな上海出身だからだ。

こうして、「竹のカーテン」があった頃は、香港に基地を置いて北京通いをしていた外資系企業、とくに許認可事業を手がける大企業を中心に、本社を上海に移し始めた。この動きは日本ではあまり知られていないようだが、かなり重要なポイントだ。すなわち、上海はある意味で東京のようになりつつあるのだ。本社機能の集積地として、香港の地位を脅かしはじめているのである。

上海は、エレクトロニクス関係のハイエンドの部品産業を集積しつつ、最近ではこのように金融、通信といった許認可を必要とする企業の集積地になりつつある。特に開発区ではこの傾向が顕著になっている。貸席経済によって発展する国際都市・上海を象徴しているといっていいだろう。

長江デルタのもうひとつの顔・蘇州

上海と高速道路で約一時間の距離にある蘇州は、地理的に江蘇省の南、長江デルタの中心に位置し、沿海地帯と長江流域地帯の交差点として、上海の国際マーケットと国内マーケットをつなぐ要所となっている。蘇州の経済規模は江蘇省でも最大で、省都・南京にかわる経済・貿易の中心地として成長した。

ここはシンガポール流の開発に特徴がある。九二年に当時の蘇州市長が、シンガポールのリー・クアンユー元首相に直談判したおかげで、シンガポールと北京政府の合弁事業として、シンガポール流の経営ノウハウを生かした工業団地「蘇州工業園区」が建設された。現在までに、世界各国から多くの企業が進出を果たし、先の上海浦東新区と並んだ成功事例となっている。

華僑であるリー・クアンユーは、何らかの形で故国に貢献したかったのだろう。シンガポールは、無錫からも同様の要請を受けて、工業団地を建設している。

ところが蘇州は恩知らずというか、シンガポールに知らせずに、市内に同様の工業団地を建設、誘致先企業を双方で奪い合うという事態を招いてしまった。これによって関係が悪化したシンガポールは、蘇州の工業団地の出資比率を六五パーセントから三五パーセントへと引き下げた。

それでも、工業団地の経営や企業誘致の方法はシンガポール仕込みだ。役所から認可をもらうにしても、ワンストップ・ショップ方式で、あちこち役所回りをしなくても、一ヵ所ですべての手続きが済むようになっている。外資系企業から見れば、シンガポールと同じような感覚で進出できるので、評判はおおむね良好だ。

外資を取り込み、その経営ノウハウを吸収してわがものとしてしまう中国人の貪欲な学習意欲には脱帽する。まさに、このパワーが現代中国の発展を支えているといってもいいだろう。

図表 3.12　蘇州市の主な経済指標（1999年）

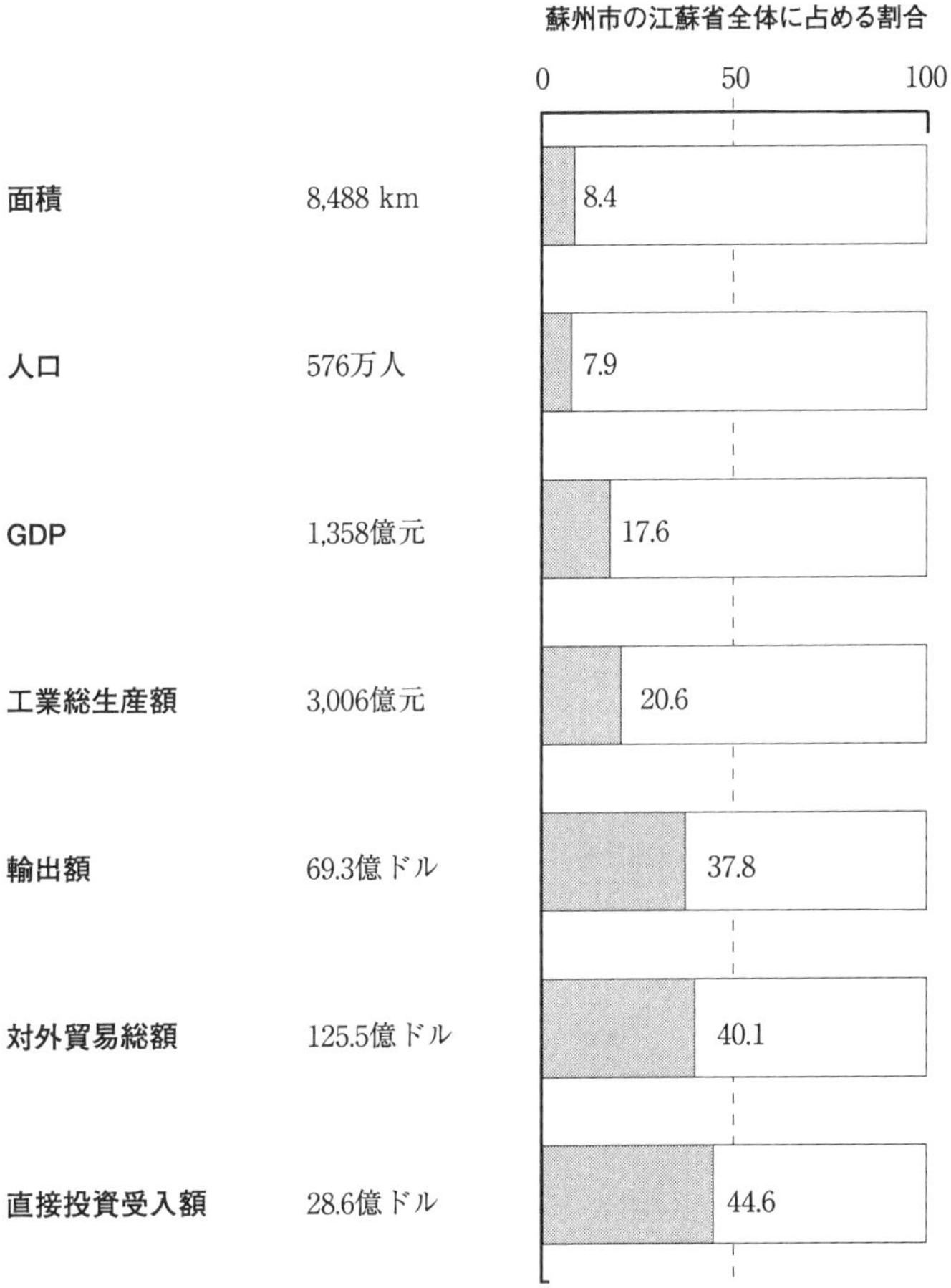

資料：『江蘇統計年鑑』2000、『中国情報ハンドブック』（2000年版）

第4章◆発展著しい新興地域——北京・天津回廊、山東半島、福建省

❶——北京・天津回廊

首都・北京から天津へと延びる一帯は、六つのメガリージョンの中でもとりわけハイテク分野、IT分野の産業が集積している地域だ。特に北京の中関村は中国のシリコンバレーと呼ばれ、産学一体となった研究開発機関の一大集積地となっている。

中関村には、中国特有の激しい競争社会を勝ち抜いてきたエリートが集う教育機関がたくさんある。日本でも有名な北京大学や清華大学はもちろん、北京理工大学、北京師範大学、北京計算機学院という、ハイレベルな教育機関がおよそ七〇あり、有能な人材を大量に輩出している。

また中国科学院の関係機関である電子学研究所や計算技術研究所、軟件（ソフト）研究所なども密集しており、こうした科学技術研究機関の数は二〇〇以上にものぼる。つまり中関村には、飛び切り優秀なハイテク技術者が豊富にいるのである。

こうした環境が整っていれば、外資が放っておくはずがない。ＩＢＭやマイクロソフト、インテル、モトローラ、松下電器、富士通、日立製作所といった世界の最先端企業が、中関村に研究開発機関を設け、有能な中国人エンジニアをどんどん雇い始めている。

さらに日本と異なる特徴として、中国科学院や北京大学、清華大学といった公的機関が関係会

図表 4.1　北京・天津の位置図

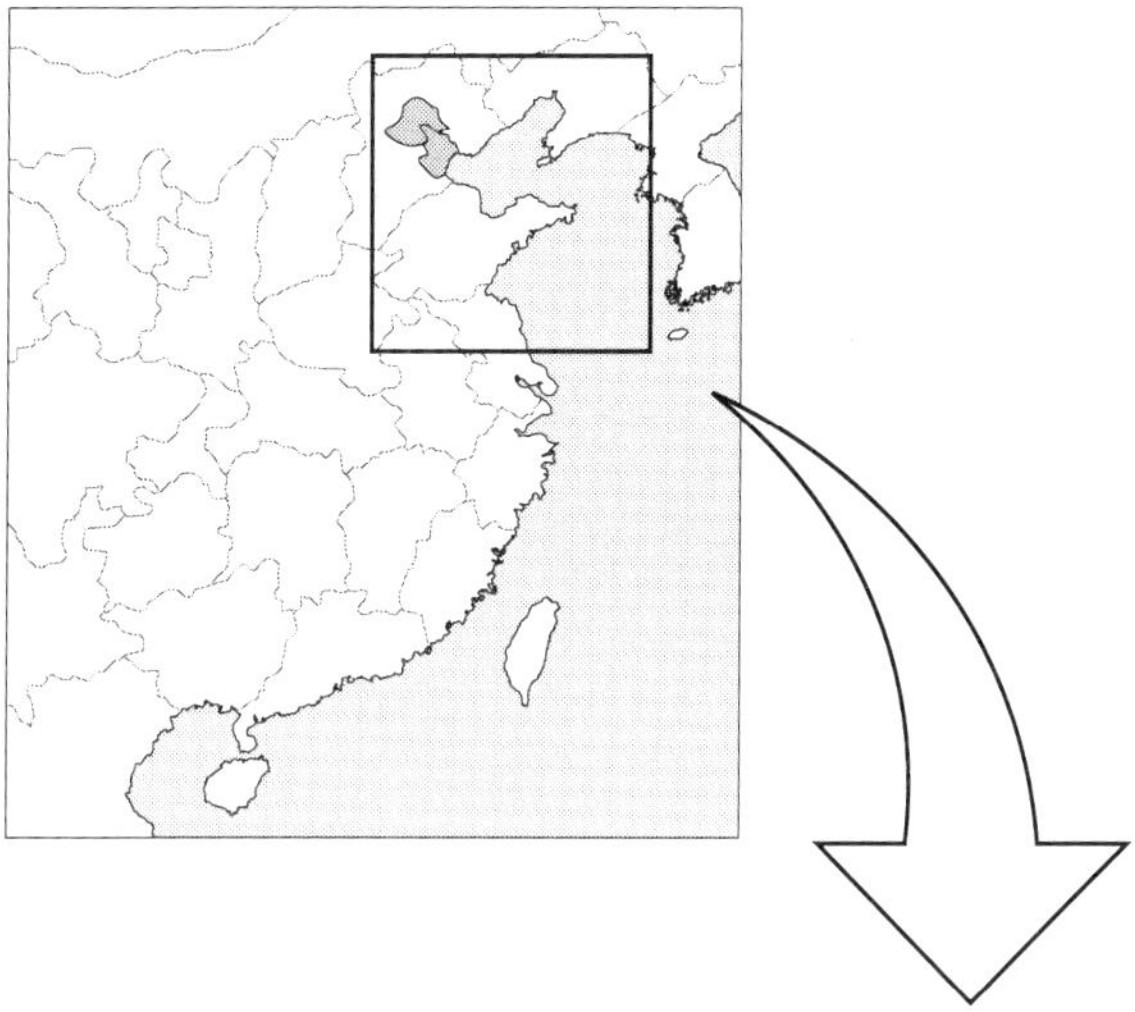

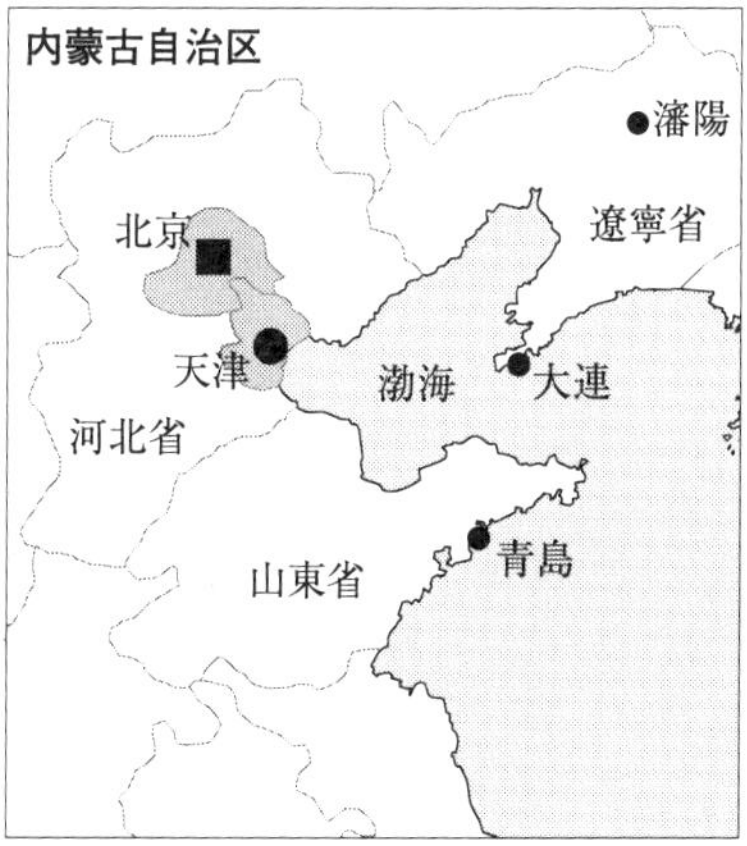

北京の特徴

- ソフトを中心としたIT分野の研究・開発拠点の集積地
- 米国留学帰りの創業も多く、中国で最も優秀なエンジニアを、まとめて集められる
- 2008年オリンピック開催地

Ohmae&Associates作成

社を作り、これが中国のハイテク産業をリードするという構図になっている。例えば、中国国内のパソコン市場で首位に立つ連想集団は中国科学院の系列企業だし、同市場で二位の北大方正(Founder)は北京大学が出資する関連企業だ。このように積極的な産学協同がおこなわれ、大きな実績を上げている。

一方の天津は、アヘン戦争の後、外国企業が出入りする国際貿易港として栄えた北京の外港である。水運のよさに加え、空港も整備され、また高速道路で北京とも結ばれたために交通の便が非常にいい。

市による外資の積極的導入策も功を奏し、GE、モトローラ、トヨタ、ヤマハなどビッグネームが相次いで進出してきた。特にモトローラは、世界最大の普及台数を誇る中国の携帯電話市場でトップの地位にあり、中国最大の外資系企業になった。

中関村やモトローラの例に代表されるように、北京・天津回廊とよばれる一帯は、他のメガリージョンとまったく異なる特質を持っている。他の地域が「世界の工場」と呼ばれ、製造拠点としての性格を非常に強く打ち出しているのに対し、この地域は研究開発という付加価値の高い分野に特化しているのである。大学や国内研究機関だけでなく、外資の研究機関が集まりだしたことから、北京・天津回廊が近い将来、「世界の工場」ならぬ「世界のR＆D(研究・開発)センター」と呼ばれる日が必ず来るはずだ。

図表 4.2　北京（中関村）のIT関連研究機関の集積状況

	主な大学・研究機関	集積状況
大学	北京大学 清華大学 北京理工大学 北京師範大学 北京情報工程学院 北京計算機学院 連合大電子工程学院 など	・約70の大学・専門学校、200以上の科学技術関連研究機関が集中 ・約50万人の技術者・研究者が存在
研究機関	中国科学院電子学研究所 中国科学院計算技術研究所 中国科学院半導体研究所 中国科学院軟件（ソフト）研究所 など	
民間研究所	IBM中国研究センター マイクロソフト中国研究院 インテル中国研究センター モトローラ中国R&Dセンター ノキア中国R&Dセンター 松下電器R&D（中国）有限公司 富士通R&Dセンター有限公司 など	

Ohmae&Associates作成

❷——山東半島

青島《チンタオ》ビールで日本人にも馴染み深い青島を抱える山東省は、日本向けの加工食品、冷凍食品の生産拠点として成長してきている。省の発展を支えているのは、山東半島にある青島、煙台《えんたい》、威海《いかい》、濰坊《いぼう》といった都市である。青島、煙台には日本企業も多数進出しているし、三洋電機との包括提携で日本の新聞の一面を飾った家電メーカー・海爾も、青島に本社を持つ企業である。

また、日本製品との価格差が問題となって、いわゆるセーフガードという輸入制限措置が取られた中国産の長ネギも、山東省から日本に向けて輸出されたものが多く、農産物の輸出基地としての機能も備えている。日本の農家から見れば大きな脅威だが、日本とくらべ山東省の労働コストの低さは圧倒的である。

ちなみに一ヘクタールあたりのネギの生産コストを、千葉県と山東省とで比較してみると、千葉県の四九一八円に対し、山東省は八三六円。千葉県の一七パーセントにすぎない。今や、日本に輸出される中国野菜の七割は山東省で栽培されたもので、それも次第に有機野菜など付加価値の高い商品にシフトしはじめている。

この特長に目をつけて山東省に進出した代表的な日本企業は加ト吉だ。加ト吉は、山東半島を中心に、中国に複数の工場を展開しているが、そこで生産される冷凍食品はほぼすべてが日本向けに輸出されている。これが加ト吉の売上高の三割を占めるほどになっているという。また、ア

図表 4.3　山東省の位置

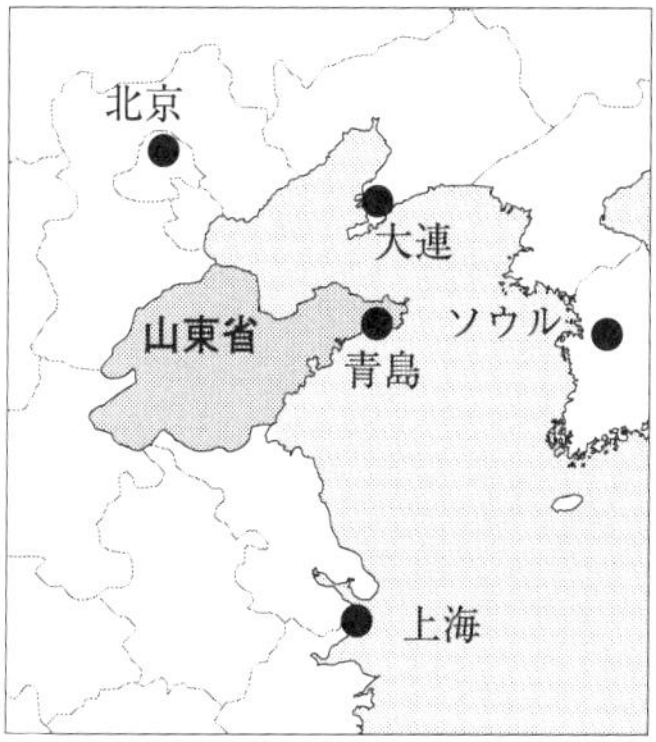

図表 4.4　山東省の日本向け輸出用ネギの生産コスト比較

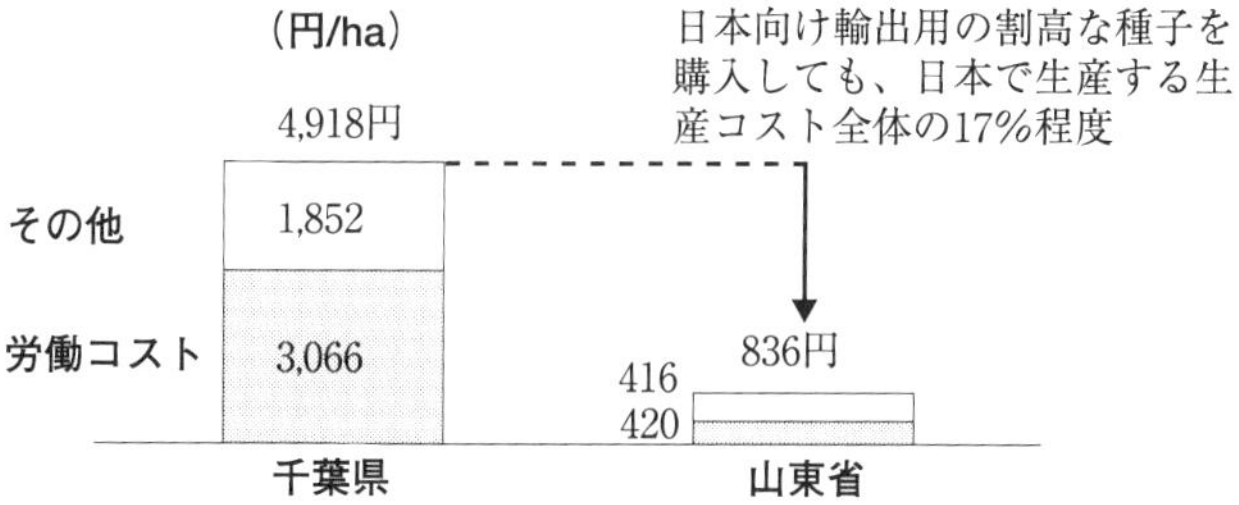

・日本に輸入される中国産野菜の7割は山東省で栽培される
・生鮮野菜から加工野菜、有機野菜など、より付加価値の高い商品へとシフト

野　菜　例：ほうれん草、ブロッコリー、ネギ、枝豆、サトイモ、ジャガイモ、ゴボウ、アスパラガスなど

加工食品例：冷凍たこ焼き、冷凍麺類、チキンカツ、エビフライ、コロッケ、湯葉、ロールキャベツ、きんぴら、弁当用の和風惣菜など

注：山東省のコストは１元=14円で計算

資料：「中国における野菜の生産・流通・加工等の動向」2000年3月
(社)日本施設園芸協会、野菜供給安定基金
出典：「中国経済」2001年7月

サヒビールも烏龍茶の生産を青島で手がけている（同じ烏龍茶でも、伊藤園は福建省が中心）。

こうした食品産業のクラスター化が、山東省では急速に進んでいる。

❸――福建省

福建省は州都・福州、それと日本ともなじみが深く、経済特区でもあるアモイ（厦門。北京語読みではシアメン。福建語読みでアーモンと言うところから、戦前日本人がここをアモイと呼んだ）を中心にしたカルチャーユニットである。

地理的にはそのほとんどが山地で、平地が極端に少ない。農業に適した地域ではなかったため、古来より漁業に従事する人が多く、また中国内陸部と付き合うよりも、船を使って東南アジアと付き合うことのほうが多かった。

また福州やアモイは古くから貿易港として開港していたし、福建省には大きな港が二〇以上もある。そうした背景もあってか、福州の港湾は非常に整備されている。この開発は、今では民営化されたシンガポールの港湾局が手がけたのだが、シンガポール並みに高い機能を備えている。その能力の高さは、日本の港とはくらべものにならないほどで、通関まですませてコンテナを下ろすのに、わずか数十分しかかからない。

図表 4.5　福建省と台湾の位置関係

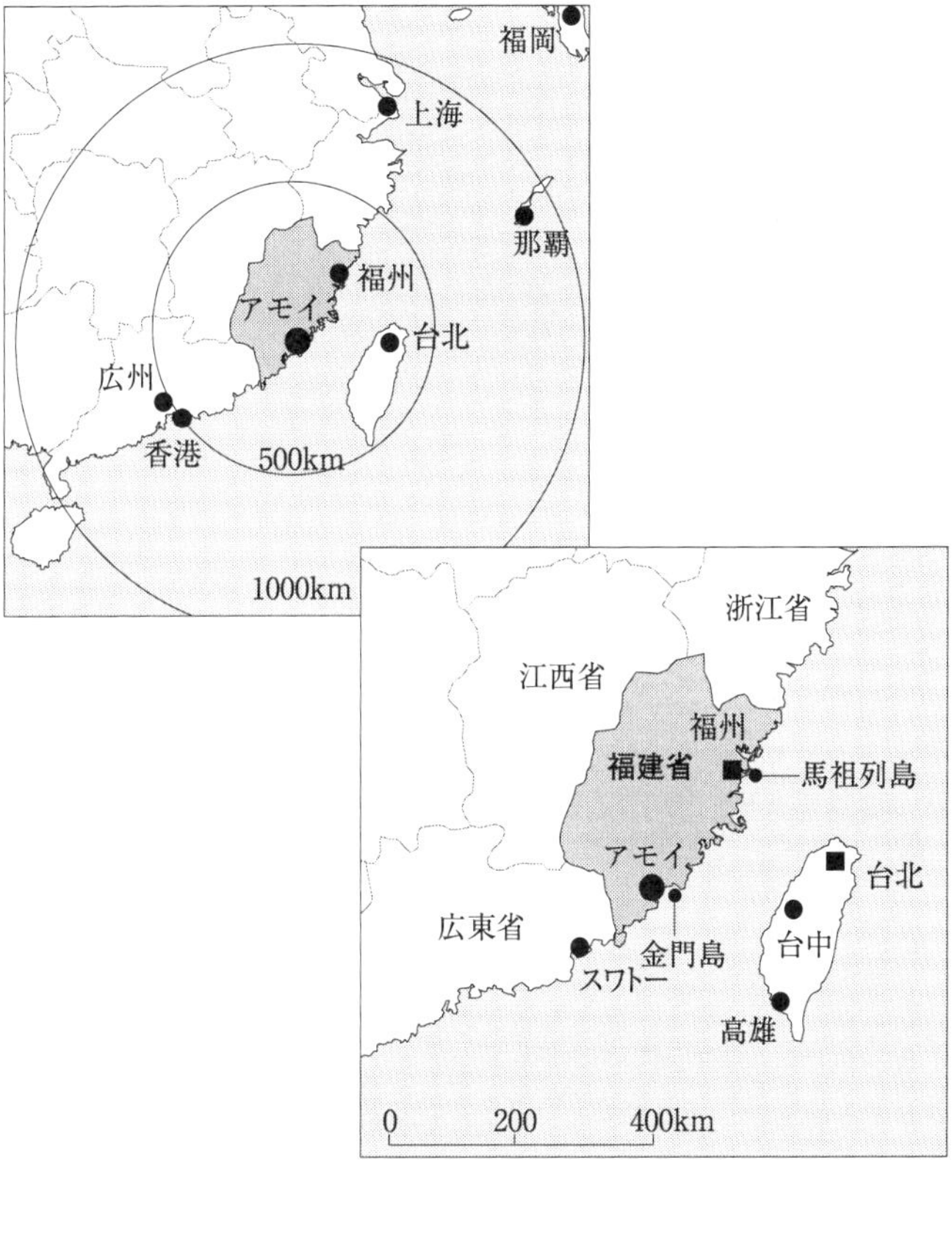

経済的には、日本では烏龍茶の産出地としても知られているが、食品工業が大きな産業になっている。またアモイにはデルコンピュータが進出するなど、ハイテク産業の製造基地としての顔ももっている。また人件費が安いので、ナイキも大きなスニーカーの工場をいくつか持っている。

ただ、他のメガリージョンにくらべると、残念ながら今のところ際立った特徴を出せずにいる。「アパレルも得意です、電子もやっています。機械はそんなに強くないですが、食品産業などは大きいです。温暖な気候だから柑橘類やお茶に強みがあります」という感じでアピールしているのだが、若干幕の内弁当的になってしまった。これが伸び悩みの原因となって、潜在力のわりには意外にも出遅れてしまっている。

とはいえ、福建もまた独特のカルチャーを持っている。使用されている言葉は福建語で、これは台湾の本省人とほとんど同じ言葉である。

中国と台湾は、公式には国交が断絶していて、表向き直接の行き来ができない。現在は「小三《さん》通《つう》」といって、例外的に福建省と台湾の馬祖島、金門島との間で通商、通航、通信が開放されているだけだ。しかし、これが中国本土と台湾とのレベル、つまり「大三通」にまで広がって交易の直通ができるようになると、台湾が国土を広げるような形で一大発展する可能性は十分にある。

その結果、台湾の企業に集積されているノウハウや経営力といったものが、一気に福建に押し寄せてくるだろう。台湾の財力、資本力、マネジメントのノウハウをうまく利用し、同じ福建語の地域として、おそらく経済圏は一体化してしまう。台湾の人口は二〇〇〇万人しかいない。だから、福建省と組んで人口六〇〇〇万人地域とし、一つのメガリージョンになってしまうのだ。

福建と台湾を隔てる海峡は、飛行機を飛ばせばわずか二〇分ほどの幅で、ほとんど障害にもならない。感覚としては、この距離は珠江デルタの河口の幅か長江の下流の川幅ぐらいになるのではないか。長江や珠江も河口近くになると、対岸に渡るには道路ではなくフェリーを利用しなければならない。台中とアモイの距離もそんな感覚になってくる。

また台湾には、福建省の福州、アモイと同じような緯度に大都市がある。したがって、それぞれ対岸にあたる台北と福州、台南・高雄とアモイというように、ペアリングになって発展していくのではないだろうか。

また広東省に次いで、福建省は華僑を多く生み出した地域でもある。華僑の経済的成功を目の当たりにしているため、福建省人には法に触れてでも海外で働きたいという意欲が強く、密航者が後を絶たない。これが福建省のイメージダウンになっている面も否めないのだが、反面、シンガポールやインドネシアで成功を収めた華僑系企業が積極的に投資してきている。

WTO加盟の影響が現れ、さらに台湾との大三通が実現すれば、福建は海外の華僑や台湾企業からの直接投資によって飛躍的に発展するはずだ。

第5章◆日本とつながる東北三省

❶——旧満州と重なる中国東北部

東北三省とは、中国東北部の遼寧《りょうねい》省、黒竜江《こくりゅうこう》省、吉林《きつりん》省をあわせた呼び方である。日本では「旧満州」といったほうが通りがいいかもしれない。ここはまさに満州族を生んだ土地で、その中核都市は清朝発祥の地、瀋陽である。さかのぼれば、清の時代の支配者たちを生んだ土地というわけだ。また民族的には、日本人、韓国人、蒙古人と同じように、子供の頃にお尻が青くなる蒙古斑を持っていて、われわれとも共通項がある。

東北三省の際立った特徴は、この歴史と民族が漢族とは違うという点だ。同化が進んではいるものの、歴史をひもとけば民族が違う。瀋陽に行ってみると、清の朝廷を作ったのは自分たちだと主張するように、当時の宮殿もあれば、そうした歴史の勉強もしている。この地域はそういうカルチャーユニットなのだ。周囲をよく見れば、日本占領時代の鉄道（満鉄）が今でも利用されており、ハルビンや長春が非常に身近なものに感じられる。まさにここは一つの単位なのだと感じさせられる。

また、日本以外に韓国とのつながりも非常に強い。現に瀋陽のホテルでテレビをつけると、韓国語の放送を二つ見ることができる。日本語の放送はＮＨＫ一局だけなのに、である。それだけ

図表 5.1　東北三省の位置と経済規模

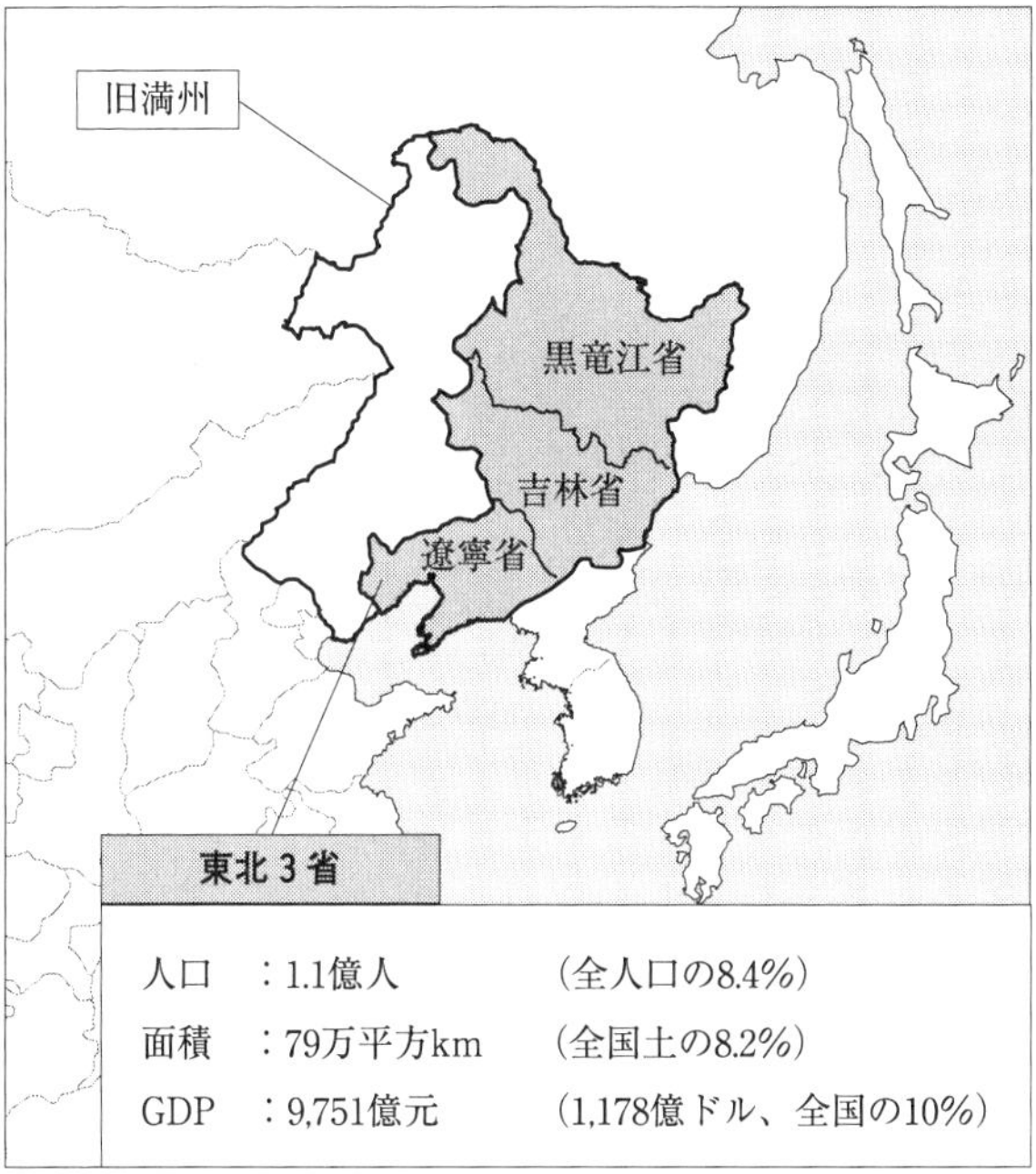

「中国統計摘要」2001、『中国情報ハンドブック』(2000年版)より
Ohmae&Associates作成

韓国語を話す中国人が大勢いるのだ。それもあって韓国の財閥系企業は、近いからとこっそり工場を作っている。もし北朝鮮の現体制が崩壊して韓国と中国が地続きになれば、この地域は韓国の裏庭同然になってしまうだろう。

かつて新羅が、今の遼東半島の付け根ぐらいまで征服していた時代もある。つまり、このあたりは朝鮮の版図だったこともあり、お互いに攻めたり攻められたりしていた関係でもある。したがって、朝鮮族と満州族は非常に近く、文化的にも言語的にも非常に親密な地域なのだ。

ただ東北三省という言い方は、優れて北京の言い方だ。「あいつらは北の連中だ」というように、少々相手を蔑視した言い方である。中央からは蔑視されているのだが、大連や瀋陽に行って現地の人たちとじっくり話し込むと、「俺たちは中国全体を征服した祖先を持っている。世が世なら俺たちだって……」という気概を強く持っているのが手に取るようにわかる。

とくにライバル心を露わにしているのが上海に対してで、なぜかといえば「このままいったら、広東と上海が中国を席巻してしまう」という焦燥感が、彼らには強烈にあるからだ。そこから、経済的に自立し、国内ライバルに伍していこうという意気込みが生まれた。

このような背景から、彼らは東北三省としての独自の方向を模索し始めた。すると、見えてきたのが日本である。日本とは歴史的につながりが深い、だから仲良くやっていこうではないか、というわけである。おそらく彼らは、韓国に対しても同じことを言っているはずだ。

東北三省というコンセプトはずっと以前からあった。しかし、ここまでカルチャー意識が鮮明になり、地域の連帯が出てきたのは、ごく最近のことだ。「俺たちは韓国語、日本語ができるんだ。中学時代に第二外国語で日本語を学ぶ人間だっていっぱいいるんだ」というのが彼らの共通認識だが、これが、もしかしたら南部に対する重要な競争差別化要因になるかもしれないと思い始めたのは、この三年のことである。

そして何よりも、高速道路が東北三省を貫いていて、それは今、北朝鮮の手前まで通っている。大連から北京に行くのは結構大変なのだが、東北三省の奥に向かって行くほうが近い。交通の面からも東北三省は一つのユニットになっているのである。

❷——急成長する遼寧省

大連発展の立て役者・薄熙来

二〇〇一年六月、遼寧省長の薄熙来《はくきらい》が日本に投資誘導ミッションを率いてやってきた。その総勢はなんと六二〇人。省長以下、遼寧省全体の全市長一三人と助役、全企業のトップが勢揃いしてやってきたのである。

薄熙来は、中国共産党長老の一人、薄一波《いっぱ》の息子で、一九九三年から二〇〇一年一月まで大連市長だった。市長時代に彼は大連経済のテコ入れに成功し、その実績が評価され遼寧省長に昇格したのである。

その彼が大連を離れると決まったときのことだ。なんと何千人もの女性たちが、彼に別れを告げるため広場へと集まってきた。確かに薄は身長が一九〇センチ近くあり、はっとするほどハンサムでカリスマ性を持つ。しかし女性たちが集まってきた本当の理由は、彼が市長に就いていた八年間で、寂れた港町・大連が、アジアでもっとも繁栄し、環境的にも美しい街の一つにまで生まれ変わったことにあった。

現在の大連は、建物も美しく清潔で、歩道には塵一つ落ちていないほどだ。自動車が走り出す前のパリを彷彿とさせる街並み、ハイレベルなホテル、交通手段そしてレストランがある。大連にはまた、国家級ハイテク開発区として高新技術開発区というハイテク・インダストリアルパークが三ヵ所、そして十数の大学や研究所がある。一万二〇〇〇の外資系企業が集まり、うち四〇〇〇社が日本の企業だ。

街の外れから車で一時間も行けば、一人当たりの稼ぎが年間三〇〇ドル程度の田舎があり、農民も大勢いるこの地域で、若者たちは都会のホワイトカラーの仕事に従事し、裕福な暮らしをおぼえつつある。この成功によって薄は一躍有名になり、シンガポールの発展になぞらえて、大連のリー・クワンユーと呼ばれている。

ところが、こうして大連をピカピカの街にした彼が、今度は遼寧省長として瀋陽に行ってみた

図表5.2　遼寧省（瀋陽市、大連市）の位置

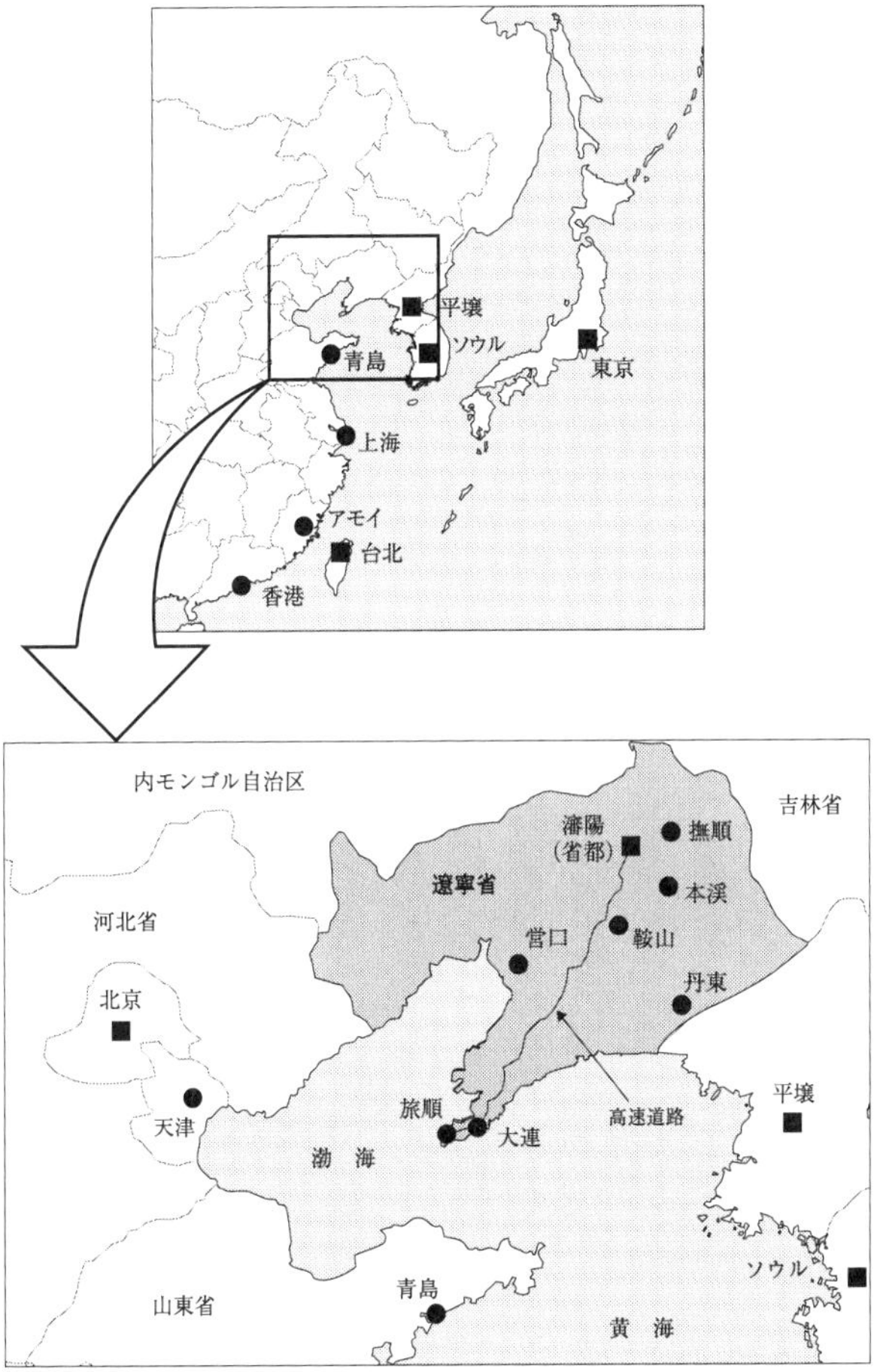

ら意外にも寂しかった。大連以外にも、遼寧省にはまだ一二の市がある。「省長として、省の発展を進めるには日本企業に来てもらうしかない」と彼は考えた。大連市長時代、日本にはさかんに市の宣伝をしてきた。こんどは遼寧省の広告宣伝をしようということで、遼寧省をPRするCD—ROMを作り、先に書いた六〇〇人を超えるミッションを出したわけだ。

これがイタリアやフランスだと、日本への投資ミッションは一国の単位で来る。中国は一国で来ることはもうなくなった。今や、ほとんどは省か市の単位でやってくるようになってしまったのだ。

事実、その前には大連市長の李氏が、その後には瀋陽市長が大きな投資ミッションを別に仕立てて来日している。その都度、お声のかかる私としては、「一本にまとめてくれ!」と叫びたくなるくらいだ。

ハイテク・ベンチャー育成を狙う大連・瀋陽

遼東半島の竜頭に位置する大連は、かつては港町として栄え、資源豊富な内陸部の流通の窓口だった。現在は、一九八四年に沿海開放都市の一つとして開放されて以来、北の香港として金融・サービス業の拠点化をはかっている。

薄熙来市長の時代、経済技術開発区に外資系企業をどんどん呼び込み、工業化の道をひた走った。一九九九年末までに約八〇〇〇社の外資系企業が新たに進出したが、これは遼寧省全体の半分を占めている。

最近ではハイテクパーク「高新技術産業園区」も設立し、国外から多くのソフトウェア企業の誘致にも成功した。ここには、帰国した留学生にハイテク企業を興してもらうために建てられた巨大ビルもある。ビル内のオフィスを帰国留学生に驚くほど安い賃料で開放し、ベンチャー企業のインキュベーター（孵化器）とするべく、新しい取り組みを始めているのである。

この大連にくらべると、遼寧省の省都・瀋陽はまだまだ開発されていないという印象が強い。東北三省の中の最大の都市で、清王朝もおかれた歴史ある都市である。日本占領時代は奉天と呼ばれた。瀋陽を知らなくても、映画「ラストエンペラー」の舞台と言えば少しはイメージが湧いてくるかもしれない。

瀋陽は歴史的にも重工業が発達してきた地域で、日本で言えば川崎市のような特徴を持っている。ただ川崎と言っても、三〇～四〇年前の川崎だ。大連から高速道路で四時間ほどの距離にある。

ところで、大連から瀋陽の間には、いまだに牛に鋤を曳かせているような農村地帯が広がっている。しかし、これが非常に広大なのだ。聞いてみると、日本の秋田県と同じような気候だという。ここを水田にして、日本がコメを開発輸入すれば大きなビジネスになるのではないか。

私は遼寧省長になった薄熙来にそう言ったところ、「日本はまだ市場閉鎖しているから無理でしょう」などと切り返されてしまった。それでも私が「コシヒカリなど作ればいいじゃないか」

と水を向けると、こんどは彼の専任通訳がそれを引き取って自分で答えてしまった。「実は日照時間が一四〇日しかなく、若干足りない。だから、あきたこまちやササニシキなら大丈夫だろう」と答えてきた。ちゃんと実験しているのである。その上で市場が開放されるのを待っている。

日本のコメ市場が開放されれば、ここから日本人の口に合うように開発された中国米が大量に流入してくるかもしれない。そういう可能性は十分に持っている。

さて話を戻すと、瀋陽は国有企業の比率が高く、昔ながらの経営効率のよくない企業が多い。そのなかにあって、東北製薬集団は国有企業ながら、ビタミン剤などのサプリメントのメーカーとしては世界一の規模になっている。武田製薬など、日本への輸出もすでに始まっている。

ただしこうした強い国営企業は少ない。どちらかといえば、外資との競争に晒されて経営危機に陥っている企業のほうが多いのが、この地区の実情だ。

その中にあって、新しく登場したソフトウェア開発区「ニューソフトパーク」は、瀋陽の新しい顔である。ニューは〝NEW〟ではなく〝NEU〟、つまりノース・イースタン・ユニバーシティー、「東北大学」のことで、そこの教授たちが作ったソフトウェアの開発地区のことである。

第2章で紹介した東軟集団（Neusoft Group）などはここの企業だ。日本からもカーナビを作っているアルパインが進出し、合弁事業をおこなっている。瀋陽の重工業のイメージとはかけ離れた、ソフトウェアや最先端電子医療機器を作る企業さえ生まれてきている。つまり、伝統的な機械部品をベースに、電子技術、ソフト開発の応用があって、ＭＥ（医用電子機器）という産業が生まれた。こうした分野が瀋陽の新しい顔として発展してくるかもしれない。

「日本語」が生み出す遼寧省のニュービジネス

瀋陽と比較すると、大連は工業化にいち早く成功した。しかし一方で、大連には長江デルタや珠江デルタに対して遅れを取ったという認識が非常に強い。

彼らの焦りは、世界中から一万二〇〇〇もの企業を招致したのだが、部品産業を作るのを忘れてしまったことに起因している。そのため、外資系企業はクリティカルコンポーネント、つまり基幹部品を日本など海外から持ち込んできて、安い人件費で組み立て加工、賃加工して再輸出するという、保税区型の仕事しかできない。これは深圳をモデルにしたやり方だ。

これによって、大連は当初大成功を収めたのだが、長江デルタや珠江デルタには部品産業がひしめいて、産業のすそ野が広がっていることにあるとき気付いた。日本から基幹部品を持ち込んでいた企業も、その部品メーカー自身が珠江、長江デルタに移ってしまったからである。

こうして大連に進出した企業は、部品の調達に悩むことになった。大連から撤退して長江、あるいは珠江デルタに移るか、あるいは部品を広東から輸入しなくてはいけない。陸上輸送はできないから、一度香港を経由した「輸入」をしないといけないのだ。だから大連に進出した企業は頭を悩ませている。

私は遼寧省長となった薄熙来に、「大連は、部品産業を立ち上げるのはもう手遅れだ。珠江デルタや長江デルタで、この一〇年間に自然発生的に集まってきた部品産業を、一気に大連に取り込むのは非常に難しい。だから、違う方向を目指すべきだ」とアドバイスした。

この数年で、世界中のエレクトロニクスのメーカーは珠江と長江に勢ぞろいしてしまった。エリクソン、ノキア、アルカテルといった欧州企業も、日本やアメリカの有力企業も、すべて長江、珠江に出てきてしまったのだ。これから部品産業を育てて長江デルタ、珠江デルタと競っていくことはもはや不可能だ。

彼も私の言わんとしていることを瞬時に理解した。そのうえで「あなたはコンサルタントでしょう。問題点だけ言わないで解決策を言ってください」と聞いてくるので、日本とのつながりや日本語の堪能さを重視し、サービス産業にいくしかないと答えた。この方向しかないのだ。大連が持つ特徴は非常にはっきりしているのである。

実際、遼寧省には日本語を話すことのできる人が約七万人いる。アイルランドが欧州の間接業務機能の集積地となったように、大連が日本の間接業務機能の集積地となる潜在力は十分にある。

こうした経緯もあって、私も今そういうサービスを提供する事業を興し、省長の薄熙来の特別認可のもと、独占的に発展させていこうとしている。私が提唱している「間接業務のユニクロ化」を手がける会社として、ゼネラル・サービスイズ・インク（GSI）という合弁会社を大連に立ち上げ、ここで日本企業の業務を引き受けていくのである。

「間接業務のユニクロ化」とは、バックルームと呼ばれる間接業務のうち、比較的労働集約型で付加価値の低い業務を、人件費の安い海外にアウトソーシングするという発想である。日本語データベースの入力作業や、顧客の問い合わせを受け付けるコールセンターなどがよい例だ。これにより、ブルーカラーの仕事である生産部門だけでなく、ホワイトカラーが担ってきた間接部門の一部も、電話線一本で、あるいはインターネットで中国に移転できるようになる。

間接部門というものは、製造部門にくらべ生産性を高めていくのが難しく、特に人件費の高い日本においては、企業の競争力が高まらない理由の一つと指摘されてきた。

ところが、大連の登場で、日本企業にもようやくその処方箋ができた。大容量の通信回線を引くことで、顧客からの電話の一部は大連で応対することができる。まずは売掛金の回収や出張旅費の精算業務、顧客データベースのデジタル化作業を日本企業から請け負っていく予定だ。専用線を利用すれば、もうほとんど国内の内線と同じ感覚でやりとりができるので、バックルームの業務が国内でおこなうより、ずっと安くできるのである。

日本が香りだす東北三省

すでに大連には、日本語でコールセンター業務を手がけている企業があり、私も見学させてもらったことがある。スタッフの使う日本語に違和感はほとんどない。大学で日本語を学んできた

図表5.3　日本と大連の位置関係

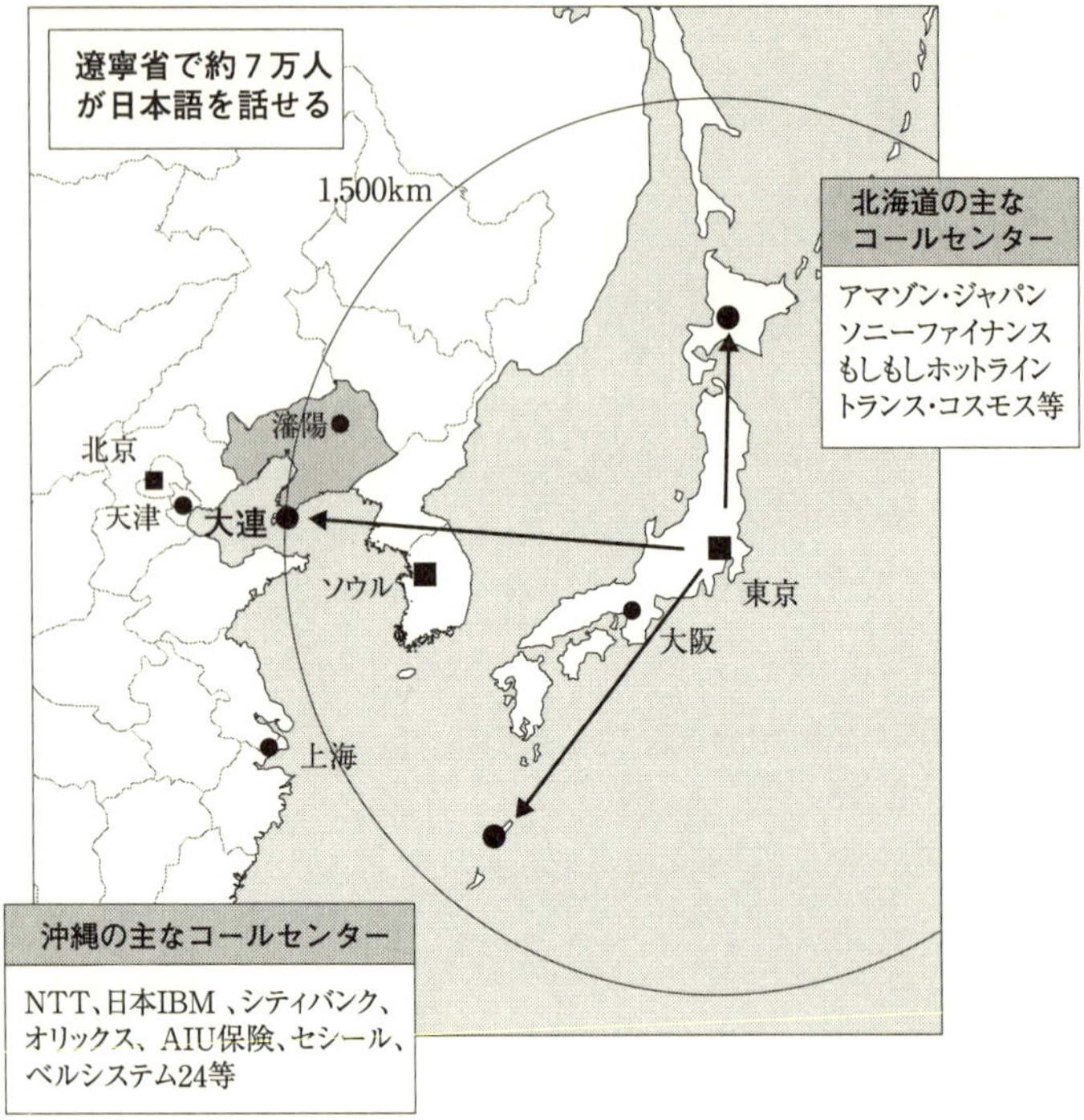

Ohmae&Associates作成

人に、半年間、日本語ワープロを使いながら地名や人名を徹底的に叩き込んでいるからだ。半年の教育でここまで伸びるかというぐらい、彼らの日本語は上達している。

ＧＳＩ社を立ち上げるにあたって、地元の協力を得ることができ、人材育成のために私立大学に日本業務学部が設置されることが決まった。二〇〇〇人の生徒を二〇〇二年中には募集開始する。私たちは、その卒業生を使いながら業務を拡大し、事業の基礎が確立したら、大連にある高新技術産業園区のひとつ、ＤＤポートに進出して大々的にこれを展開していく計画で、産官学が協力して進めている。

もちろん、これには現地としてのメリットもある。彼らとしては人材育成にもなるし、日本語で業務がとことんできるようになれば、将来的には裏方業務だけではなくて、日本市場のマーケティングなどで活躍できる人材も出てくるということで、非常に期待が大きい。

大連の企業の例をもう一つ挙げよう。大連華信計算機技術有限公司（ＤＨＣ）という企業は、日本語を使ったコンピュータソフトの開発まで手がけている。日本語の読み書きができる開発スタッフを何百人も雇い、実際に日本の大手企業からの注文をこなしている。料金は日本の会社に頼むのにくらべて、何分の一かの金額ですむ。ハイレベルなソフト開発はまだ難しいとしても、労働集約型のものなら断然競争力があり、開発力の低い日本のソフトハウスなどはこうした企業に駆逐されてしまうだろう。

瀋陽のニューソフトパークに展開しているアルパインの合弁会社でも、カーナビのソフトに日

図表 5.4　日本と大連の事務職労働コスト比較（単位：1,000円）

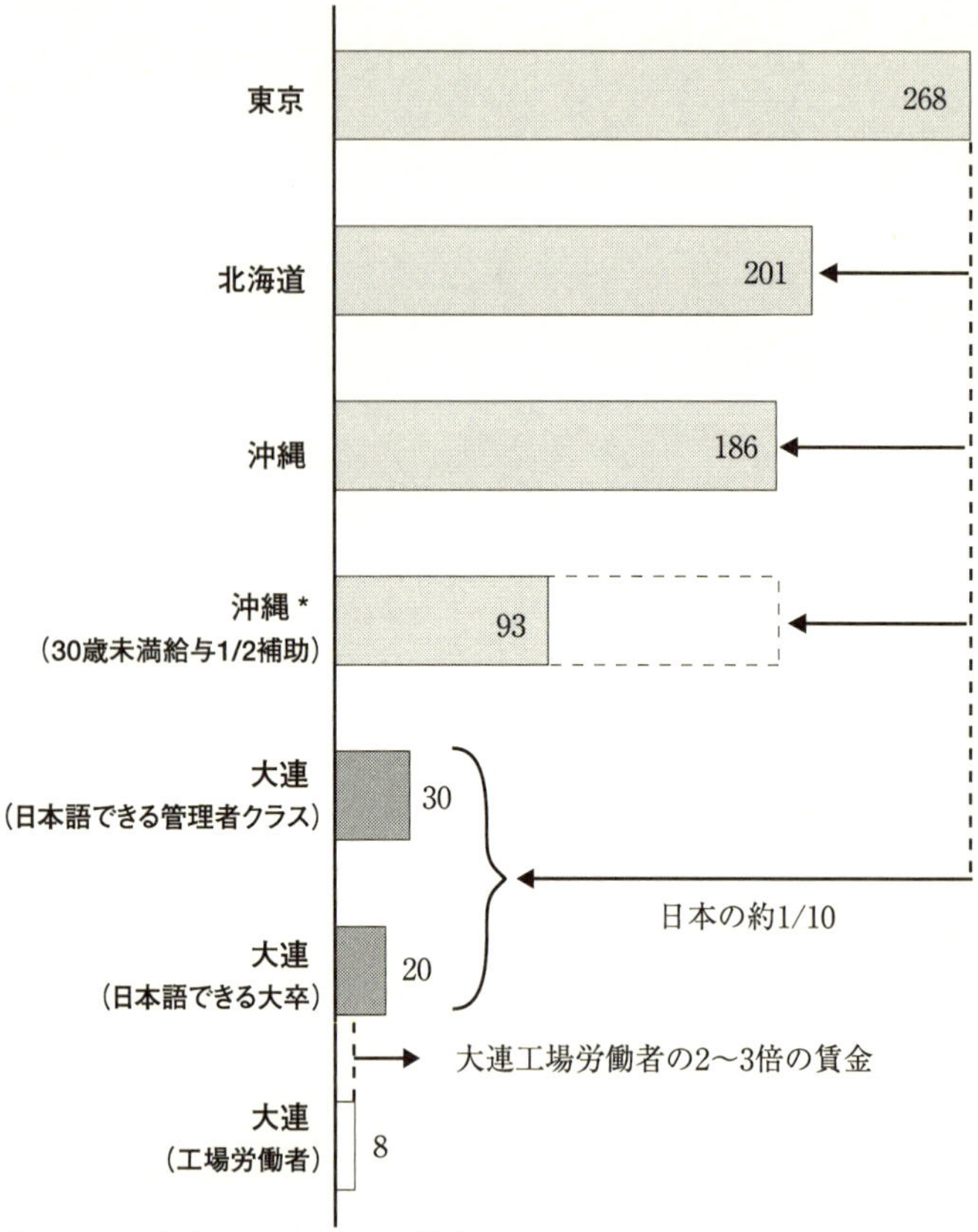

注：日本の労働コストは女性平均値

＊ 沖縄県の助成を受けた場合の賃金
（30歳未満の若年者雇用に対し、賃金1/2を補助）

2000年賃金構造基本統計調査、その他各種記事より
Ohmae&Associates作成

図表 5.5　中国都市別投資コスト比較

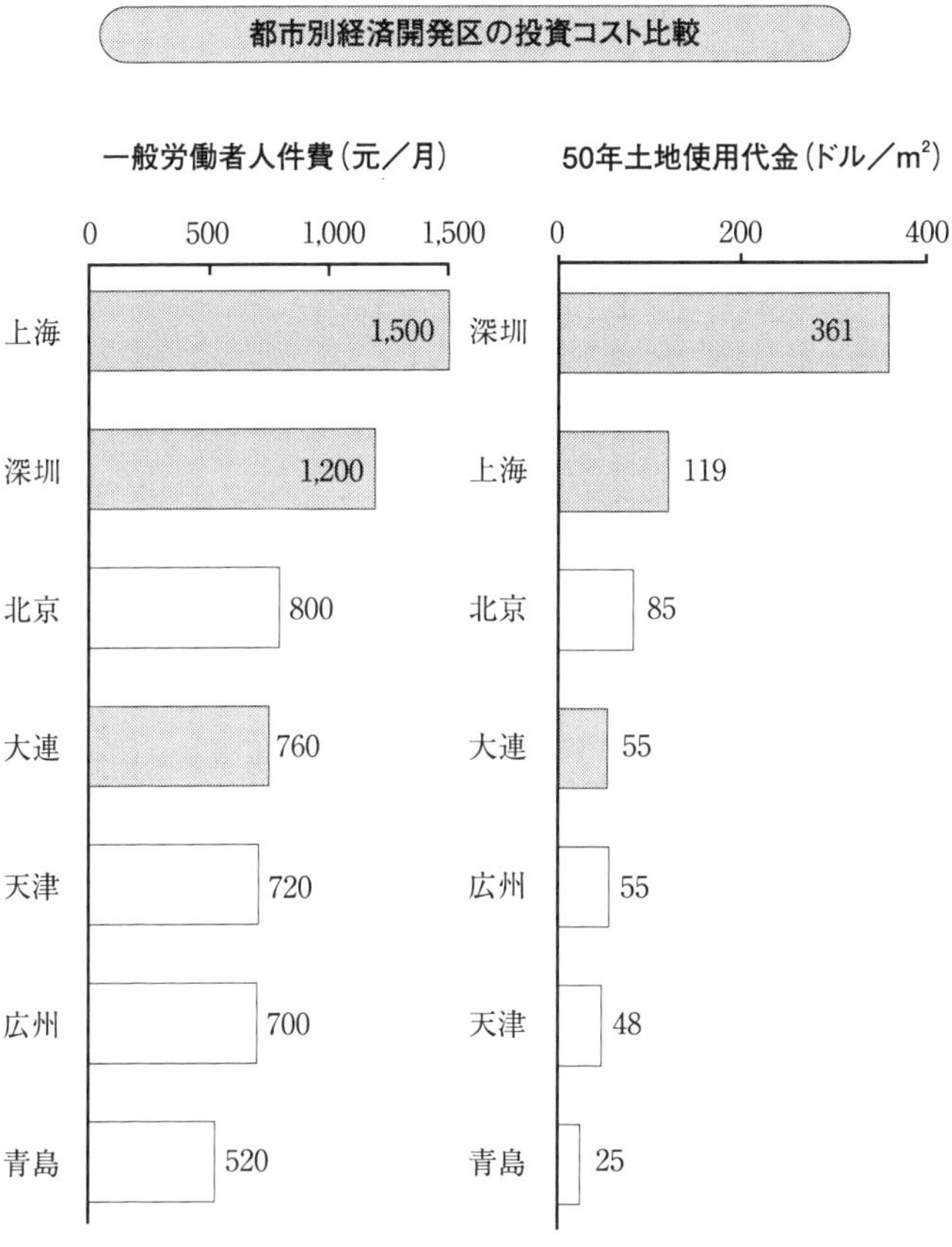

資料：大連開発区日本駐在事務所資料

本語を入力する作業を中国人スタッフがこなしている。中国東北地区の日本語力を利用している企業は、すでに登場し始めているのだ。

多くのアメリカ企業は、インドやアイルランドへ間接業務を本格的に移転している。ヨーロッパ企業もオランダを使い始めている。国境をまたいで雇用が移るという時代なのだ。日本では、日本語という特殊な言葉がネックになって今まで進展が遅れていたが、大連の登場で大きく変わってくるはずだ。

さらに東北三省は、日本語だけではなく韓国語を操る人も非常に多い。歴史的に韓国とのつながりも深いし、地理的にも近い。今後、韓国語と日本語の二つが、大連を含めた東北地区の最大の特徴になるだろう。

そうなってくると日本からの進出も増える。現地の人間が日本語を理解するようになり、日本に対するマーケティングもできるようになれば、お互いに交流も深まってくるし、これは東北地区を繁栄に導く特異性になる。

日本語の能力は将来、中国にとって世界第二の市場に進出するときに不可欠なものとなる。この能力に磨きをかけておけば、中国の他の地域が世界に通用する自社ブランド商品を作れるようになる五〜一〇年後には、マーケティングや商社機能は東北三省が担うという図式につながるはずだ。

われわれから見ると、上海というのはアメリカの匂いしかしない土地だ。英国租界の影響でイギリスの匂いも少々残ってはいるが、日本の匂いというものは感じられない。日本が匂う土地、韓国が匂う土地というのは、東北三省になってくるのではないか、というのが私の読みである。

このように歴史をひもとくと、珠江デルタは東南アジアとのつながりが強い。福建省は台湾と相思相愛の状況になってきている。先に触れたように、すでに四万人を超える台湾ビジネスマンが対岸のアモイで働いている。また東北三省は、韓国と日本とのつながりが今また強くなってきている。

つまり、開放経済下における中国は、カルチャーユニット的にいうと歴史が戻っているということを強く感じるのだ。それぞれが二一世紀型のネットワーク産業、電子部品産業を構築してきているのは間違いないが、一つ一つの文化圏としては歴史的に回帰している。それゆえ東北三省は、珠江デルタや長江デルタとは違う方向に向かうのである。

こういうふうに一つずつ見ていくと、中国のメガリージョンは、もしかしたら歴史的なつながりに引っ張られながら、いわゆる地域国家のクラスター、集合体として形成されつつあるとも考えられる。しかしながら、それらはいずれをとっても世界に開かれており、「四つのC」と私が定義するものがどんどん流れ込んできている。これが今の中国の実態なのである。

第3部

大中華圏＝グレーター・チャイナの予兆

第6章◆アジアを飲み込む中国経済

❶——メガリージョンが生み出す競争力

ショートリストに生き残れ！

現在の中国では、計画経済では考えも及ばなかった現象が、経済の原理によってどんどん起きている。そして自然にできあがったのが六大工業地帯、六つのメガリージョンだった。この六大工業地帯は、いま競い合って世界中から資本と技術を呼び込んでいる。

外資による直接投資の勧誘は、世界中の国がもっとも力を入れていることだ。日本以外の国では、外国から資本を呼び込むこと、外国から技術を持った企業を呼び込むことが、国の政策のトップに位置づけられている。

アメリカにしてもそうだ。ブッシュ元大統領が「アメリカで車を生産してください」とお願いに来日して、当時の宮沢首相の前で倒れたことを忘れてはいないだろう。大統領までが「うちの国に投資してください」と言う時代だ。つまり、世界中が誘致合戦をしているのである。

私がマッキンゼーにいた時にこんなことがあった。日本のある企業がイギリスに工場を展開しようと検討していたとき、そのニュースがイギリスの新聞に出てしまった。しかも、マッキンゼーが雇われたということまで書かれている。そのおかげで、これは日本支社が引き受けた契約なのに、マッキンゼーのロンドンの事務所に工場を誘致したい町からの陳情が殺到し、さながら戦場のような騒ぎになってしまった。

私はといえば、その会社の社長に候補地を案内しなければならなかったのだが、陳情団に見つかると大変なので、わざわざ離れた空港に降りて、あとの移動はヘリコプターでおこなった。無線で連絡を取り合って待機させていた車と合流し、それで工場用地を案内するという、まるでジェームズ・ボンドの世界である。誘致合戦というのはそれくらい熾烈なのだ。

ところが、今はあまりにも多くの国がこの誘致合戦に名乗りを上げている。例えば私自身、最近だけでもオーストリアやチェコ、スロベニア、ポーランド、アイルランドはもちろん、イギリスなどからも、日本企業を紹介してくれという話を折に触れて聞かされる。

こうなってくると、強くアピールできる特徴がないところには誰も来なくなる。

ところで、たいがいの企業は海外進出を決める際、ロングリストとショートリストという二つのリストを作って検討する。ロングリストというのは、自分の会社の投資先として考えられる地域が三〇ヵ所ほど並んだリストである。

この一〇年間の日本企業の意思決定は、アメリカ向けにはメキシコ、ヨーロッパ向けには東欧、その他市場については東南アジアに生産拠点を置く、というのがおおよそのパターンだった。そして、社内で海外進出のためのプロジェクトチームを作るときには、それぞれの地域で三

○ぐらいの場所を想定する。こうしていろいろな地域を一応候補に入れておくのだが、その後「ここも考えたのだがこの理由で除いた、ここも検討したがこの要因から除いた」という作業をして、最後に出てくるのがショートリストである。

ショートリストでは、候補はだいたい三つぐらいに絞られている。「最有力なのはこの三つです」と役員会にはかり、その中から選ばれるのだ。

したがって、このショートリストに残らなかったらどうしようもない。いつもロングリストには登場するけれどもショートリストには残らない、というのではまったく意味がない。そして、ショートリストに残るには際立った特徴がないとダメだ。つまり、会社のトップが意思決定するときに、これは重要な要素だ、と印象付けるものが必要なのだ。

殺し文句が勝敗を分ける

それではその要素とは何か。良質・廉価な労働力があること、部品の供給が円滑であること、現地に優秀なマネジメント・スタッフがいて、その人たちを調達できるということ、さらに現地の政府がビジネスに対してフレンドリーであるということ。これらのことが重要だ。

例えば、ロシアには頭脳明晰な人材が多く、ほとんどの条件を満たすのだが、直接投資は少ない。なぜかといえば、部品産業がないことに加え、なによりも現地政府がビジネスを理解していない、フレンドリーではないからだ。だから、ロングリストには入るのだが、ショートリストではいつもはずれてしまう。

では中国はどうか。中国には六つの共和国、メガリージョンができ始めて、お互いがものすごく競争しているということに、彼ら自身最近になって気が付いた。そこでお互いが競争している中で、決め球となる特徴を出さなければならない。つまり、ショートリストに残るには、ただ「労賃の安い中国です」と言うだけではまったくアピールしない。「中国」というだけでは抽象的すぎるのである。

では、どうするか。例えば「北京です。ここはハイテク産業でこれだけの集積があって、アメリカ帰りの優秀な人材が何万人います」という具体例を挙げる。すると、その種の条件を求めている事業家にとっては際立った特徴になる。いくら福建省が逆立ちしても、この領域では勝てない。

しかし、さらに言えば、「北京」と言ってみても一発で決めることはできない。「北京の中関村です」というように、もっと範囲を絞って突出した特色を打ち出すか、逆に「北京・天津回廊」というように、もう少し地域を広くとってアピールしていかなくてはならないのだ。

中関村なら「ハイテク関係だったらここで決まりです。マイクロソフトの巨大な研究所もあります。マイクロソフトでさえも、研究開発は中国でおこなうようになっているのです」とアピールできる。すると相手は「ちょっと考えようか」ということになる。この「マイクロソフトが」というのは非常に重要だ。

マイクロソフトは、例えばインドではハイデラバードという町を選んだ。ハイデラバードを州都とするアンドラ・プラデシ州のチャンドラブブ・ナイドゥ知事は、マイクロソフトの誘致に全政治生命を懸け、実現させた。その結果、ハイテク企業の誘致合戦で他の地域と競合することがあっても、強烈な特色を持つことになった。

つまり、これまではただ「優秀な人が多いんです」などとしか言えなかった。それが今では「インド中をつぶさに調べた上で、あのマイクロソフトがここに研究所を建てたのです。そして今ではこんなに経済が伸びています」と言える。これ一発で殺し文句になってしまう。「じゃあ、わが社も行ってみようか」となってくるのだ。

要するに、一言で売り込める個性的な特徴を持たないと勝ち残れない。

中国でも一〇年前なら、松下、ソニーでさえ青島の特徴は電子産業だと思っていた。確かにそういう工業団地もあることはある。一〇年前はどの地域も同じ売り文句だったから、日本企業も「大連と青島と天津、さてどこに工場を出そうか」という感じだった。

ビデオデッキの製造を例に取ろう。一〇年前は、「中国人はビデオなんかできない、サブミクロン・オーダーの機械加工なんかできっこない」と日本では考えられていた。しかし、さすがにもう中国で作らないことにはコスト競争に勝てないところまで来ていた。そこで、中国進出を決意する。

当時、中国で工場を建設する候補地といったら、大連、青島、天津、それから上海周辺ということで蘇州、あとは広州、深圳、この六つくらいだった。これらは全部平板で、行ってみるとそこは保税地区があって、工業団地になっている。取り立てて特徴もなく、あとは人件費の違いぐらいだった。従業員に対しては、皆ゼロからトレーニングしないといけなかったから、ほとんど条件は同じだった。

そうした経緯があって、天津や青島に行くと、初期の段階に投資した日本企業がそういう工業団地に入っている。そして中国の家電メーカーやパソコンメーカーが、そこで日本の見よう見まねをしながら自然発生的に発展してきた。一〇年前はまさにそういう時代だった。

しかし今は全然違う。例えばすでに書いたように、冷凍食品で有名な加ト吉は、中国への投資をほとんど山東省に集約してきた。また「サッポロ一番」のサンヨー食品は、世界一のラーメン工場を天津に作った。都市がそれぞれの特徴を出し、投資を引きつけるようになったのである。

メガリージョンの持つシナジー効果

一方、他の地域との競争に勝つためには、単体の都市だけでなく、周囲の町も含めてアピールすることも必要になってくる。

例えば、「瀋陽です。来てください」と言っても殺し文句にはならない。ところが、「東北三省の中心地・瀋陽です。必要があれば港湾は大連が利用可能で、双方が光ファイバーで結ばれています。大連は発展しすぎて人材も枯渇していますが、瀋陽はこれからで、東北大学という中国有数の大学がどんどん優秀な人材を輩出しています。重工業からエレクトロニクス、ハイテクまで、投資対象として瀋陽はいいですよ」というと、グッと相手の心をつかむことができる。

彼らはさらに、ハルビンや長春という言葉も巧みに織り交ぜることができる。「廉価で頭のいい労働力が必要なら、長春やハルビンからも調達できます。ここも一日経済圏になっています」という具合である。これで特徴がずいぶん出てくる。瀋陽市長や遼寧省長は、瀋陽だけの特徴で売り込むのは難しいと知っている。東北三省というものを巧みに使いながら、殺し文句、決めゼリフを作っていかなくてはいけない。

上海にしても、上海だけを売り込むのではなく、やはり長江デルタの特徴を強調してくる。上海は蘇州と仲が良くないくせに、外国に対して売り込むときには、「蘇州という広範なヒンターランドを持っている、長江デルタの中心地・上海です」というように、ずうずうしくも蘇州を労働力供給場所としてダシに使うのである。「頭のいい人材が多い江蘇省、浙江省も利用できます。部品業者もここに六万社あります」という具合に殺し文句は続く。

一方の蘇州にしても、じつは同じことを言っている。最後だけちょっと変えて、「上海はもう刈りつくされています。これから伸びるのは蘇州です。人口は何と六〇〇万人あって……」とくる。「珠江じゃない、大連じゃない。長江デルタなんだ」とおびき寄せておいて、最後に、なぜ上海ではなく蘇州なのかと言って決めさせるスタイルだ。これがショートリストに残るパターンなのだ。

中国では、メガリージョン同士はお互いの競争で特徴を出してきた。特徴がないと、新しい投資を呼び込めなくなってきているからだ。そして、その特徴ある工業地帯を構成している都市同士が競争心を持ち、ここでも特徴を少しずつ出してきている。例えば無錫と蘇州はどう違うのか、瀋陽と大連の使い分けはどうしたらいいのか、という調子だ。

「事業部長」と化した市長にとって、投資の呼び込みに成功しないと業務評価が上がらない。だから必死になる。選挙で選ばれる日本の市長より、よほどまじめにその町の発展に尽力している印象を受ける。

事実、特徴ある土地はぐっと伸びる。伸びればさらに特色が強くなる。この好循環が現在の中国の発展形態なのである。

❷——アジアを支配するグレーター・チャイナの脅威

加速するメガリージョンの経済戦略

中国がメガリージョンの集合体として発展してゆくというスタイルを取り始めた以上、この数年のうちに、中国の大都市はますます際立った特徴を持った産業の集積地になってくるだろう。

中国に進出してくる世界中の企業はそれを期待しているのだから、これは間違いがない。

まず、北京、香港、上海の特徴はハッキリと分かれてしまった。

北京は、R&D（研究開発）の方向に向かっている。香港を含む珠江デルタは、ミドル、ローエンドの普及型エレクトロニクスに向かわざるをえない。ハイエンドの産業はみんな長江デルタに行ってしまったからだ。だから珠江はボリュームゾーンを狙い、巨大なメーカー機能を集め、一部の特殊な半導体以外は全部域内で調達できる態勢を作り上げてきた。これが珠江デルタの一大特徴で、台湾と日本が文字通り移り住んできて、今では金型から精密部品、電子部品までローカルに調達できる。

そのほか、東北三省は今後は日本や韓国とのつながりでしか特徴を出していけないから、ますますその方向に傾斜していく。

福建もこういう方向を狙って、外資を呼び込んでいる。台中からアモイまで飛行機の直行便が通れば、およそ二〇分で往来できる。沿岸部の中ではちょっと発展が遅れた感もあるのだが、WTOに台湾と中国が加盟したあと、いちばん大きく変化する可能性を持っているのも事実だ。

一方、経済特区のひとつということで、海南島を経済拠点として挙げる人がよくいるが、正直ここは少し出遅れてしまった。今から一〇年ほど前、改革開放路線のあとに海南島経済特別区になり、さらに省に格上げされ、「いけるかな」と思ったことがあったのだが、経済的には期待されたほど成長できなかった。ここは、いわば珠江メガリージョンの周辺地区になってしまうだろう。

もう一つ、無視できない都市に重慶がある。内陸部の「市」なのだが、人口が三〇〇〇万人もある。普通の省の大きさである。「中国で最大の都市はどこですか」と聞かれたら、「重慶」という答え方をするのが正しいのだろう。ただしここは結構田舎で、ただ単に土地が広くて人口が多い、という地域なのだ。

重慶は重工業が発展していて、今では自動車メーカーもあり、経済事情はそんなに悪くない。しかし内陸部に位置し、空気の汚染もひどく、おそらくそう簡単に政府も開発に乗り出さないだろう。

現実味帯びるグレーター・チャイナ

当面、中国は六つのメガリージョンを中心に発展するのは間違いない。すると、この延長線上に見えてくるものがある。

各メガリージョンは特色を出すために、地域ごとにそれぞれ異なる産業構造を発展させてきた。その結果、人口も経済規模も小さな国家に匹敵するほどになった。ここで、六つのメガリージョンをそれぞれ単独の地域国家と考えて、日本を除くアジア諸国とくらべてみよう。

人口では長江デルタが一億三八〇〇万人、東北三省が一億七〇〇万人、北京・天津回廊が九一〇〇万人、山東省が同じく九一〇〇万人、珠江デルタ八六〇〇万人、福建省はちょっと小さくて三五〇〇万人となる。

これに一人当たりのGDPを掛けると、地域ごとのGDP、つまり経済力の大きさとなるが、それをランキングすると、日本を除くアジアでは、韓国を筆頭に、台湾、長江デルタ、インドネシア、香港、タイ、東北三省と続く。一〇位につけた山東省までを見ると、中国は上位一〇地域中五地域がランキングされている。

しかしよく考えてみよう。台湾は中国圏だ。一一位のシンガポールも人口の八〇パーセントが華僑、つまり中国人である。香港もすでに中国になった。実際は上位一一ヵ国のうち八ヵ国が中国なのである。主要一五地域まで広げて見てみると、九地域が中国圏になる。

アジアをこういう形で見たことがあるだろうか。上位一〇位までで残っているのはインドネシア、タイ、韓国だけだ。そのうち韓国を除けば、二つとも華僑が経済を支配する国である。これらの三地域も平均で年率数パーセントは伸びているのだが、六つのメガリージョンは年率二〇パーセントも伸びている。そうすると、韓国が長江デルタに追い抜かれるのはいつなのか。簡単な計算をすれば誰でもわかる。そう遠い将来のことではないのである。

これまでなら、中国は台湾をノドから手が出るほどほしがっていた。台湾は経済的に繁栄し、かつ巨額の外貨準備高を持っていたからである。ところが今の中国は、日本に次いで外貨の蓄えがある。台湾レベルの都市は、現在の中国にはいくつもある。すでに技術だって手に入れた。珠江デルタを見れば、台湾というカモが、技術というネギをしょって東莞にやってきてくれたよう

図表 6.1　アジア諸国と中国メガリージョンの経済規模比較

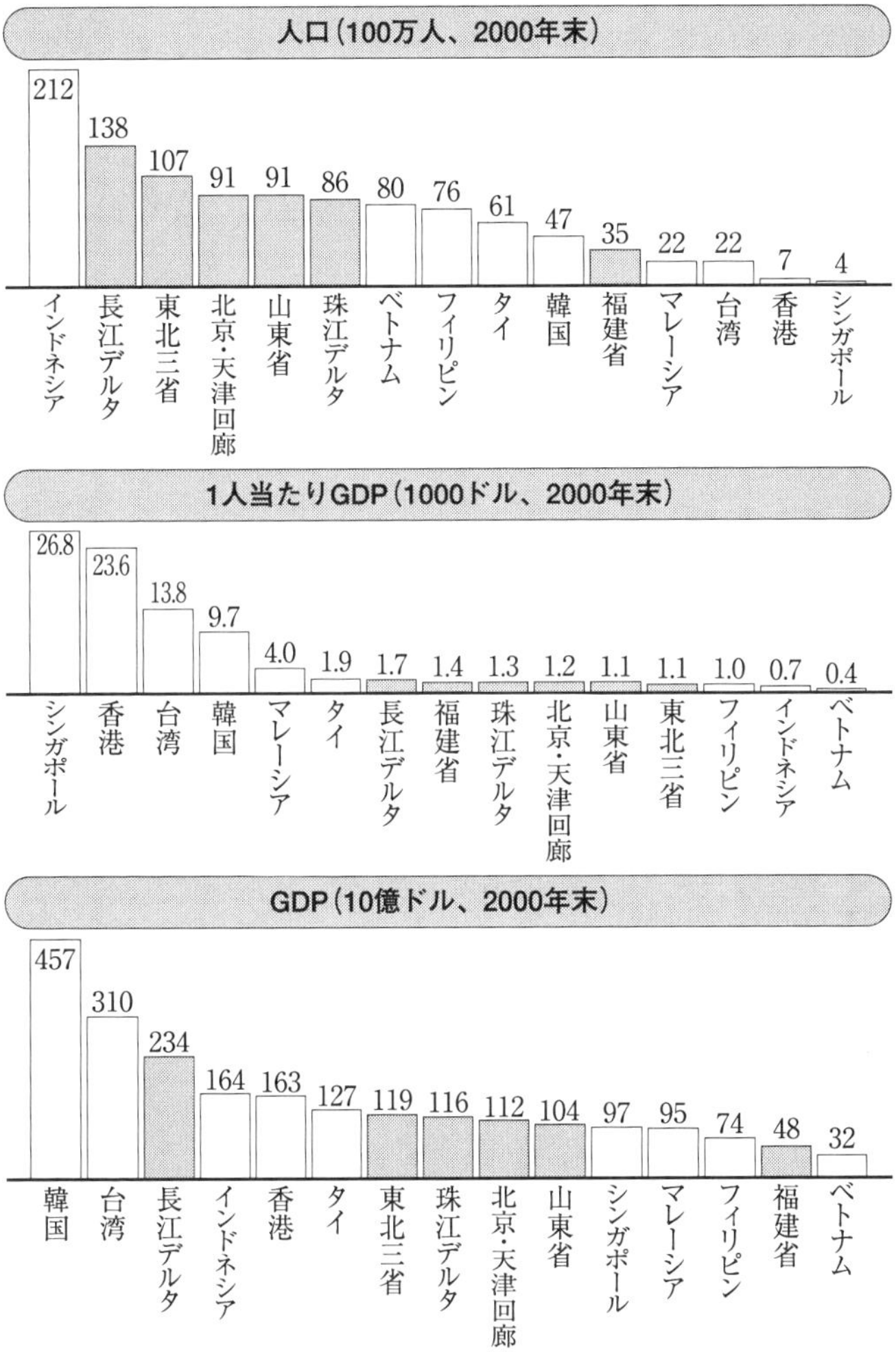

国連、IMF、中国統計年鑑ほかよりOhmae&Associates作成

なものだ。立ち止まってふと考えてみれば、中国にとって台湾の重要性は著しく減ってしまったのである。

中国人には、「グレーター・チャイナ」というアジアのとらえ方がある。政治体制や国境を越え、中華あるいは中国人という概念で結びついた広大な文化圏だ。それが現代では、巨大経済圏の発想にもつながっている。

それにしたがえば、シンガポールはグレーター・チャイナの名誉市民だ。台湾は、実質上はもう双子のように一緒になってしまった。イギリスのおかげで香港は返してもらった。これはまさに新しい中国の連邦国家論ともいえるだろう。もしEUのように経済的にも通貨的にも一体化したら、アジアのみならず世界の脅威である。

中国発、第二次アジア危機!?

グレーター・チャイナをこのようにとらえてみると、日本の将来に淋しさを感じてしまう。韓国はそれ以上だろう。日本を追いかけていた頃の韓国はよかったが、こんどは中国に追い立てられる身になった。日本は逃げおおせるか、飲み込まれてしまうかの瀬戸際だが、韓国はこの表で見るかぎり明らかに風前の灯《ともしび》だ。さらにタイやマレーシア、インドネシアに将来はあるのか。中国と同じ競争力をもって戦える分野はまずない。

台湾、フィリピン、マレーシア、シンガポール、タイそして韓国といった「アジアの虎」と呼

図表 6.2　中国の外貨準備高と世界全体の輸出合計に占める割合

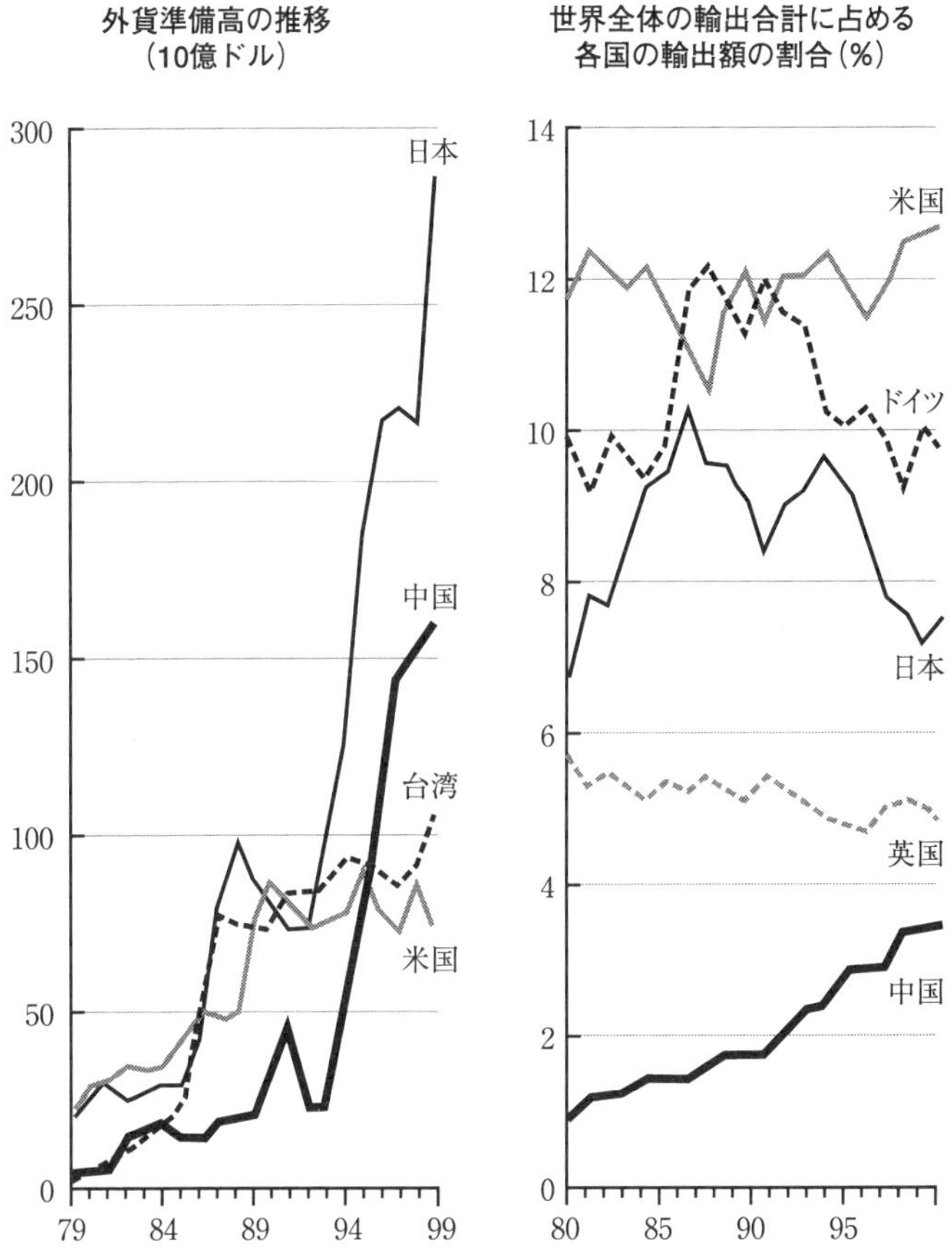

資料：国連、IMF

ばれる国は、ここまで経済を育て上げるのに一五年以上の歳月を要した。それを中国はほんの数年で成し遂げ、これらの国に取って代わろうとしているのである。中国が、アジアの経済構造をひっくり返そうとしている。

現在までのところ、中国が他の国の産業と直接対決した場合、つねに中国が勝ってきた。マレーシアとタイは、一〇年がかりでスイスの時計メーカーに納めることができる部品や、装飾の施された腕時計のベルトなどを製造する技術、工場やインフラを構築した。そのビジネスも、中国が一年足らずで横取りしていった。電子技術や機械でも、同じことが起きた。二〇〇〇年以降、台湾、シンガポール、韓国、日本、タイ、それにインドネシアの通貨は急激に下落している。アジアの主要各国の株価は、特に中国と比較した場合、暴落していることがわかる。

日本、シンガポールそして台湾などは、一九九七年のアジア経済危機——実際には通貨危機だったが——よりも、今の中国との競争でさらに厳しい打撃を受けている。先の危機は、巨大ファンドの投機が引き金となって起きたが、単純かつ一過性のものだった。しかし二〇〇一年の頭に始まったばかりの二度目のアジア経済危機は、そう簡単には終わらない。二〇年前、日本が西洋にやったのと同じことを、今度は中国が他のアジア諸国にやっているのだ。第二次アジア危機は「中国発」なのだ。

シンガポールの場合、九七年の混乱からは比較的無傷のまま切り抜けることができた。しかし今後を考えると、国内の製造業界はどう転んでも中国とは勝負にならない。そこでシンガポール

図表 6.3　アジア各国の株価指標――第二次アジア危機

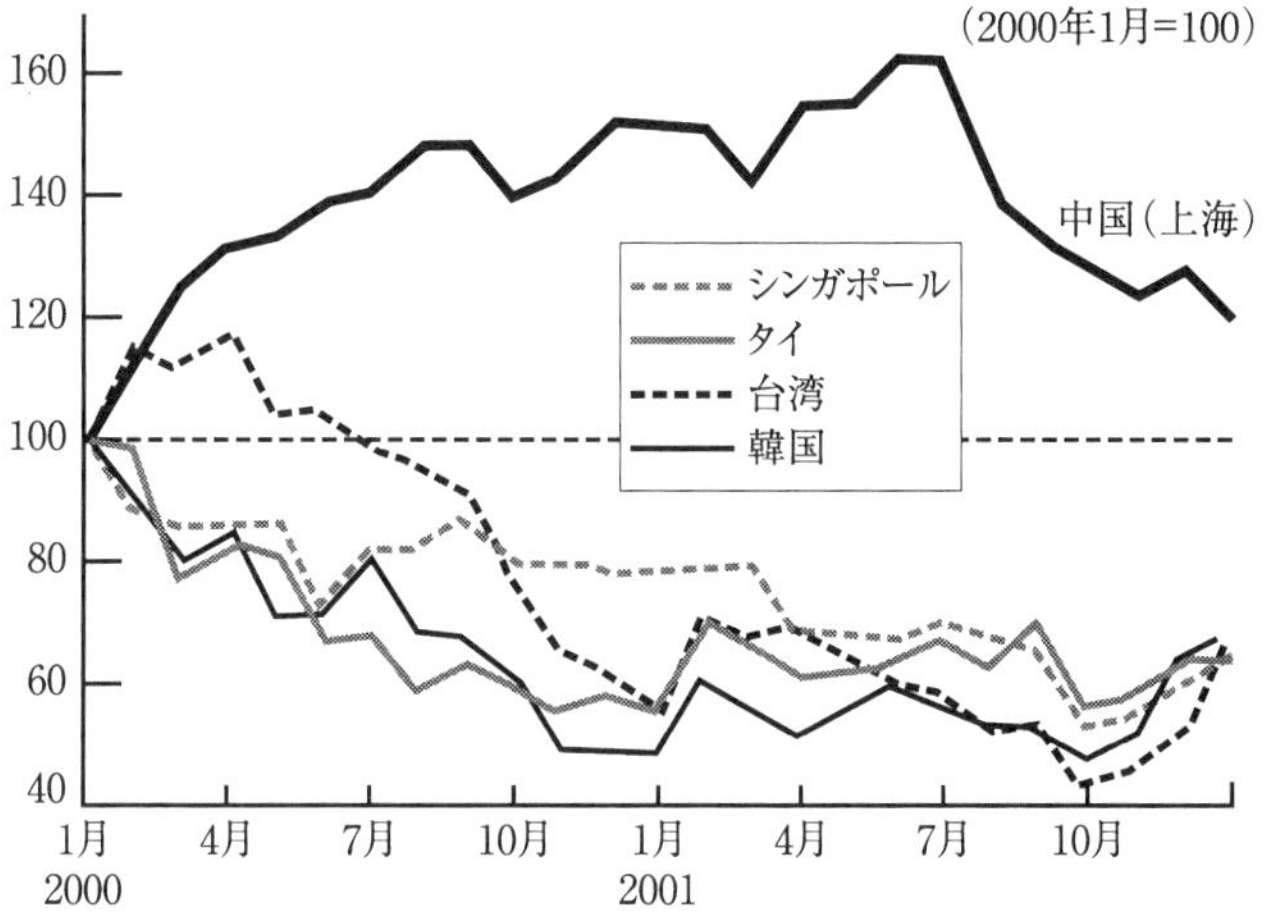

Ohmae&Associates作成

図表 6.4　アジア主要国証券取引所の時価総額

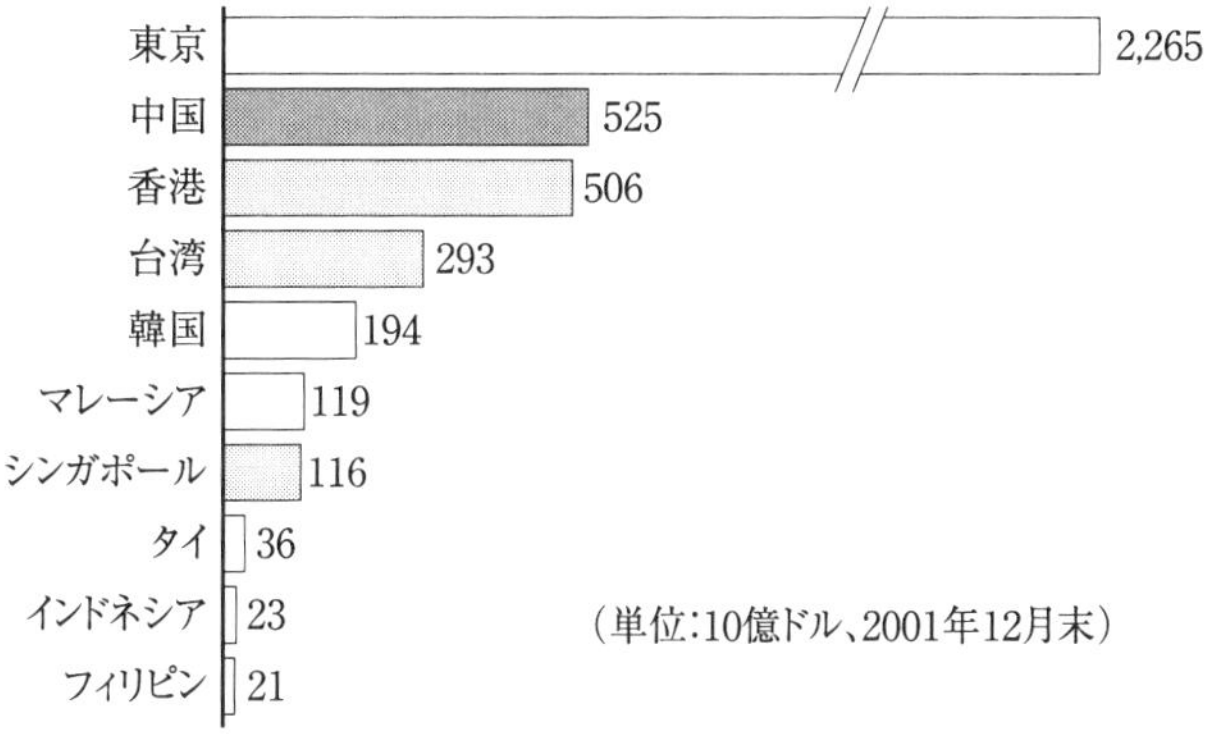

注：中国＝上海＋深圳

"The World Federation of Exchange" 統計より
Ohmae&Associates作成

はアジアのスイスのような形で、中国と競争するのではなく、中国の発展に投資し、そのリターンで三〇〇万の人口を食わせていこうという戦略に切り替えた。

それを示すように、前大統領リー・クワンユーは、シンガポール最大の機関投資家である年金基金の会長に就任した。今、彼はシンガポールでもっとも権力のある地位にいる。

インドネシア、フィリピンそしてタイも同様に大きな打撃を受けたが、シンガポールに見られる財源や創造力に富む戦略がない。おそらくこれらの国は都市の崩壊、分裂や国内不安に悩まされることになるだろう。そして国内の中国系の人たちに対して、恨みがふつふつと湧いてくるかもしれない。

ベトナムは人件費がまだ中国よりも安いので、一見、競争ができるように思える。しかし、腐敗した政府、煩雑な商売上の規制、そしてあまりに貧弱な港湾や道路などの産業基盤が、海外の投資家たちを遠ざけている。マレーシアは主力の電子産業を維持しているが、その分野でも新しいビジネスは失いつつある。

インドもソフトウェア・ビジネスの一部は中国企業に取られてしまうだろう。すでに説明してきたように、中国企業の従業員も、ソフト開発の言語である英語を話すことができるようになったからだ。とくにこの傾向は北京と上海地区で著しい。しかし、非常に高度な設計技術やアプリケーションのプログラム分野では、インドは首位を守ることができるだろう。

その他アジアの虎になれたかもしれない国、ラオス、カンボジアやミャンマーには、残念なが

図表 6.5　アジア諸国への中国WTO加盟の影響

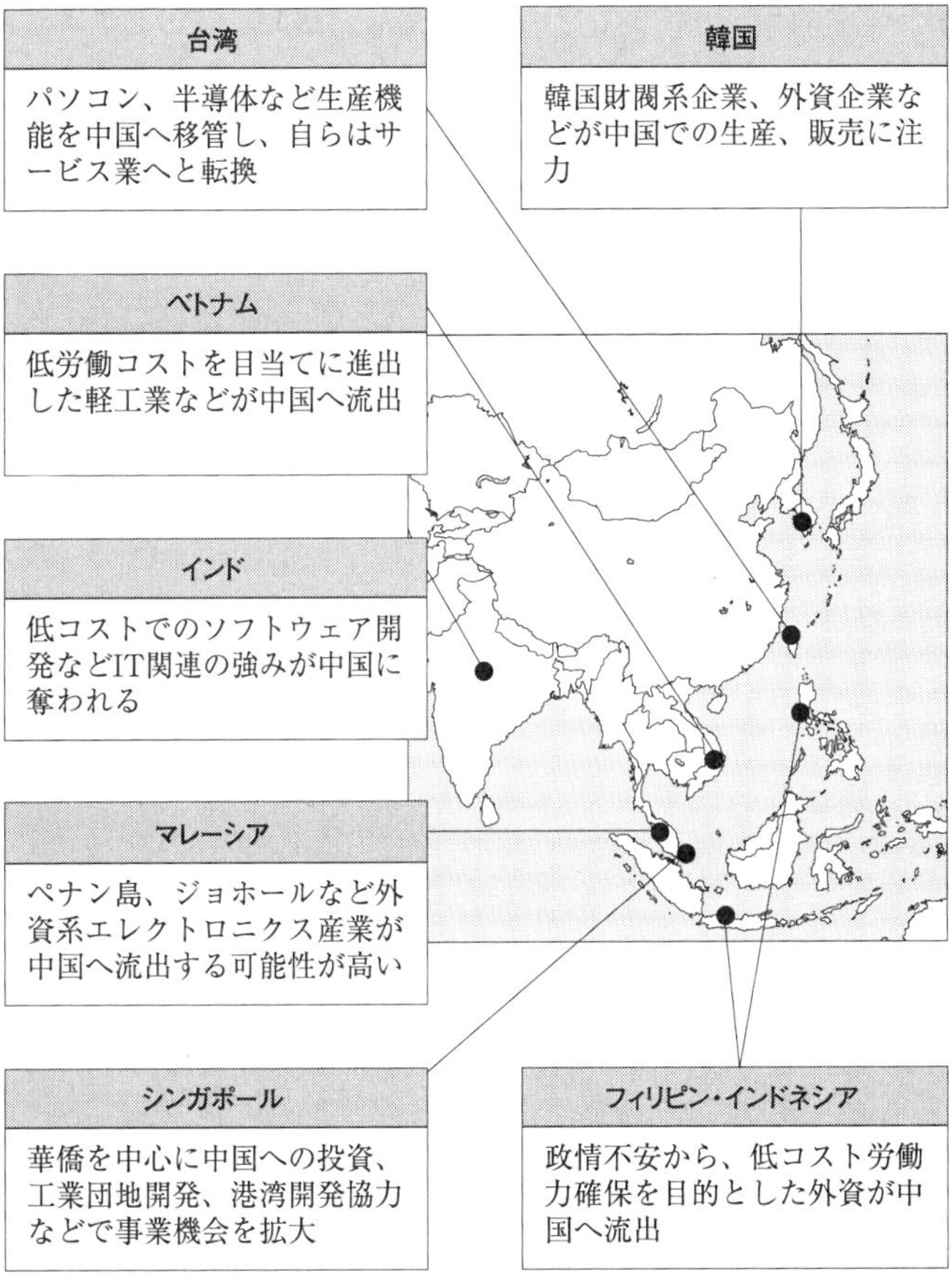
台湾
パソコン、半導体など生産機能を中国へ移管し、自らはサービス業へと転換
韓国
韓国財閥系企業、外資企業などが中国での生産、販売に注力
ベトナム
低労働コストを目当てに進出した軽工業などが中国へ流出
インド
低コストでのソフトウェア開発などIT関連の強みが中国に奪われる
マレーシア
ペナン島、ジョホールなど外資系エレクトロニクス産業が中国へ流出する可能性が高い
シンガポール
華僑を中心に中国への投資、工業団地開発、港湾開発協力などで事業機会を拡大
フィリピン・インドネシア
政情不安から、低コスト労働力確保を目的とした外資が中国へ流出

らもうそのチャンスはない。

そして、かつてはアジアでもっとも繁栄する国の一つだった台湾はどうか。中国との直接取引には規制があるにもかかわらず、多くの台湾企業が目立たないように工場や資本を中国へ移転している。遅かれ早かれ、台湾は中国と和解せざるをえない状況に陥るかもしれない。軍事的な理由からではなく、本土にどんどん芽生えてくるチャンスを積極的にものにしたくなるからだ。このへんの事情は第7章で詳しく取り上げる。

❸——中国の繁栄はいつまで続くのか

尽きない廉価な労働力

中国の成長がどこまで続くのかという疑問に対して、まず結論から言えば、私はかなり長い間続くと思っている。その理由ははっきりしている。まず「いつまで続くか」ということについて、こういうことを考えてみよう。

中国では、この一〇年の間、これだけ経済が過熱してもブルーカラーの人件費は三〇パーセントしか上がらなかった。一〇年前で月七〇～八五ドル、高くても九五ドル程度だったが、今でも九〇〜一二〇ドル。日本円で一万四〇〇〇円程度である。

日本は一九七二〜七三年、いわゆる石油ショックの前の年に、たった一年で人件費が三〇パーセントも上がったことがあった。高度成長がスタートした頃も、やはり人件費が安く、毎年三〇パーセントずつ上がっている。その後、円ドルリンクがはずれて円が高騰したときなどは、ドル建てで見れば五〇パーセントぐらい上がったこともある。

これに対して、中国の元（RMB＝人民幣）はドルリンクで安定している。だからドルベースで見ても、直接工の人件費はこの一〇年間で三〇パーセントしか上がっていない。

とはいえ、ホワイトカラーに限って言えば、中国でも人件費はどんどん上がっている。優秀なスタッフはいわゆるアメリカ帰りだったり、外資系企業との引き抜き合戦があったりして、国際的な時価に近づいているのだ。私もマッキンゼー時代にそういう人材を随分採用したが、すぐに国際的な相場に上がってしまった。

優秀なシステムエンジニアなどのホワイトカラーでも、一〇年前の人件費は一万円くらいで、当時はブルーとホワイトの差はほとんどなかった。ところが、今ではホワイトカラーのほうは一〇万円までできている。

しかし、ブルーカラーの賃金事情は、中国のどの地域に行っても同じだ。珠江デルタでも東北三省でも、江蘇省や浙江省でもまったく同様なのである。なぜかというと、工業地帯には農村からの労働力の流れ込みがある。中国政府は戸籍制度をうまく利用しながら、農村籍の労働力を少しずつ都市に流入させてきたのだ。

この一〇年間で、統計上、都市部には年間一〇〇〇万人の人が流れ込んできた。実はこの一〇〇〇万人という数字は、実態にくらべてかなり少なめの数字で、本当はもっと多い。それはさておき、あと農村にどれくらいの人が残っているかというと、まだ九億人も残っている。農村人口が九億人ということは、年に二〇〇〇万人、三〇〇〇万人が流れ込んできても、優に三〇年はかかる。一〇〇〇万人ずつなら九〇年である。

一二億八〇〇〇万人の人口を持つ中国に対し、フィリピンは七六〇〇万人、タイは六一〇〇万人、マレーシアに至っては二二〇〇万人の人口しかない。これでは労働需給が逼迫し、賃金が上昇しやすく、価格面での競争力もそれだけ失われることになる。それにくらべて、まだ農村部に九億人もの人口を抱える中国は、それだけ廉価な労働力が確保できるので、少なくとも向こう一〇年は圧倒的な競争力が続くと予想できる。

一〇年後に破裂する「一人っ子政策」という爆弾

しかし逆に、この繁栄はあと一〇年が経過すれば終焉を迎える可能性が高い。それはなぜか。一〇年たてば、長江デルタは韓国を抜き、巨大な国家として出現する。もちろん中国全体は日本経済を抜いている。ところが、その頃になると一つの爆弾が炸裂する。それは、「一人っ子政策」の反動だ。

図表6.6　アジア各国の人口と1人当たりGDPの推移

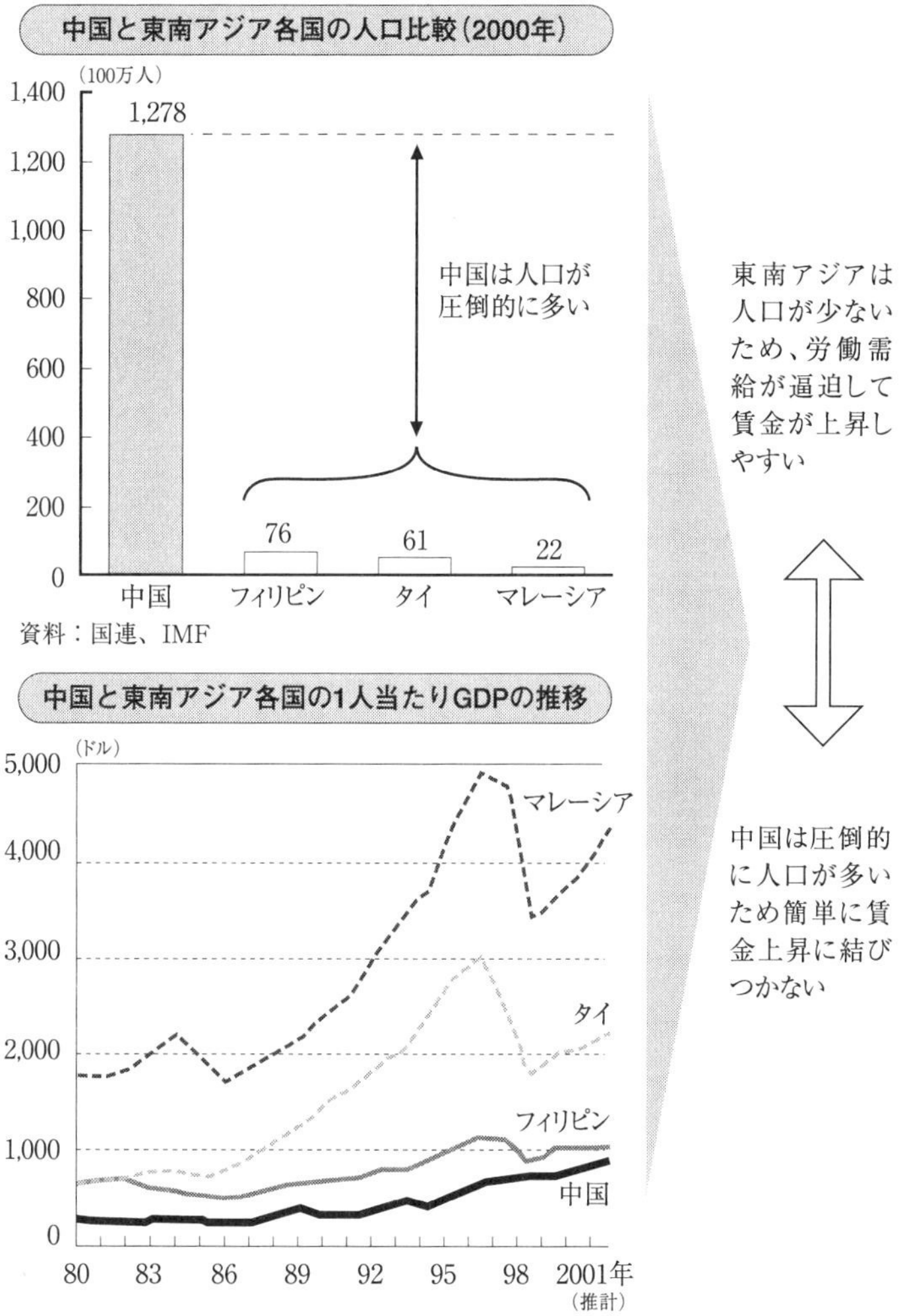
中国と東南アジア各国の人口比較（2000年）
（100万人）
1,400
1,200
1,000
800
600
400
200
0
1,278
76
61
22
中国
フィリピン
タイ
マレーシア
中国は人口が圧倒的に多い
資料：国連、IMF
中国と東南アジア各国の1人当たりGDPの推移
（ドル）
5,000
4,000
3,000
2,000
1,000
0
マレーシア
タイ
フィリピン
中国
80
83
86
89
92
95
98
2001年
（推計）
東南アジアは人口が少ないため、労働需給が逼迫して賃金が上昇しやすい
中国は圧倒的に人口が多いため簡単に賃金上昇に結びつかない

文化大革命の少しあと、一九七九年から一人っ子政策が取り入れられ、中国は本気でこれに取り組んできた。そのため人口構成がかなり歪んでいる。第一、男が多すぎる。親は男がほしいと思うから、胎児が女の子とわかれば産まなかったり、産んだあと、むごいことに殺してしまったりということがあって、男女比率がかなり偏っている（一般の人々と話していると、政府が見つけて殺してしまった、など怒りの告発は尽きない）。

さらに、そうして生まれた子供は「小皇帝」（リトルエンペラー）と呼ばれ、家庭の中で父親、母親、そして双方の祖父母の六人によって大事に育てられる。つまり過保護で甘やかされて大きくなったため、現在のハングリーな中国人像とは似ても似つかぬ世代になってしまったのである。

この世代が三〇代へと成長し、産業の中心を担うようになるのが、今から一〇年後。それを境に、中国の国力は急速に衰えるだろう。人口は多いが次第に減少していく。そして、男は女に対して劣等感を持ちはじめる。この女性にくらべて人数の多い男性たちを結婚させようと思ったら、外国から若い女性を呼び込んでくるしかないだろう。それに、そこまでスポイルされた世代は、今の中国を引っ張っているハングリーで貪欲な中国人にはとてもなれない。

時期的には二〇〇八年のオリンピックをピークにして、そこから衰退、老化現象が起こってくる可能性がある。しかしこの時点ですでに中国経済は、随分大きくなってしまっている。特に北京や珠江、長江デルタは、巨大な経済圏になっているはずだ。

すると、北京を頂点とするピラミッド型の中央集権制ではなく、水平融合してヨーロッパ型の統治機構になっても、一つ一つの経済圏はかなり大きな影響力を持つ。そうなればEUのように、正真正銘の「中華連邦」という連邦国家として生まれ変わるだろう。台湾もその連邦内の独立国家となれば、内陸を含めて中国の中に二〇ぐらいの国ができる。となると国連の議席も二〇である。未来永劫、このまま中国が強くなるということではない。

中国の経営者の多くは、公式の場から場所を変えて話をすると、「一〇年の間に全部やらなければダメなのです。中国はすべてをこの一〇年でやりつくさなければならないのです」ということをしきりに強調する。それだけ近い将来に対する危機感がある。

中国というのは強烈な超競争社会なので、今の子供たちも一生懸命勉強し、競争する。しかしそれでも、一〇人兄弟で育ったとか、放置されて大きくなったという今の世代にくらべ、大分やわになっている。中国人が、国家の盛衰に関わる問題として憂慮しているのは、このことなのだ。

彼らは日本を見て、他山の石と自らを戒めている。「成功するとあそこまでダメになるかというい例だ。今の日本を見ていると、なぜあんなに成功したのかわからないですね」と、彼らは日本人を前に平気で言うのである。

深圳でルーターを作っている華為という会社に、「全社員に告ぐ」という社内報が配られた。そこには会長が「北国の春」という論文を書いていた。彼が大好きな千昌夫の「北国の春」からとったタイトルのようだが、中身が奮っている。

「日本に行ってみると、繁栄した国がなぜ急速にダメになるかということを、あちこちで見ることができる。われわれも、今、成長一途で非常に繁栄しているように思うけれども、初心を忘れた人々がいかに自分の会社を急速に崩壊させるかというよい事例だ。君たち、今、うちの会社は調子がいいが、絶対に手綱を緩めてはいけない。日本は、初心を忘れるとここまで急速にダメになるというい見本だ」と書いているのだ。

この華為は、従業員が一万四〇〇〇人で、売上は七〇〇〇億円。富士通、NECは問題じゃない、ルーセント、シスコは射程距離だ、というくらい勢いのある会社で、実際に急成長を続けている。

この社内報を読んでいると、日本人としてはカチンときてしまう。しかし、これほど成長している企業でも「初心を忘れるな」と釘を刺さずにいられないほど、この上り調子が一〇年以上は続かないと見ているのである。

こうした認識は、一般の中国人にも共通するようで、いちばんよく聞くのが、「慢心が中国をダメにする」というものだ。例えば、「自分はハングリーな世代に育ったからがんばれたけれども、今の新入社員を見ているとやっぱりダメだ。あの世代になったらダメだ」という言い方をする。

また、ホワイトカラーの賃金上昇が、アメリカなどに対する競争優位性を失わせるという意見もある。しかしいずれにしても、腐敗、汚職が原因という言い方をする人は少ない。だいたいは自分たちの中にある問題、道徳観、勤労意欲、それからいわゆるハングリーさの喪失——そういうことを指摘する人が多いのだ。

第7章◆中国政治体制の行方

❶——現代中国の素顔

内陸部でも高い国民の満足度

中国は、政治的にどうなるのか。もっとも懸念されているのが、内陸部と沿岸部の間の問題、すなわち富が沿岸部に偏在しすぎて、内陸部で暴動が起きるというシナリオだ。

しかし、私はそうなるとは思ってない。内陸部を見ると、経済事情がずいぶん改善されているのがわかる。仮に内陸部の経済成長がずっと横ばいなのに、沿岸部だけが伸びているというなら、当然のことながら葛藤は大きくなる。しかし、実際には内陸部でも賃金は非常に伸びてきているのだ。

図表7・1に示したように、一九九〇年には一・七倍だった沿岸部と内陸部の格差が、九九年には二・〇倍に拡大している。これを見て多くの学者は、「沿岸部に富の偏在があり、これだけ格差が拡大している」と指摘する。ところが内陸部の人から見れば、この数字の受け止め方はまったく違ってくる。彼らは、一五〇ドルだった年間所得が六四〇ドルまで上がってきた、と考えるのだ。つまり、内陸部の人には沿岸部の上昇率は見えない。「振り返って見ると、自分たちの

図表 7.1　沿海部と内陸部の経済格差（1人当たりGDP）

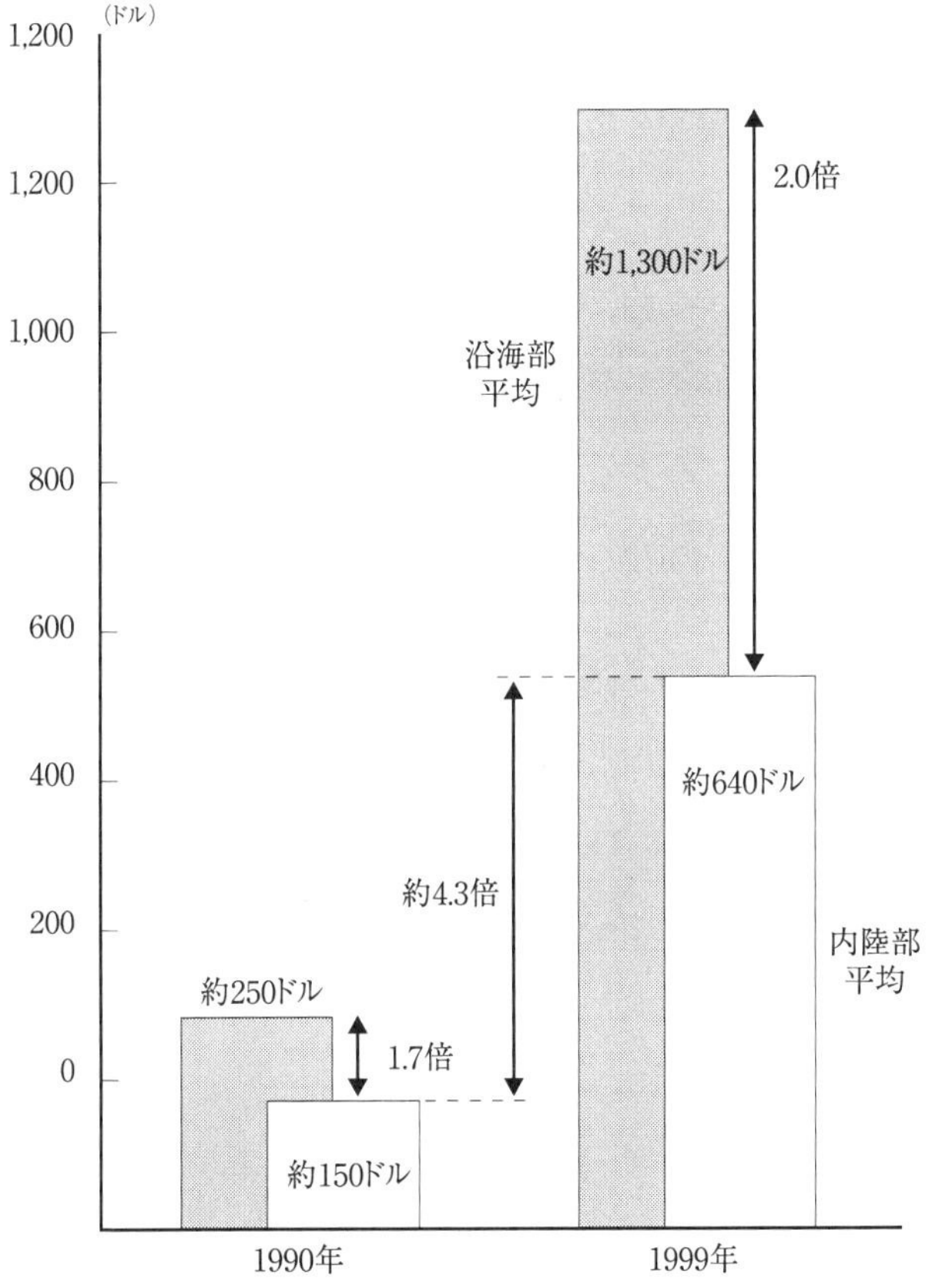

注1：8.3元/ドルで換算
注2：沿海部は北京、天津、河北、遼寧、上海、江蘇、浙江、福建、広東、海南で推計

中国統計摘要各年版よりOhmae&Associates作成

生活はこんなに良くなった」という感覚しかない。

沿岸部の人々は、当然満足度が高い。内陸部もまた然り。内陸部の伸びだけを見ても、世界中でこんな伸びた国はないのだ。ＩＴ産業がもてはやされているインドでも、この数字には遠く及ばない。だから、この一〇年間を見ると、「今年のほうが去年より良かった」という状況は、中国全土で続いていて、彼らの不満はそんなに大きくない。民族問題、宗教問題を抱えた一部地域を除けば、言われているほどアンハッピーな状況ではないのである。

経済指標というのは、絶対指標ではない。人々にとっては、自分は去年にくらべて良くなったかどうかということだけが問題なのだ。実際に内陸部に行けば、都市周辺はだいぶ整備されてきているし、道路も良くなってきている。いろいろな面で改善しているのがわかる。

高度成長期の日本も、どこへ行っても改善されていた。私の父の生まれ故郷は対馬なのだが、早いうちにわが家は対馬を離れた。そこへ小学生の時に戻ってみたら、みんなまだ裸足で歩いていた。中学生の頃に帰ってみると、以前はランプだった明かりが電気になっていた。そういう生活の向上を肌身で感じている人たちが、東京にはネオンがあるといって羨ましがるかというと、決してそうではない。一昨年は電気が通った、今年は車が入れる太い道もできた、というように、「去年にくらべて今年は良くなった」という時、人々は不満など持たないのだ。

少数民族地域では、たしかに漢民族による政治的弾圧があって、その反発からくる不満は存在する。しかし、経済的な格差が拡大し、不満が爆発するという筋書きは、この構図からは浮かび上がってこない。

この対極にあるのはインドだろう。インドは、いつまでたっても貧困から抜け出せていない。要するにインドには富を作るものが少なく、貧困の分配をしているからなのである。そのため一向に生活レベルが上がらない貧困層には、常に金持ちに対するジェラシーが鬱積している。

ところが中国は、鄧小平の大きな貢献なのだが、「先富起来（先に富める地域は先に富みなさい）」を励行した。これは「みんなで富をシェアしていこう」という共産主義本来の思想と対極にある考え方なのだが、こういう表現が許されてきた。むしろ日本のほうが「結果の平等」を求め、富裕層に対するジェラシーは強い。日本人にはどこか金持ちを憎む性向がある。

ところが中国は共産主義であるにもかかわらず、金持ちを見ると「ああ、こうすれば金持ちになれるのか」と考える。「金持ちになるために、いいイグザンプルができた」と、鄧小平の言葉を素直に受け止め、前向きにとらえるのである。

日本でも高度成長期に、当時の首相・池田勇人が「貧乏人は麦を食え」と言ったが、これは鄧小平の「先富起来」と同じ意味だ。ただし、鄧小平の言い方のほうがよっぽどスマートだった。「金持ちになれる人から先になりなさい」「金持ちになったらお米を食べましょう」と言えばいいのに、池田勇人は「金持ちになれないやつらは麦を食っていろ」と言った。いずれも「これからは経済的な差が出ますよ」という同じ意味なのだ。池田勇人も、鄧小平のように夢のある言い方をしていれば、もう少しくらいは人気が出たかもしれない。

それはさておき、鄧小平のさらにすごいところは、台湾に対しては銃口を向けて、「いつでもズドンとやる用意はあるぞ」と脅しておきながら、国内に向けては「同じ中国人でもあそこまでできる。学べるものがあったら同胞から学びなさい」という言い方をしてきたことだ。

私はマッキンゼー時代に上海事務所を立ち上げたのだが、そのとき台湾人と一緒に上海に行き、台湾方式の経営を説いて歩いた経験がある。セミナーなどを開くと台湾経験、台湾方式という説明にみな目を輝かせていた。私が日本の事情を解説すると、「日本方式はちょっと距離がありすぎて難しい」という顔つきで聞いているのに、台湾の話になると、「同じ同胞でもここまでやった人がいる」と食い入るような目をしながら聞き耳を立てたものだ。これは九三、九四年のことで、そんなに昔の話ではない。

そのくらい台湾方式の経験者が中国でもてはやされた時代があった。今では台湾方式なんていうものは、台湾企業がどんどん進出してきているから、珍しくもなんともなくなった。しかし、鄧小平の言っていた「優れた同胞から学びなさい」という主張は、当時の中台関係を考えた場合、画期的な発言だったのである。

一方、朱鎔基はさらに踏み込んで、ついには「国有企業を潰してくれるのが外資だったら助かる」という発言までしてしまった。「強い企業が勝てばいい。それが外資だろうが国有企業だろうが地場の民間公司だろうが、いっこうに構わない。とにかく、世界で最先端の技術を持った企業が中国で事業をしてくれることがいいことだ」。これは、鄧小平よりもう一歩進んでいる。「国籍を問わず、優れたものに中国に来てもらいたい」、そういう考え方なのである。雪印乳業が外資に買収されたら困る、と公言する役人がいるどこかの国と対比してみてほしい。

米中に共通する〝極端な二面性〟

さて、視点をもう一度統治機構に戻してみよう。中国が身につけた連邦制的な仕掛けというのは、アメリカ合衆国の仕掛けと非常に似ている。そして「合衆国」は成長が止まらない。

合衆国というのは、各地域がもともと独立していて、それが共同運営されている組織である。このような中央集権ではない統治機構だったからこそ、アメリカは危機的な状況にも耐えてこられた。フランスのように、権限がパリに一極集中している統治機構だったら、地域同士の仲が悪く、人種や宗教の多様化したアメリカは、今頃崩壊していたはずだ。

アメリカは一三州からスタートし、建国以来ずっと版図を拡大してきたということを思い出してほしい。南北戦争で勝った北部は、分裂していた南部一一州を再統合したし、それ以前にはルイジアナをフランスから買い、テキサスとカリフォルニアをメキシコからだまし取っている。ロシアからはアラスカを買って、さらにハワイも領土に加えてしまった。

普通の国であったら、こうした過程で必ず問題が発生する。例えばカナダではケベック州がフランス語を公用語にしており、この問題は今日に至るまで尾を引いている。異質なものを国の中に取り組むと、いつまでもそれがくすぶって国を二分するような問題になりかねないのだ。

他にもスペインにおけるバスク、あるいはユーゴスラビアにおけるコソボやマケドニア、イギリスにおける北アイルランドの例を見ればわかるように、多くの場合はちょっと異質なものがあるとすぐに国中が沸騰してしまう。

ところがアメリカは違った。真珠貝が真珠を作るように、異物を丸く包み込んでしまったのである。これほど世界中からいろいろな人種といろいろな宗教が来ている国はないのだが、フランス語を使っていたルイジアナも、自然に統合してしまった。今では、ルイジアナに住んでフランス語をしゃべる人なんて一人もいない。自然体で全部吸収してしまったのだ。アメリカにはこれができて、なぜカナダにはできなかったのか。ここが統治機構のもっている大きな差である。

ただし、このアメリカの統治機構というのは、通常は極めてルーズでありながら、国家の存亡に関わるような緊張した場面ではきわめてタイトになる。平時には、州ごとにバラバラで独自に運営されているが、外敵に叩かれたりすると国粋主義的になるのだ。

それは同時テロ事件のときを思い出せばわかる。すぐに国中が一枚岩となり、大統領の支持率が九〇パーセントを超えてしまう。普段のアメリカなら、支持と不支持は大体フィフティ・フィフティである。そういう国でありながら、非常時と見れば民主党までが共和党の大統領を支持してしまう。非常時は「大統領に一任」というのは、すでに礼儀になりつつある感じさえする。こうなるとほとんど独裁に近い体制で、だから海外に派兵などという決断も簡単にできてしまうのだ。

マスコミにしても、テレビで「アメリカにも、憎まれるだけの理由があるのではないか」としたり顔で解説したりすると、抗議の電話が殺到し、放送を続けられなくなるというくらいの雰囲気だ。こんな調子では、もはや言論の自由の国・アメリカではないではないかと嘆きたくもなる。ある意味では、イデオロギー的には、中国よりも強硬になってしまうのだ。アメリカはそうした激しい二面性を持っている。

逆に言えば、日本にはこの二面性がない。今は国を愛さない人が増えている。逆に戦前は、ほとんど全員が「国粋主義」という長いマインドコントロールのトンネルを突き進んでいた。どの時代もどちらか一面しかない。

アメリカが持つこの特異な二面性は、建国以来の特徴である。建国当時から今に続く、連邦制という統治機構に起因する性質なのだ。なぜなら、「危機のときには連邦が力を発揮する。平和な時代には、各州が自立して自由に運営しなさい」というのが、建国当時からの基本的なコンセプトだからである。

イギリスから独立を勝ち取るなどの目的があれば、テロリストを愛国の志士（フリーダム・ファイター）と呼んだ時代もあった。その判断基準は、かなり恣意的で一貫性がない。今回のテロ事件の後でも、テロとは何かという定義一つできず、結局「アメリカがテロと判断したもの」がテロだということになってしまった。

では、翻って中国について考えてみよう。中国の国家としての実態は何だろうか。

中国はどこかで壁にぶつかるという見方をする人がいるが、私は構造的に壁にぶつからないと思う。しかし中国もまた、アメリカに似た二面性を持った国になるだろう。普段はメガリージョンが前面に出て、融通無碍に経済活動を展開する。しかし、外的なショックがあると急に硬直化し、われわれから見れば「ああ、あれはかつての中国と同じだ」という姿に戻っていくだろう。

普段はイソギンチャクみたいに四方八方に触手を伸ばし、元の姿がわからないくらいなのに、一朝事あるときにはキュッと固まって、普段とは違う姿をわれわれに晒すことになる。そういったイソギンチャク的なイメージの国に、中国はなっていくだろう。実際、海南島でアメリカと対峙したり、ベオグラードの中国大使館が誤爆されたりしたときには、国粋主義が沸騰した。

中国が、統治機構的にアメリカに地球上でもっとも酷似してきたというのは、こういうことも含めてのことだ。

したがって、中国の人民解放軍の脅威は消え去ったのかといえば、まったく去っていないのが現状だ。なぜなら、アメリカ軍の脅威も去っていないからだ。現在でもアメリカはひたすら軍隊を磨き、兵器も世界中に輸出しまくって世界の軍事貿易の七割を握っている。これに対抗するのは、やはり中国しかないし、もちろん中国の指導者もそれは認識している。このあたりの問題に対して、中国はかなりしたたかで、そう簡単に軍事力を削減しようなどとは考えない。

中国から共産主義というイデオロギーが消えつつある今、イソギンチャクの触手が閉じたときに出てくるのは、中国イズム、中華思想だ。「世界の中心は中国だ。アメリカごとき、何を言っている」という態度があからさまに中国から出てくるだろう。だから、ある瞬間だけを見て、中国は日和ってしまったとか、中国はどこかで壁にぶつかるぞとか、そういうことを言う人がいるが、そうはならないと言えるのだ。基本的にこのイソギンチャクの構造は非常に強いし、中国のタカ派的体質は依然として牢固なのである。

中国への戦意を失った周辺諸国

こうして中国は、アメリカの立ち居振る舞い、挙動に世界中でもっとも似た国になる。しかし、似たもの同士は互いに憎しみあう傾向がある。だから二一世紀は、中国とアメリカとの戦いの時代になってくる可能性は極めて高い。

米ソはまったく似ていなかったが、冷戦という軍事的な対峙、イデオロギー的な対峙で、両国の対立は五〇年続いてしまった。だがこれからは、米中の対立はイデオロギーのぶつかりあいにはならないだろう。すでに書いたように、中国は実質的に共産主義ではなくなったから、イデオロギーではぶつかりあわないのだ。対立するとすれば、お互いの国家主義の衝突になるだろう。

すなわち、普段は連邦制として波に漂っていたイソギンチャクが、何かの拍子にいざ触手が閉じ、固まってしまうと、普段は隠されている国家主義が互いに出てきて、国民はそれを熱狂的に支援する。こうした国家主義同士の戦いでは、相手の誤ったイメージが国内で拡大され、それにつれて憎しみも拡大する。こういう事態が起きる可能性がある。

そもそも中国の周囲には、対立の火種を抱えている国がいくつもある。国境線が長いから、中国と一戦交えた国というのは非常に多い。ロシアとも交えたし、日本とも戦った。韓国、ベトナムとも当然やっているし、インドとは年中ぶつかっている。

ところがこれらの国は、現在、中国に対してもうほとんど戦闘意欲を失っている。中国に対して本気で立ち回りを演じようとする国は、周辺諸国からはしばらくは現れないだろう。中国というのは、版図が縮小するときに叩く国であって、版図が拡大しているときに叩くのは具合が悪い。だから今、周辺の国々は——ベトナムなどは特にそれが顕著なのだが——むしろ仲良くしよう、繁栄にあずかろうという空気になってきている。

ベトナムは、かつてベトナム戦争でアメリカに勝ったあと、中国に対しても戦いを仕掛けた。しかし今はそんな意欲を持っていない。因縁の仲であるインドにしても、パキスタンのような、いじめやすい国から叩いているが、中国に対しては、最近ではあまり事を荒立てていない。

実は、このパキスタンを中国は支援している。つまり「敵の敵は味方」ということだ。対立しているインドと紛争状態にあるパキスタンを仲間に引き込むため、パキスタンの核およびミサイル開発に協力してきたのだ。核については直接教え、ミサイルについては北朝鮮を通じて協力している。

中国というのは、かように狡猾な国なのだ。パキスタンを使って、中国と国境紛争をしているインドとの戦いをやらせておいたほうが得だと考え、その紛争を煽ってきたのである。

とは言っても、最近の中国はあまりインドを相手にしなくなってしまった。著しい経済成長を遂げている中国からしてみれば、インドにかまっている暇はない。「インドはいつまでたっても、自分で自分の裃の裾につまずいて引っ繰り返っておるわ。金持ちけんかせずじゃ」という認識に変わってきており、インドを無視あるいは軽視する傾向が強まっている。

あれほどぶつかりあってきたインドに対してもこの調子で、両国が軍事衝突する可能性は極めて低くなってきている。他に中国と衝突しそうな国はと言えば、国家主義が突出しているアメリカしか残っていないのである。

これに対しヨーロッパは今、中国をアメリカへの対抗軸として、地政学的に取り込もうとしている。実際、ヨーロッパのトップと中国のトップは、非常に頻繁に交流するようになっている。

ヨーロッパから見ると、アメリカ一極支配を避ける方向は、中国を少し助けてやることだ、というようなメンタリティーがある。中国から見ると、ヨーロッパというのはマーケットでありお客さんである。敵ではないし、イデオロギーの対立という構図はもはやない。利害は一致している。中国も、アメリカ一極支配を避けるためにヨーロッパと組むのが得策だと判断しているようだ。

こうしてヨーロッパと中国は急接近しており、対立の要素は見当たらない。ぶつかる可能性があるのは、唯一アメリカだけなのである。

❷——二〇〇二年、中国共産党がなくなる!?

江沢民が狙う引退の花道

これまで述べてきたように、経済環境や行政事情から考えると、中国は実質的にはもはや共産主義ではない。従来、われわれから見た中国の異質性というのは、強大な人民解放軍と一党独裁の共産主義、そして北京の中央集権、この三つだった。しかしこのうち、少なくとも北京の中央集権はなくなってしまった。ただし、指導理念としての共産主義はまだ厳然としてある。

だからこそ、鄧小平は「一国二制度」と言ったのだ。「一つの国で、市場経済と社会主義を共存させます」と言った。市場経済とは、すなわち資本主義のことだ。「白い猫でも黒い猫でも、ネズミを捕る猫はいい猫だ」と、主義主張よりも実利を上げようと訴えたのだ。

ところが、朱鎔基革命のあとの中国は、もう共産主義とは言えない。超現実的、超資本主義、拝金主義になってしまった。となると、共産主義の「看板」は本当に下ろせるのか、あるいはいつ下ろすのか。これが焦点になってくる。

二〇〇二年には江沢民、朱鎔基が同時に退くだろうと言われている。まず江沢民だが、国家主席としての任期は二〇〇三年三月まであるが、七月に開かれる共産党大会で党総書記（中国共産党中央委員会総書記）の退任を宣言し、秋には本当に退くだろう。同時に朱鎔基も首相の座を下りる。中国共産党の政治局常務委員は七〇歳が定年と決まっている。江沢民と朱鎔基は、ともにこの任期のうちに七〇歳を超えてしまったから、退かざるを得ないのである。新しい総書記には、胡錦濤が確実視されている。

実は私は、さらにもう一つのシナリオを想定している。このタイミングに合わせて、江沢民が「共産主義の終焉」を発表するというシナリオだ。

そう予想する第一の理由は、江沢民はわれわれが思っている以上に自分を「歴史上の人物」と讃え、自画自賛していることである。江沢民は偉大な指導者を演じているうちに、自己暗示にかかり、いつしか本気で自分を偉大なリーダーだと思い込み始めている節がある。

この江沢民に対し、朱鎔基は間違いなく一〇〇年に一人の政治家だ。中央銀行である中国人民銀行の行長（総裁）であった時代にも、その手腕は誉れ高かったし、首相になった途端にとてつもない改革を実行した。朱鎔基のずば抜けた有能さは誰もが認めている。

彼の特筆すべき点は、どんなに叩かれても、実行すると宣言したことはほとんどやってしまったことだ。あるとき彼がふと口にした言葉が、その決意を物語っている。「私の唯一の望み、幸せは、私が死んだ後、恨みを持つ人が私の墓を掘り返して復讐しないよう、せめて墓場で静かに眠らせてもらいたい、ということだけだ」。この言葉ほど、朱鎔基の本質を語っているものはない。

そして、その朱鎔基に対して、激しい劣等感を持っているのが、ほかならぬ江沢民だった。

しかしながら、考えてみれば総書記は江沢民だ。振り返れば、彼が総書記になってからの中国は大発展の時代だった。広東の国際信託投資が破綻したときは、外資が一斉に引き揚げようとし、一歩間違えれば大規模な資本逃避にいたるところだった。ところが、そこまで足元がフラフラしていた国家が、輝かしい未来を約束された、希望に満ちた国になってしまった。

したがって中国国民にとって、江沢民は意外にも満足度の高いリーダーなのである。なにしろ彼の時代に、中国は国際的に屈辱を味わうこともほとんどなかった。海南島沖合上空で起きた米中軍用機接触事故では、アメリカに一歩も譲らなかった。ユーゴスラビアのベオグラードで中国大使館を誤爆されたときも、怒った表情を見せただけで、アメリカのほうから謝ってきた。

香港返還も見事に演出したし、改革・開放路線もほぼ完成の域まで導いた。すべて潰れるといわれた国有企業も改革が進んで、上場する企業さえ出てきた。さらに、あれほど北京を慌てさせた法輪功も収まったし、二〇〇八年の北京オリンピック開催も、WTO加盟も勝ち取った。ついにはアメリカに最恵国待遇を認めさせた。

ここから先は、演技派俳優・江沢民の立場に立って状況を分析した上での私の推論である。江沢民の頭の中では、二一世紀は中国の時代で、アメリカとはイコール・パートナーだということになる。「世界は東と西の二つの国でできている。東は中国で、西はアメリカだ。そういえばヨーロッパやアジアにもいくつか国があったかもしれませんね」。こんな感じに彼は思い込み始めている。毛沢東でも鄧小平でもできなかったことをこの一〇年で成し遂げた、という自信に

中国の実力者たち
左上・江沢民
右上・朱鎔基
左下・胡錦濤
(写真提供・共同通信社)

満ちているのだ。

このようにして自己暗示にかかった江沢民が、「演技派俳優」的な振る舞いを始めるとしたらどうなるだろう。最後には、毛沢東、鄧小平に続く大きな流れの中に自分を位置づけようと考え始めることは想像に難くない。

彼が総書記に選ばれたのが一九八九年のことだから、実力者になってからの期間は長い。その間、中国はまったく運良く、万々歳でくることができた。二〇〇二年の秋の退任までに、大暴動や法輪功でもめることもないだろうし、軍事演習で台湾を脅すこともまずない。おそらくこのまま花道を飾るだろう。

この際だからと、関係の良くない朱鎔基も一緒に道連れにして、彼が残した業績のクレジットも自分のものにしてしまいたい。つまり、朱鎔基改革の成果を「私が総書記の頃に」という感じで、自らの功績として誇示し始めるのだと思う。

しかし、はたしてそれだけで江沢民は満足するだろうか。さらなる「功績」を残して、引退の花道にしたいという欲求に駆られるのではないか。

江沢民時代の中国は香港返還と北京オリンピックの誘致成功をなしえた。ただ香港返還からは時間が経過しすぎているし、オリンピックが開催されるのは二〇〇八年のことだ。江沢民に残されたエポックは何かと見渡すと、じつはあと二つしか残っていない。その一つは、台湾が自ら中国の膝の上に抱きついてくることだ。これが江沢民が退任する秋までにできるかどうかが焦点だが、私は可能性は半々、意外にありえるシナリオだと思っている。

第三次国共合作でノーベル平和賞!?

なぜそんな筋書きが描けるのか。実は、台湾の国民党もすでに「第三次国共合作」的なことを言い始めているのである。

国民党の元首相、蕭万長は二〇〇一年五月に中国本土を訪問し、その発展ぶりに腰を抜かしてしまった。特に上海の成長ぶりを目の当たりにして、強烈な危機感を抱いた。そこで「われわれは一緒にやれることがあるのではないか。ここはひとつ、喧嘩せずに仲良くする地区、共通に事業をやる地区だけでも作りましょう」という趣旨のことを中国側に伝えて帰ってきた。

「第三次国共合作」というのは私が勝手に名付けたものだが、蕭万長がそれと同じ意味合いの提案をしているのだ。帰国してからの彼は、「何を言い出すんだ」と台湾中から袋叩きに遭ってしまったのだが、今では中国の将来性は台湾から見ても疑いようがなく、同じことを言っても咎められないくらい雰囲気が変わってしまった。だから、「第三次国共合作」の可能性はゼロではない。

さらに、中国の銭其琛《せんきしん》外相は台湾に対し、「もし香港並みの返還を認めるのであれば、われわれは五〇年間は台湾の機構を一切いじりません」という主旨の発言をした。台湾は台湾ドルを発行し続けて結構です。軍隊にも手を出しません。台湾の軍隊は台湾省長の配下においてもいいです。通貨も軍隊も法律も、何一つ手を出しませんから一緒になりませんか、ということを銭其琛が言ってしまった。

一方、現在、台湾の陳水扁総統の置かれた状況は、結構深刻だ。経済界からは「早く大三通をやってくれ。大三通が実現しないのなら、俺たちは中国へ行ってしまうぞ」と突き上げられている。

実は、そう言い始めているのは、金と実力を持っている中国本土（大陸）出身の外省人たちだ。もともと本土から来たのだから抵抗はない。「もし大陸への投資を認めず、これだけのダイナミックな投資機会を台湾政府が邪魔するのなら、われわれは中国本土に本社を移してしまうぞ」と言い出した経済人もいる。台湾政府に面と向かって言うと大変なことになるのだが、それでもわざと陳水扁に聞こえるように言うのである。

そして陳水扁はついに、「大三通をやります」と二〇〇一年七月に宣言してしまった。中台間における直接の通航と通商、通信を促進しますと言ってしまったわけである。これを民進党の総裁が言うというのは、かつてなら考えられないことだ。「台湾独立、中国はもう関係ない」と言っていた人物が、こう宣言せざるを得ないほど経済界からの圧力は強まっているのだ。

台湾側の言葉と中国側の言葉、この二つをよく聞いていると、「第三次国共合作」が実現するのは意外に近いのではないだろうか。そう結論づけてもおかしくはない。少なくとも、金大中の「太陽政策」がめざす南北朝鮮の融和というおとぎ話よりは、現実性が高い。江沢民にしてみれば、「もうちょっと頑張れば、台湾のほうからコロッと俺の膝の上に乗っかってくるのではないか」という思いだろう。これが江沢民の最後の大仕事になる可能性はある。

実現すればノーベル平和賞も十分狙える。佐藤栄作による沖縄返還の比ではない。そうなれば陳水扁も同時受賞ということになるだろう。江沢民が「演技派俳優」であり、最後に自分の花道を誰よりも立派に飾ろうとするなら、ある日、ハタと気付くだろう。「そうだ、俺は国共合作をやるべきなのだ」と。

そもそも銭其琛が、「香港並みの条件を飲むなら、台湾の仕組みにわれわれは手をつけません」などと独断で言うわけがないのだ。極東の国の某元女性大臣じゃあるまいし、外務大臣があんな勝手なことを言える国ではない。銭其琛の言葉の裏には、江沢民の戦略があると考えるのが当然だ。

「何もいじらないから、『台湾省』になってください。お願いします」というこのアプローチは、中国から台湾に向けた初めての秋波だ。もしかしたら、独立しても構わないと中国から言い出すかもしれない。そうすれば台湾も国連で一票持つ。

中国の思惑はこうだ。まず、国名を中華連邦などと変更し、独立国家共同体による連邦国家になる。台湾には「台湾国家として生きなさい。しかし中華連邦の一員ですよ」と条件を出す。台湾は、イギリス連邦下のカナダやオーストラリア、あるいは旧ソ連であるＣＩＳ（独立国家共同体）の中のウクライナという感じになってくる。

共産主義終焉のタイミング

江沢民に残されたもう一つの仕事は、共産党、共産主義の終焉を自ら宣言することである。これは近い将来、しかもかなり近いうちに起こりうると思う。どこかで共産主義は終焉しなければならない。共産主義とはプロレタリア革命であり、ヘーゲルの弁証法的に言えば、持てる者と持たざる者とが葛藤した末に、持たない者が勝っていく——こういう革命のはずだった。共産党は階級政党であり、階級闘争をしなくてはならないのである。金持ちまで含めた国民全体を代表する、などということは党議のどこを探しても見あたらない。

しかし、中国ではだんだんと持てる人間が増えてきた。そしてついに、二〇〇一年の共産党創立八〇周年祝賀大会で、江沢民は資本家も共産党に入党させる、経営者も共産党員にする、と宣言するところまできてしまった。

日本の報道機関の扱いは大きくなかったが、これは聞き捨てならない重大なメッセージだ。もし本当に共産主義を理解し、これをプロレタリア革命だとわかっていれば、資本家の入党などは絶対に許せないはずなのだ。

江沢民はこの時、「三つの代表」という理論を初めて打ち出した。

三つの代表というのは、まず先進的な生産力の発展を代表したいということ。共産党は、生産性の改善や近代化、工業化、科学の進歩——そういうものを先導していくシンボルでありたい、代表でありたいと言った。

二つ目には、先進的な文化の方向を代表すること。美しい国土をさらに改善してゆき、地球平和、地球環境に優しい中国の国土というものを保全する。そういう中国を守る代表でありたい。

そして三つ目に、すべての中国国民の代表でありたい。広範な人民の利益を代表していきたい。

これが「三つの代表論」である。この三番目の文脈の中で、資本家や金持ちも共産党に入るべきだと江沢民は言い出した。

そうすると、共産党はすべての人の代表ということになる。すべての人の代表ということは、共産革命の終了を意味する。いわゆる弁証法が成り立たなくなるからだ。

いずれ共産主義の幕を下ろすときが来ると、おそらく江沢民は予想しているのだろう。だが、幕引きがいきなりやってきたのでは皆びっくりしてしまうので、「三つの代表、すべての代表」という言い方で布石を打ち出した。言い換えれば、江沢民は寸止めをした。本来は、次にもう一言言わなければならない言葉があるのだ。

私がその場に居合わせた新聞記者だったら、「ちょっと待ってください。共産党はプロレタリアートの代表じゃなかったんですか。資本家と金持ちを入れるなんて、冗談じゃないでしょう」と聞くだろう。実際に江沢民の演説を聞いていた人は皆気が付いたと思う。中国人はマルクス、レーニン、毛沢東の教えで育っているから、こういう言い方に非常に敏感だ。だからこれを聞いただけで、江沢民の真意がなんとなく伝わっているはずなのだ。

ここからは、先に触れた第三次国共合作と似てくるが、「すべての人の代表」というのを日本語で言うとどうなるだろうか。まさに国民の党、イコール「国民党」である。江沢民が、「広範な人民の代表」というのは、孫文の国民党の主張と同じことだったのだ。

中国では今、孫文の研究が盛んになってきている。その底流には、「近代中国建国の父が毛沢東だとは言いにくい。やはり孫文だろう」という感覚がある。私は中国に行くたびに、こうした風潮をそこここで感じる。

今までは、台湾の開祖を辿ると孫文がいて、中国共産党の源流を辿ると毛沢東がいた。ところが今では、共産党の幹部までが、「近代中国を辿っていくと源流は孫文だ」などと言っている。それに最近、中国人と話していると、話題の中に孫文の例を使うことが非常に多い。孫文が日本にいた頃の逸話などがずいぶん出てくる。一昔前は「孫文」など禁句だったのだ。その孫文を、今の中国は非常に意識し始めている。

ということは、ここにおいてイデオロギー的にもまさに「国共合作」が起きつつあるというのが現状だ。私が江沢民だったら、ある朝、布団から起き上がったときにふとこう気がつく。「台湾との統合と共産主義の終焉、この二つは一緒にできるかな」と。

「主義主張が違う人々とは一緒になれない」と台湾の前総統・李登輝は言った。しかし、今の中国なら「主義主張は一緒だった。われわれも国民党という名前に変えましょう。共産党は国民の代表なのだから」と言えるかもしれない。名称は「国民党」ではなく、もっとクレバーな名前にするかもしれないが、意図することは同じである。

そういえば、中華人民共和国（ＰＲＣ）のＰは国民（Ｐｅｏｐｌｅ）という意味だ。旧ソ連のように、国名に社会主義や共産主義を入れておかなくてよかった、などと安堵しているかもしれない。

そうなってくれれば、江沢民は引退する際の党大会で、「共産主義というプロレタリア革命の所期の目標は、豊かな中国、発展する中国において達成されました。共産党を褒め称えましょう」などと演説し、人民大会堂に集まった代議員が総立ちで一五分ぐらい拍手をするという光景がまず考えられる。

会場が静かになったところで、彼は次のように続ける。「次の共産党の課題は、国民すべての代表となり、世界のリーダーとして尊敬される国にしていくことです」。こう言えば、中国共産党から「国民代表党」というような名前に名称変更することも十分視野に入ってくる。その名称変更の仕方は、台湾が「それなら一緒にやれる」と言えるものであればいいのだ。だから中華人民党でもいいし、共和国党でもいい。

あるいは、国名を中華人民共和国連邦と変更して、連邦という言葉を初めて入れるかもしれない。連邦という概念は、一党独裁中央集権に反するので、中国ではその言葉さえ使用禁止になっている。その禁を解いて中華人民共和国連邦になれば、香港も台湾も、あわよくばシンガポールも入ってくるかもしれない。そうなれば「フェデラル・リパブリック・オブ・グレーターチャイナ」という強大な連邦国家が出現することになる。

このように国名の変更と共産党の質的転換が、台湾に向けられたトーンでなされてくれば、もしかしたら両方実現してしまう可能性がある。

おそらく、次の総書記と予想されている胡錦濤ではこの大事業はできない。優秀だが超現実派の朱鎔基にも、こうした発想はない。

しかし、自己演出について意外にクレバーな江沢民は、自分をどうやって演出するかということについて、人一倍考えているはずだ。私がここで述べたようなことを実現し、一一月にノーベル平和賞をもらいながら退くとなれば、彼にとってもこれ以上のものはないだろう。少なくとも、現在の江沢民はそれを射程距離に入れてきている。北京オリンピックを待っているだけでは、彼にとってもつまらなすぎる。

台湾の問題を解決しても、中国には新疆ウイグル（東トルキスタン）、内モンゴルとまだまだ山のように問題がある。だから、まず台湾問題を片付けることが先決で、そこでいい事例を作っておけば、新疆ウイグルの平定にも応用できる。それに、こうした地域にいる原理主義的なイスラム・グループに対しては、アメリカとも共同戦線を張れるだろう。台湾問題では、アメリカを味方につけることはできない。

私は、二〇〇二年中にはこの程度まで進むのではないかと考えている。画期的なことだが、そのくらいのテンポで事態が進行する可能性は十二分にあるのだ。逆にこのタイミングを逃すと、次の政権では当分の間できないだろう。また江沢民へのノーベル賞のチャンスも、現役を退いてしまえばなくなる。

波乱要因残る人民解放軍

江沢民の夢が実現すれば、このあと中国に残された問題は、共産党に毒された人民解放軍と、民主主義がないこと、つまり選挙がないことである。

まず民主主義については、時間をかけて地方選挙からスタートするだろう。国政からではなく、地方選からいく。

地方選なら、共産党から転じる新しい党も、その結果によって影響を受けることはない。マレーシアの例でも、三つの州で野党が州知事のポストを獲得しているが、ＵＭＮＯ（統一マレー人国民組織）が牛耳る国政には何の影響もない。だから、中国の場合も、選挙は地方の自治体からスタートしていくはずだ。

そうして一〇年以上たった頃に、代議できる人たちによって国政のトップを選んでいくというスタイルに変わってゆくだろう。いわゆる互選である。ここからさらに長い時間をかけて、普通選挙に移行していくという流れだ。

アメリカは、人権だ、民主主義だ、と声高に叫ぶが、経済発展が今の中国と同じレベルだった頃の自分たちはどうだったか。人権も民主主義もなかったのである。中国は、自国の中で、発展の遅れた田舎を搾取し植民地化しているが、アメリカはアフリカを搾取し、人間を奴隷として連れてきていた国である。土地を持って納税している人しか選挙権を与えられなかった時代もつい最近まであったし、全州で女性の参政権が認められたのは二〇世紀になってからだ。公民権法が成立したのは一九六〇年代。アメリカは、今の中国よりひどかったのだ。

したがって、中国はこのまま経済発展をしていって、「中進国」(一人当たりＧＤＰが五〇〇〇ドルのレベル)くらいになってきてから、徐々に民主主義に移行していくはずである。

最後に軍の問題だが、国家というものは元来、国粋主義と自由経済主義の間を揺れるものだ。アメリカは二〇〇一年九月一一日以降、国粋主義になってしまった。そしてほとぼりが冷めると、また自由経済主義にもどる。どこの国でもそうなのである。

中国はずっと国粋主義で来たが、現在は次第に自由経済主義に傾いてきている。しかし、大きな問題が起これば国粋主義に戻る。特に連邦制化が進んでくれば、この振幅の幅はグッと広くなってくる。

だからいくら中国の自由主義経済化が進んできているといっても、国粋主義に戻ったときにも備えられる安全弁のように軍を整備しておくはずだし、当面は軍事力を大きく削減することはない。

それに、約三〇〇万人の人民解放軍は七つの大軍区からなっているが、この大軍区同士の仲があまりよくない。だから中国共産党は、しばらくは軍隊に対しては強権発動を確保し、一枚岩を維持させないと危険なのだ。大軍区同士が衝突する可能性はゼロではない。

例えば天安門事件にしても、実はあれは内戦だったと言われている。学生の暴動をきっかけにしてはいるが、これに対して出動するかしないかを巡る軍隊同士の意見の対立が事件の底流にあった。結局は軍内部で意見が分裂し、クーデターを仕掛けあったというのが天安門事件の本当の構図だ、という分析もある。

ところが、学生が餌に使われたため、アメリカはまんまと民主化運動と錯覚してしまった。CNN的に言えば、「学生が戦車に轢かれるなんて」という反応になったのだが、これは本質とはまったく関係がなかった。本質は、軍内部における内戦だったのだ。こうした内戦の可能性は、中国においてはまだ無視できない。

しかし一方で、軍がスポイルされているというのも事実である。

現在、軍隊の維持費用は国家予算だけでは十分に賄えないので、軍自身が公然と商売をして稼いでいる。例えば中国国際信託投資公司（CITIC）という企業は空軍直営公社で、ベンツの最大のディーラーである。人民解放軍は商売利権を確保して、いわゆる産軍複合体的に、関連企業、傘下企業を使って自分たちの維持費用は自らの手で稼いでいる。輸入業から製造業、ディストリビューターからサービス業まで幅広く手がけている。この状況は、すでに一〇年前には始まっていた。

だから商機に目ざとい中国の軍の要人は、海外の事情にも詳しく、啓発されてもいる。

ただ軍人の給料が安いため、士気の低下は問題だ。中国で、軍事施設近くの駐車場で休憩していたりすると、制服を来た兵士が寄ってくることがよくある。彼らは「これ、買わないか？」などと言いながら、軍用の赤外線暗視双眼鏡を抱えてきたりする。つまり上層部はベンツを売ってピンハネし、下級兵士は軍需品を横流しするという構図なのだ。

こういう状況では、軍隊の一枚岩がいつまで保てるかわからない。巨大な人民解放軍をどうコントロールしていくかというのは、今後の中国が抱える大きな問題だ。


ここまで私は、中国政治体制の見通しについて述べてきた。なにも大胆な予言をするつもりはないが、こういう方向に動いているのは事実である。

先にも触れたように、私はソ連の崩壊を予想したことがある。経営の世界でいうシナリオ・プランニングの手法を使って分析すれば、こうした答えは自然に導き出される。この手法を今の中国に当てはめると、私が述べてきたようなシナリオが浮かび上がってくるのだ。

二〇〇一年七月一日の江沢民の演説を聞いた中国人は、皆「おやっ」と思ったはずだ。日本の新聞ではベタ記事程度の扱いだったが、共産主義中国において、資本家の入党を認めるというのはやはり異常なことだ。

日本はかなりいい加減なところがあるので、憲法九条もずっと誤魔化しながら掲げている。中国もこの一〇年間、一国二制度と誤魔化しながらやってきた。しかし中国は、日本とはくらべものにならないほどイデオロギーがしっかりしている。そのため、このロジックの耐用期限がついに切れてしまった。そして、次の段階へジャンプする寸前まで中国は来ているというのが、私の予想だ。胡錦濤ではそれをできない。やれるのは江沢民だけなのだ。

第4部

日本経済はどこへ向かうのか

第8章◆日中関係の行方

❶——中国における日本の存在感

軽視される日本

中国にとって、日本とはどのような存在なのだろうか？

実は中国は、経済的には日本に対する依存度が一番高い。日本から機械と基幹部品を輸入し、加工して輸出をしている。輸入する部品は日増しに少なくなってきているものの、依然として一位。かつ輸出では三位で、輸出入の総和では、日本は中国にとって最大の貿易相手国だ。しかし中国人の意識の中に、日本は存在しないと言ってもよい。

アメリカ人に日本人のイメージを尋ねてみれば、「非常に働き者で、いい商品を作っていて、テクノロジーも進歩している」と、わりと好意的で新しいイメージが出てくる。もはやパールハーバーの印象もないし、戦争をした時の憎しみを言う人も少ない。「侮り難い」というような尊敬の気持ちすらある。最近は悪いニュースが多いので、「日本よ、どうしたのか」という思いはあるだろうが、アメリカ人の日本観は、相対的にプラスのイメージが多い。

これに対し、中国人が日本人に対して持つイメージの特徴は、「小さな民族」というように、

図表 8.1　中国の主要貿易相手国(2001年)

貿易総額(輸出+輸入)

順位	主要貿易相手国	貿易総額(10億ドル)	シェア(%)
1	日本	87.8	17.2
2	米国	80.5	15.8
3	香港	56.0	11.0
4	韓国	35.9	7.0
5	台湾	32.3	6.3

輸出

順位	主要輸出相手国	輸出総額	シェア(%)
1	米国	54.3	20.4
2	香港	46.5	17.5
3	日本	45.0	16.9
4	韓国	12.5	4.7
5	ドイツ	9.8	3.7

輸入

順位	主要輸入相手国	輸入総額	シェア(%)
1	日本	42.8	17.6
2	台湾	27.3	11.2
3	米国	26.2	10.8
4	韓国	23.4	9.6
5	ドイツ	13.8	5.7

中国対外貿易経済合作部資料よりOhmae&Associates作成

非常に矮小化されている。彼らの日本観、日本人観には、プラスのイメージがほとんどない。要するに「大国としての日本」「技術先進国としての日本」「資本輸出国としての日本」「われら中国の成長に欠かせない日本」という認識がどこにもないのである。「外務省よ、何をしている」というのはまさにこのことだろう。

これは、香港に行っても同じだ。香港の最大の経済的パートナーはやはり日本だ。日本は香港の繁栄のために、かなり骨を折って発展を支えてきた。シンガポールに対しても同様に協力してきた。ところが、彼らの中に感謝の念はほとんどない。日本という国が、彼らの意識の中に存在しないのである。

シンガポールなどは、デパートから何からほとんど日本の資本である。日本企業が彼らを信頼して進出していったからこそ、経済的に栄えた。しかし、シンガポール政府の指導者と話をしていても、日本に対する感謝の意識はほとんどない。香港もシンガポールも、自分たちで勝手に栄えてきたような顔をしている。

中国での事情はさらによくない。それは非常に徹底した「日本と日本人を見下す教育」「日本は脅せば何とでもなる国という教育」が施されているせいで、そこから生まれる日本人に対するイメージがプラスになることは絶対にない。日本もまた、中国にはいいイメージを持っていない。「ずるい」「生意気だ」という印象が強いのが事実である。

これから先、だんだんとジオポリティクス、すなわち地政学的な問題に入ってきたときに、日本と中国の関係が相当深刻な事態になることは避けがたい。

政治家が作り上げた卑屈な対中関係

政治のレベルで日中関係について触れると、まず日本側から見れば、中国はODAの対象国である。しかも、最大の対象国だ。しかし、日本の政治家たちがやっていることと言えば、ODAの窓口、エージェント役であり、せっかく日本のプレゼンスを発揮するチャンスなのに、単なる運び屋に成り下がっているのである。これが日中関係に悪い影響を及ぼし、非常に卑屈な関係を作ってしまった。

つまり彼らは、中国に対して本音を言っていない、日本の気持ち、日本人の気持ちを言っていない。中国にはそれを見透かされて、「ここに橋を架けてくれ」「あれやってくれ」「これやってくれ」と言われるままに、中国全体から見るとほとんど影響のないような事業にもお金を出してきた。

したがって、極めて卑しくて、自説も言わなければ主義主張もない。そういうレベルの人たちが、日本の大物政治家と呼ばれる人種の大半を占めていた。特にこの二〇年くらい、田中角栄以降はそれが顕著だった。

それが高じて、中国の政治家は日本の政治家の足元を見るようになった。政治レベルでは、尊敬する対話をした人はいない。中国の政治家から見ると、日本の政治家はマイナーリーグのレベルで、主義主張さえ持っていない。たいていが言いなりになる。そういう認識になっているのだ。

向こうの政治家にすれば、「自分たちの国造りのために利用できるのだったら、日本を利用してしまえ」という話になってくる。自国民に対して「日本にこれだけお世話になっています」と積極的に言う必要もない。日本からそれを要求してくることも一切ない。こういう状況が今日まで続いてしまっている。

アメリカは常にイデオロギーを出して、「民主化が足りない」「人権を抑圧するな」「法輪功を弾圧するな」といろいろ注文をつけてくる。そういう原理原則を、日本から援助先の国へぶつけたためしがない。

行政も政治の生き写しだ。だから、シイタケ、長ネギの輸入増ぐらいで驚いてしまうのである。あの程度の問題ですら、もはや官僚たちには取り扱えなくなってしまっている。アメリカとは半導体や自動車でやりあってきたのに、中国との関係では枝葉末節なレベルに拘泥し、逆に報復をされたら、驚いて引っくり返ってしまう。行政においても、中国との対話では信じられないぐらい稚拙で小粒なのだ。

ほかに中国との間にあるのは残留孤児の問題だが、これに関しては日本側が「お世話になりました」という話だけだ。その他には、ほとんど行政同士での関係はない。

中国での存在感薄い日本企業

では、民間レベルということで一般企業はどうか。こちらも、中国での展開はできるだけ静かにやったほうがいいから、中国の国民世論形成に影響するような企業はどこにもない。

例えば、香港人は日本のことをまったく意識していない。夜景が有名な香港島と九竜半島の間の海峡には、どちら側から見るかにもよるのだが、ネオン広告が一五くらいある。そのうち八つは三洋やキヤノン、シャープ、東芝といった日本の会社で、アメリカの会社はまずない。ヨーロッパ勢ではノキアなどがある程度で、これに関しては日本が圧勝している。

ところが、毎夜日本企業のネオンサインを見て育っているのに、香港人の中に日本の存在感はまったくない。日本なくして香港の生活は一瞬たりとも成り立たないはずなのに、である。実際に香港に進出している日本企業を見ていれば、その思いはなおさらだ。香港返還を前に皆が逃げ出しているときでも、日本企業だけは逃げ出さなかったのだから。

ところが、日本は彼らの認識の中にはない。中国も今ちょうどそういう状況である。これだけ一生懸命投資をして、これだけ多くの会社が移転して、中国の発展を日本は相当助けている。最先端の技術も持ち込んでいるし、最先端の機械も売ってあげている。それでも、彼らからの感謝の念はゼロなのである。

日本における中国人のイメージも決してよくない。「職を奪う」「洪水のようにやって来る」という、かつてアメリカが日本に対して持っていたあのイメージと同じだ。企業に対するアンケート調査の結果を見ても、およそ半数が中国製品に脅威を感じている。緊急セーフガードの騒動を見ていると、それが歴然とわかる。かつてのアメリカの対日ヒステリーと同じことを、日本も中国に対して起こしているのである。二〇年前のアメリカに対して、われわれが日頃言っていた主張はどこへ行ってしまったのかと嘆きたくなるほど、惨めな状況なのだ。

今の中国と日本の関係は、決して健全ではない。だから「やがて中国の崩壊がはじまる」という言葉を聞いただけで喜んでしまう。日本人は潜在意識の中で、そういう言葉が聞きたいのである。

しかし、それは一〇〇年前のイギリスがもったメンタリティーと同じだ。イギリスはアメリカの発展ぶりを見て、悔しくてしかたなかった。宗主国イギリスが、GNPでアメリカに追い抜かれる。アメリカの通貨がどんどん強くなってポンドを抜き、ポンドはズルズル下落していく。そういう逆転の瞬間が一〇〇年前にあったのだが、その時イギリスで支持された論調というのが、「やがてアメリカにも限界が訪れ、経済の崩壊が始まる」というものだった。

当時のイギリスは、事あるごとにアメリカの問題点をあげつらう一方で、アメリカが自分からつまずいて引っくり返ってくれることをひたすら願っていた。現実には、やがてイギリスの崩壊が始まり、元気のいい人や企業がどんどんアメリカに移住する一方、残った人たちはアメリカの欠点を口に出す勇気もなくなってしまった、という歴史がある。今の日本人の中にある中国に対

図表 8.2　日本企業の中国製品流入の受け止め方

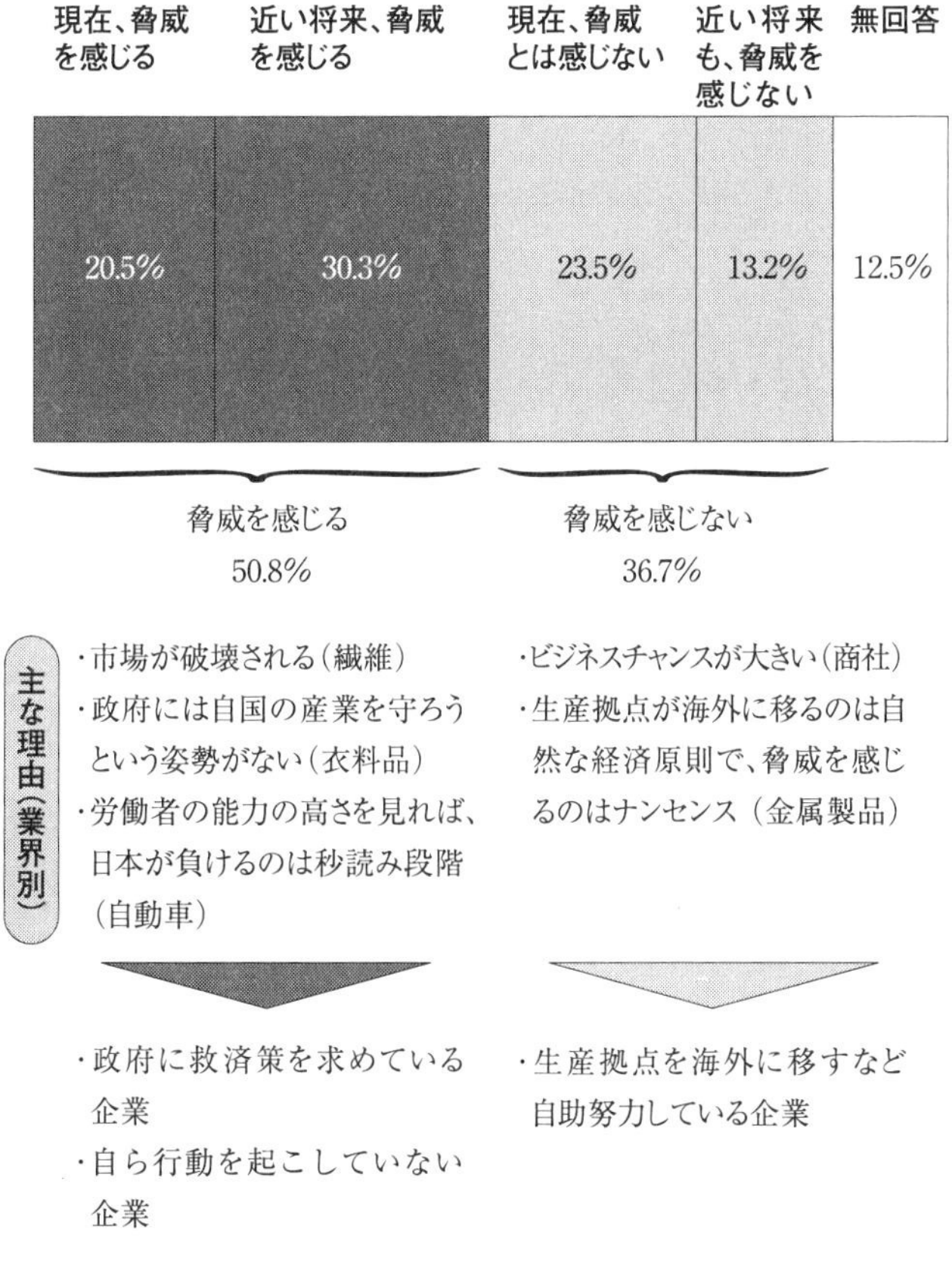

現在、脅威を感じる
近い将来、脅威を感じる
現在、脅威とは感じない
近い将来も、脅威を感じない
無回答
20.5%
30.3%
23.5%
13.2%
12.5%
脅威を感じる
50.8%
脅威を感じない
36.7%
主な理由（業界別）
・市場が破壊される（繊維）
・政府には自国の産業を守ろうという姿勢がない（衣料品）
・労働者の能力の高さを見れば、日本が負けるのは秒読み段階（自動車）
・ビジネスチャンスが大きい（商社）
・生産拠点が海外に移るのは自然な経済原則で、脅威を感じるのはナンセンス（金属製品）
・政府に救済策を求めている企業
・自ら行動を起こしていない企業
・生産拠点を海外に移すなど自助努力している企業

注：2001年4－5月に大企業中心に2,690社対象として調査、1,011社回答（日本貿易振興会調べ）

出典：朝日新聞2001年8月26日

するメンタリティーは、当時のイギリス人が抱えていたメンタリティーにかなり似ていると言える。

❷——一〇パーセント国家への転落

日本はやがて中国の周辺国となる

歴史を学ぶことはきわめて重要だ。なぜかというと、中国に起きている新しい現象も、まったく予測不能ではなくなるからだ。似たような傾向、似たような例が歴史の中には結構ある。

今の中国、つまり事実上の中華連邦が、世界史へ登場したのは一九九八年以降、この数年のことだが、これは前に触れたように、一〇〇年前にアメリカが世界史に台頭しはじめたのと同じぐらいのインパクトがある。私はそういう歴史的な位置付けをしている。

今後中国がスムーズに伸びていくかと言えば、必ずしも道は平坦ではないだろう。しかし、アメリカの国力は宗主国イギリスを上回ったし、イギリスが抜き返すことは、少なくともわれわれが生きている間にはない。

同じように中国が今後、紆余曲折はあるにしても、世界の中で有力な国家、特にアメリカとへゲモニーを二分するような国家になっていくのは間違いない。そして、私がもっとも危惧していることだが、日本は下手をすると中国の周辺国家に成り下がってしまう可能性があるのだ。

周辺国家というのは、つまり「一〇パーセント国家」という存在である。アメリカに対するカナダ、ドイツに対するデンマークやオーストリア、そういった関係の国家のことだ。

中国の人口を見ると一二億人で、日本は一億二〇〇〇万人。一人当たりGDPがイコールになれば、日本は中国の一〇パーセント国家になる。そうすると日本は、「アメリカに対するカナダ」「ドイツに対するデンマーク」というイメージに似てくる。

韓国は四〇〇〇万人の人口があり、日本の三分の一だ。日本に対して韓国は三分の一国家で、これは一〇パーセント国家よりももう少し影響力がある。一〇パーセント国家と言えば、相手国から見てほとんど積極的な定義ができないような存在である。

ドイツに対するオーストリアを例に取れば、人口が六〇〇〇万人対六〇〇万人だから、まさに一〇パーセントだ。想像してみればそのイメージがわかるだろう。かつてのソ連に対するフィンランドの関係というのも、ちょうどそういう感じだった。中立を維持しながら漁夫の利を得ようという処世術を身につけなければならなかった。旧ソ連より技術も進んでいたし、いいところをたくさん持った国なのに、そう振る舞わざるをえなかったという点が、まさに一〇パーセント国家の悲哀である。

中国がこの調子で伸びていくのを止める方策は、日本にはない。なぜかというと、中国は各地域がバラバラに伸びているからだ。国全体が一丸となって伸びているなら、一つのつまずきで、例えば日本のように不良債権という一発の爆弾で、国全体が引っくり返るということもある。その脆さが、まさに中央集権のアキレス腱だ。ところが、中国のように地域ごとにバラバラになっている国が、皆足並みを揃えて転ぶということはまずない。

例えば政情が乱れて、北京がとんでもない政府になったとする。そうなればメガリージョンごとにどんどん独立して「道州連邦」化し、各地域が勝手に動き出すだろう。これは中国の歴史を振り返ると、取り立てて珍しいことではない。統一されていた期間より、分裂していた期間のほうが長い中国では、歴史的によく見られる行動原理なのである。

つまり、北京が弱ければ弱いで地域ごとに勝手に発展していくし、北京が強ければ強いで、うまく競争させ、かつバランスを取りながら巧みに連邦国家を操縦していくだろう。だから中央政府がどうあれ、力を伸ばしていくという結果はあまり変わらない。

縮小均衡では満たされない日本経済

このような中国では、国家が解体するという悪いシナリオでさえも、中国人にとっては決してマイナスにならないし、日本やアジア諸国には甚大な影響を与える。逆に、日本には悪いシナリオがさらに悪くなる可能性がたくさんある。

日本は、主要国の中で唯一残った中央集権国家である。ソ連は消滅したし、中国はバラバラになって、実質的に連邦制になった。大きな国で中央集権をきちんと維持しているのは、インドネシア、フランス、そして日本だけである。しかし、インドネシアは統治機構の限界を如実に国内外に示し始めている。また、フランスがこれから急激に発展していくというシナリオを描いている人は、世界のどこにもいない。

幸いにして、フランスは中央集権国家でありながら、EUができたために、フランス自体が中央集権かどうかはあまり意味がなくなってしまった。EUという仕掛けの中では、国家というたががはずれてしまい、通貨さえ出せないし、軍隊もNATO軍が中心になる。

フランス自体は、中央集権の悪いところを改めていないのだが、EUの枠の中に入ったことで、それはあまり関係なくなってしまったのだ。すでにアルザス・ロレーヌという単位が出てきて、南フランスという単位も出てきて、そしてパリ特別市が出てきて、というように、中央集権でありながら、実は現在、著しい地域化が進んでいる。それはフランスの政策のせいではなくて、EUの仕掛けの中で進んでいる。これが国境なきEUの本質である。

したがって、日本のような際立った中央集権国家は、もう世界に例がない。なぜなら、すでに時代に合わないからだ。国境なき経済、ボーダレス経済においては、いかに中央集権であっても、さまざまな形で裏側からお金が流れ、技術が漏れ、企業がこぼれていってしまう。ボーダレス経済のこの時代には、中央集権制を維持していくには莫大なエネルギーを必要とするのだ。

日本が曲がりなりにも中央集権制を維持できているのは、巨額の資金を使って各地を掌握しているからにほかならない。日本は軍で掌握せず、お金で掌握してきた。税金や国債の発行で集めたお金を地方にばらまくことで、中央集権を維持しているのである。ところが、このお金が徐々になくなってきているので、中央集権も夕ガが緩むときがくるかもしれない。しかし今のところ、際立った独立運動もないし、逆にまだまだ中央からむしり取ろうという、志の低い地方ばかりだ。だから、しばらくは中央集権が続くだろう。

中国において、世界中から富を呼び込むという、メガリージョン同士の健全な競争が始まっているときに、日本は世界中から富を呼び込むのではなく、子孫から富を借りてきて使っている。国債、地方債、特殊法人の隠れ負債という形で膨れ上がった国民の借金のことだ。これが日本のパターンで、ここには競争が生まれないから、ますます成長のスピードが落ちてくる。

これは統治機構の差からくる問題であって、民族の優劣などという以前の問題である。日本の問題を一言で言えば、中央集権という管理機構が、ネットワーク型の二一世紀の社会に合わなくなってきているのだ。

こうしてわれわれがもたつく間に、中国はアメリカ型の発展をしてしまうだろう。下手をすると、日本は一〇〇年、二〇〇年、三〇〇年とズルズル衰退をしていったポルトガル、スペインのパターンに陥り、反転のきっかけすらつかめなくなる可能性がある。それは、世界で一番高齢化のスピードが速く、二〇二五年には四人に一人、二〇五〇年には三人に一人が六五歳以上の高齢者になることからもわかる。ここ数年で反転の機会をつかまなければならない。もしこのタイミングを失すると、そうした「気概」がもはや一〇年後の老衰国家には残っていない可能性が高い。

　他方、中国はアメリカを一つの目線に据えてどんどん発展していく。はたと気付いたときには、日本は一〇パーセント国家の悲哀に打ちひしがれなくてはならなくなっている。

　とはいえ、一〇パーセント国家だからといって、単純に卑屈になる必要はない。例えばスイスとドイツの関係は、ちょうど一〇パーセントである。ドイツが六〇〇〇万人でスイスが六〇〇万人だ。それでもスイスは、依然として高い生活レベルを有し、世界に誇るべき医薬品会社やネスレのような巨大企業もある。一〇パーセントだからといって、ドイツと比較して屈辱を感じる必要はまったくない。

　しかしドイツにくらべれば、その国力から見て、スイスの存在感は明らかに軽い。個別に見れば非常にいい生活をしていて、誇りを持っている会社もたくさんあるが、ヨーロッパでの主導権はいつもドイツが握ってしまう。一〇パーセント国家というのは、そういう立場になることだが、小さな国でも幸せにやっていこうという生き方は確かにある。

　ただ日本にとっては、その生き方は参考にならない。一〇パーセント国家の生き方は、今の日本の胃袋からいえば、とても間尺に合わないからだ。世界中のマーケットをほしいままにし、輸出で荒稼ぎして、世界中のありとあらゆる資源を輸入しまくってきた国である。日本はこの膨大な食欲を満たすために、世界中のマーケット、世界中の資源を必要としている。スイスの生き方が、そのまま日本の手本にはならないのである。

日中経済の逆転で爆発する中国への嫌悪感

世界第二の経済大国という巨大な骨格を持つ日本が徐々にシュリンクし、隣で中国が急速に伸びてくるという逆転の構図。その中でできてくる「大国」と「一〇パーセント国家」の関係は、それほど幸せなものではない。したがって、日本と中国の関係は決して良好にはならない。

まず日本は、中国との関係をよしとせず、何か口実を見つけては相手を非難し始める。おそらく中国はそれを無視するだろうが、どうしても日本に歩み寄らなければならない事態になれば、勝ち誇ったような態度の日本に叩かれるだろう。こういう、かつてのアメリカと日本が演じた貿易論争の時のように、日中関係にも不健全な部分が出てくるのではないかという気がしてならない。

第一に、互いの国に対する一般的なイメージが、決して良くない。平均的な日本人は、中国に対して経済的に見下した感情をまだまだ持っている。

こうした実態を反映しないイメージが、お互いの意思の疎通を阻害している。経済力から見れば、子供くらいの存在だと思っていた中国が、急に図体も大きくなりだした。結構成績のいい息子だと思っていたところ、いつの間にか自分より背が高くなり、急にのさばりだして親子げんかが始まり、「お前なんか親だと思っていないぞ」と噛みつかれてしまう。日中間の議論はこういうパターンになってくるのではないか。私にはそう思われてならない。

名前を挙げて申し訳ないが、「文藝春秋」や「SAPIO」といったタカ派的な雑誌では、中国をよく書くことは、まずない。田中眞紀子や野中広務といった政治家は中国をよく言うが、これは彼らなりの下心があるからである。平均的な日本人が持つ中国のイメージは、やはりよくないのだ。

同様に、平均的な中国人が日本に対して持っているイメージも悪い。彼らにとって、日本は邪悪な国なのだ。だから、中国側が最初にやらなければいけないのは、中国の若い人たちに教えている日本観を改め、教科書を書き直すことだ。

韓国の教科書も私から見れば、日本については偏った記述が多い。しかし、実際には日本の情報が大量に入ってくるので、かつてにくらべればバイアスが減り、若い人たちは割合正確なイメージで日本を理解するようになっている。それでも、例えば小泉首相の靖国参拝では揉めてしまう。その素地には、傷痍軍人が中学校の教室で、かつて日本軍に釘を打ち込まれた傷跡を見せたりするような、生々しい教育がある。だからいざというときに、どうしても反日感情が爆発するのだ。

国連中心主義が日中関係の最大の障害

中国も戦時中の日本について、極悪非道のごとく教え込んでいる。しかし中国人が抱いているのは、反日感情ではなく「侮日感情」である。

反日感情を強く持っている韓国人は、日本をバカにすることはない。反感を持っているというのは、劣等感の裏返しでもあるのだ。「あの繁栄はだれが作ってやったと思っているのか。俺たちが植民地として犠牲になってやったから繁栄したのではないか」。韓国人の意識の底流にはこういう思いがある。だから韓国は、反日感情は持っているけれども、侮日感情は持っていない。

ところが中国の国民が抱いているのは、例外なく侮日感情である。日中間に横たわるこの溝を埋めていくためには、やはり中国の今の教科書や、全体に浸透してしまっている「見下すべき小さな国」というイメージそのものを直さないといけないだろう。

ところが中国の指導者たちにこの話をすると、「それは話が逆だ。日本がいまだに靖国参拝を止めたり、軍を放棄したりしないから、われわれもいろいろ注文をつけるのだ。日本はまだ悔い改めてない、反省が足りないと思うから、言い続けている。日本が態度を変えたら、われわれも認識を変えるのはやぶさかではない」――こういう言い方をする。

私から言わせれば、話が逆だ。「日本の軍事力にくらべたら、後ろのほうで核開発をし、さまざまな軍事作戦を展開している中国の軍事力をどう説明するつもりか。それだけの武力を持っていながら、日本が武装しているから危険だと言う必要があるのか」ということになる。

しかし、日本がこれを主張しだすと、最後は水掛け論になってしまうのが目に見えている。結局は「われわれは戦勝国で、おまえたち日本は敗戦国じゃないか。安全保障理事会の常任理事国メンバーになりたかったら、少しは言うこと聞け」という話になってしまう。この議論はどこまで行っても平行線だ。

なにしろ中国は、安全保障理事会の常任理事国で拒否権を持っている。日本を含めた常任理事国拡大の議論がなかなか進まないのは、中国が拒否権をちらつかせるからだ。常任理事国が持つ拒否権の力は圧倒的で、安保理において五つの常任理事国のうち一国でも反対したら議案は否決されてしまう。

戦勝国として、台湾の国民党政府が常任理事国に入っていた時代はまだよかった。しかし台湾を押しのけて現在の中国が常任理事国になったあの時、日本と中国の勝負がついてしまったとも言える。日本が国連で認められたいと思ったら、中国に対して土下座しないといけなくなってしまったのだ。

以前から私は、国連をいったん解体して新しい機関を作ろうと主張している。その理由は、今の国連を踏襲するかぎり、戦勝国と敗戦国という関係がどうしてもつきまとってくるからに他ならない。だから小沢一郎が国連中心平和外交などと主張することに非常に疑問を感じる。現在の国連中心のやり方をしているかぎりは、日本と中国のこのポジショニングは（そして日本とアメリカとの関係も）絶対に改善されない。

ニクソン・ショックで、中国は日本の頭越しに安保理の常任理事国の仲間入りをし、国際舞台に復帰してしまった。この瞬間、日本は、国連中心でやるかぎりにおいては、中国に敗戦国として振る舞わなければならなくなった。この牢固な鋳型が日中間にできあがってしまった。これが日本と中国の間に横たわる、きわめて難しい政治的な現実なのだ。

第9章◆対中関係の切り札・地域国家戦略

❶——メガリージョンとは道州で付き合え

経済の相互依存体制

前章で触れたように、なかなかバラ色の展望が見えてこない中国との関係だが、われわれはこのまま関係が悪化するのを、ただ指をくわえて見ているしかないのだろうか。中国とより良い関係を築くにはどうすべきなのか。

私の考えはこうだ。東京vs北京という国民国家的構図から抜け出すことである。地域国家やメガリージョンとの付き合い方というのをもう一段深め、彼らが日本なしには立ちゆかないくらいの「相互依存体制」に持ち込んでしまえばいいのだ。

相互依存というのは、なかなかきちんと理解されていないが、「それを壊すとお互い経済的に大きな痛みが伴う」という関係だ。安全保障上の一番大切な概念で、軍備を増強して安全保障を高めるというより、経済的にインターディペンデンス、すなわち相互依存を高めていくほうが安全は確保できる。

ただし、そこまでいくには、日本は「日本国」「中央集権」「東京一極集中」というこれまでの発想をやめなければいけない。ある地域が中国のある特定の地域と非常に深い付き合いをするという、新しい考え方が必要だ。

これを現実におこなっている国がすでにある。シンガポールだ。この国は「中国」とは付き合っていない。蘇州と無錫、あとは広州とだけ付き合っている。シンガポールは華僑の国で、祖先が広州、広東省出身の人が多い。だから、広州とは広く付き合い、北のほうでは蘇州と無錫、この二つの都市とだけ集中的に付き合っている。

例えば蘇州、無錫には工業団地を造り、いろいろな投資をし、シンガポールの国内企業を現地に紹介してあげる。親密な地域にだけ飛行機が頻繁に飛び交い、人事の往来もあり、投資する地域も限定的で集中している。シンガポールでトレーニングを受けた役人たちが、そういう地域にはいっぱい帰ってきている。この関係が非常に深い。

するとどういうことが起きるか。広州や蘇州、無錫の経済はシンガポール抜きでは考えられなくなる。人的な交流があるから、お互いの地域をよく理解している。この強固な関係の中で経済が循環するから、両者のどちらが欠けても繁栄が成り立たなくなる。まさに抜き差しならない関係であり、小国シンガポールにとっては、大国中国とのクレバーな付き合い方なのである。

翻って日本を見たとき、あの広大な中国と丸ごと付き合っていると考えているなら、それは錯覚だ。日本は、東京と北京に枢軸を作っただけである。これは、「中国と付き合っています」と口で言っているだけで、私の言っている新しい実態から見ると、あまり意味がない。

私が言いたいのは、日本も道州連邦化し、その道州が中国の一つか二つの地域と極めて密接な付き合いをするべきだということだ。これが、これからの中国と付き合ってゆくうえで、非常に有効かつ唯一のやり方なのだ。

新しい対中関係構築は時間との勝負

中国を地域としてとらえる経済戦略を考えた場合、幸いにして日本はまだ有利な位置にいる。現在の時点で道州制を取り入れれば、まだ日本の経済はその巨大さが光るからだ。

例えば上海経済圏一つを取っても、まだ韓国よりは経済規模が小さい。その韓国経済は、九州の経済と同じ大きさである。だから、九州を一つの単位としてみれば、GDP的には長江デルタの経済規模より大きい。同様に四国の経済規模は、長江を除く中国のほとんどの地域より大きい。

関西経済にいたってはさらにそれを上回っている。大阪と京都、奈良、和歌山、滋賀に兵庫の二府四県で人口は約二〇〇〇万人だが、GDP的にはカナダより大きい。ということは、関西経済だけでもG7に入れるほどの大きさなのである。

この大きな関西圏が中国の特定地域と深く付き合い始めたら、相手は「ありがたみ」をひしひしと感じることになる。なぜなら、そのこと自体が、他の中国のメガリージョンに対する圧倒的な競合優位性につながるからだ。

今、富山県は遼寧省と深く付き合っている。直行便も飛ばしている。だから、遼寧省に行くと富山県のことを古くからの友人のごとく語る要人が多い。東京の人にはできない芸当だ。こうした地域単位で中国のそれぞれの地域と付き合い始めると、かなり明確に影響力を出すことができる。

ちょうどこれから、台湾は福建省との付き合いが専門という関係になってくるはずだ。だから日本は、広東とどこを結び付けるのか、九州とどこを結び付けるのか、ということを考えていかなくてはならない。組み合わせができてきたら、飛行機やフェリーが頻繁に行き交うようにして、緊密な相互依存体制というものを日本の道州別に作っていく。そういう発想が必要だ。

ところが今、日本がやっていることは、呆れたことに都道府県単位だけでなく、市町村単位といった小さな自治体単位ごとに友好関係を作り、ちょこちょこっとした付き合いをしている程度だ。広島は重慶と、横浜市は上海市（横浜港は大連港）と、富山市は秦皇島市（河北省）と市町村別にやっている。このやり方では、航空ルートの確立一つ取ってもうまくいかない。つまり、経済的なインパクトはゼロだ。姉妹都市なんかやっている場合ではない。大きなリージョン別のカップリング、結合というものをここで増やしていくのが非常に重要なのである。

日本の中国に対する最大の防衛は、負けずに「ユナイテッド・ステイツ・オブ・ジャパン（日本道州連邦）」を作り、「ユナイテッド・ステイツ・オブ・中華」と多面的な付き合い方を始めることだ。この種の付き合いは、三〇〇以上もある都市が勝手にやるのではなくて、日本側ももっ

図表 9.1　日本の道州地域の経済規模（2000年）

	国名	GDP（10億ドル）		国名	GDP（10億ドル）
1	米　　国	9,873	26	長江デルタ	234
2	ドイツ	1,871	27	ベルギー	229
3	英　　国	1,430	28	スウェーデン	227
4	首都圏道	1,429	29	北陸道	203
5	フランス	1,301	30	トルコ	200
6	中　　国	1,080	31	オーストリア	190
7	イタリア	1,077	32	北海道	185
8	関西道	772		⋮	
9	カナダ	711	35	香　　港	163
10	中部道	644		⋮	
11	ブラジル	594	39	四国道	127
12	メキシコ	575		⋮	
13	スペイン	562	44	東北三省	119
14	インド	473	45	珠江デルタ	116
15	韓　　国	458	46	ギリシャ	115
16	九州道	402	47	北京エリア	112
17	オーストラリア	380	48	イスラエル	110
18	オランダ	371	49	ポルトガル	107
19	関東道	354	50	山東半島	104
20	台　　湾	310		⋮	
21	アルゼンチン	285			
22	中国道	265	66	福建エリア	48
23	ロシア	251		⋮	
24	東北道	241			
25	スイス	239	73	沖縄道	32

注：日本の道州地域は推計値、2000年平均レート（1ドル=107円）で換算
資料：IMF、中国統計摘要、県民経済計算

と広い道州メガリージョン単位になって取り組むほうがいい。その関係の中で、国民感情が高ぶるのをなるべく抑えて、実利を取っていく。そして、中国を内包化しながら利用し、ユニクロのように巨大な日本の国内マーケットに対するアクセス力を高めていく。

だれが一番中国をうまく使ったかによって、繁栄する地域と、そうではない地域が出てくる。これからはこういうことになってくる。

できれば、日本から進出していく企業や工場も、自分のホームタウンと相互依存関係にある地域、メガリージョンに展開していくのがいい。そうなってくると、人的交流も増え、交通網が発達して、草の根的な、非常に深いレベルでの付き合いができてくる。

日本にとって最悪のシナリオは、東京対北京という固定観念にとらわれ、中国の実態が北京一極集中ではなくなっているのに気づかずに、あいかわらず北京の様子ばかりを窺ってODAを垂れ流し続け、そして中国からは侮辱され続けることだ。そしてついに、GDPでも貿易額でも、あらゆる面で追い抜かれるという事態に陥る。このシナリオはとんでもなく最悪だが、日本は悲しいことに九九パーセント、今はこの方向に進んでいる。

よいシナリオに沿って進むには、日本の統治機構が変わらないとダメなのだ。日本の統治機構は、四七の都道府県と、三三〇〇の市町村の単位だ。これでは、中国と付き合い始めるには細かすぎる。中国はメガリージョン化しているのに、これでは本気で相手にされない。

航空ルート一つ取っても、メガリージョン単位でいい。例えば北陸道なら、福井からも富山からも小松までは一時間だから、小松空港をハブ空港としてピカピカに磨き上げ、パートナーとなっている地域に頻繁に飛行機を飛ばせばいい。新潟からはハルビンに週三便、富山からは大連に週二便というようでは、観光か親善目的以外にはほとんど意味がない。

また、もし大連に一時間ごとに飛行機が飛ぶのだったら、瀋陽に直行便を飛ばす必要はなくなる。瀋陽―大連は一時間ごとに飛んでいる。あるいは鉄道もある。同じように、日本から蘇州に直行便が飛んでいなくても、上海まで一時間ごとに飛んでいれば問題ない。上海から蘇州まで高速道路を使えば一時間なのだから。

こう考えれば地域別に付き合うというのは、そんなに難しいことではない。中国の発展は、こういうメガリージョン単位で起きていることを理解すればいい。交通網や物流網が非常に整備されてきているから、要所となるスポット同士での頻繁な往来ができればいいのだ。

ただ広東のように広い所だけは、やはり香港、深圳、広州にそれぞれ立派な飛行場があるからすべてに飛ばしたほうがいいだろう。もし関西と広東のカップリングができるなら、関空からは、この三つの空港には頻繁に飛ばしたほうがいい。そうやって、付き合う相手は珠江デルタと決めたら、徹底的に珠江デルタと交流したほうが得なのだ。そうしたら東京は、もっぱら長江デルタと付き合ってもいい。

中国にはメガリージョンが六つある。内陸部まで考えれば、そういうメガリージョンがおそらく一〇から一二くらいになる。日本も、私が提唱している道州制になってくれれば、北海道、東北、北陸、関東、東京首都圏、中部、関西、中国、四国、九州、沖縄と一一の道州になる。沖縄は、九州と分けて考えたほうがいい。地理的、歴史的背景から見て、沖縄は福建省と密接な付き合いになるからだ。

これが確立できれば、北京が独善的に醸し出す日本のイメージはまったく意味がなくなってくる。理想的な地域国家的相互依存体制ができあがり、幸せな日中関係が築けるはずだ。

❷――アジアのEU化

道州制が呼び水となるアジアのEU化

この考えのように進むと、日本と中国の一〇前後の地域の間で、交通網や通信網、学生の育成といった幅広い面で交流が始まってくる。この関係が深まっていけば、自然にＥＵのようになり、イギリスとドイツの付き合い方のようになるだろう。

現在ではイギリスとドイツは、かつてのように互いに憎しみ合ってはいない。フランスとドイツでさえも憎しみ合っていない。それは国単位から、もっと小さいリージョン単位で付き合い始めたからである。かつてのようなボンとパリの、「中央」対「中央」の突出した付き合いはなくなってしまった。だから、憎しみは生まれてこないのだ。ステレオタイプのフランス人を、ステレオタイプのドイツ人がバカにしたりからかったりという構図は、もう生まれなくなった。

もう一つ例を挙げれば、イタリアでも北部の、ミラノを中心としたロンバルディアの三州は、ほとんどドイツ、スイスと変わらないぐらいの生活レベルである。しかしこれまでは「イタリア」という国として見られていたため、ヨーロッパの中では下に見られてきた。

この見方を改め、ロンバルディア三州という地域国家的に見てみると、ここには強い企業があるし、繁栄していて生活力は高い。ただし南イタリアは経済的に貧しい。ヨーロッパ諸国が抱いていたイタリアのイメージは、この南イタリアのイメージだった。それをイタリア全体がかぶっていたのである。

国が地域ごとにバラバラになってしまうと、このように地域ごとのいろいろな付き合い方が出てくる。そうすると、相手の国に対して持っていた古典的なイメージがだんだん突出したものではなくなってくる。日本も道州化すれば、東京対北京のイメージがなくなってしまう。中国人には日本に対する感謝の念がないと書いたが、こうなってくれば国民レベルで見て、「企業もお金も情報面でも、それから学生もお世話になっています」という気持ちが出てくるだろう。

このように、中国と付き合う最高のやり方、最大の防衛策は、一丸となったまま一〇パーセント国家の道を突き進むのではなくて、日本自身が一一州の道州になり、中国のメガリージョンとそれぞれ抜き差しならぬ関係を持つようになることだ。これによって、中国も変わる。突出した

「中国」という国家ではなくて、長江や珠江のメガリージョンというようにバラバラになり、日本も道州ごとにバラバラになる。

こう考えてくれれば、この関係のデファクトはEUにあったということに気がつく。つまり、日本や中国は「ヨーロピアン・ユニオン」ならぬ「AU＝エイジアン・ユニオン」、あるいは「EAU＝イースト・エイジアン・ユニオン」というものを構築し始める、という関係になってくる。

不安定なアジア通貨は投機家たちの格好の餌食

これは対中国だけの話ではない。

例えば、北海道が中国のどこかの地域と関係を深めようとしていたとする。しかし途中で「もう中国との付き合いはやめた。北海道はシベリアと付き合う」というようになっても構わない。

北朝鮮が今後どういう方向に行くかは予想しづらい部分もあるが、北朝鮮は人口が二〇〇〇万人あり、二つくらいの地域国家になる。韓国も最低三つ、多ければ五つくらいのメガリージョンができる。そういう地域と付き合うのだ。そうすると、まさにEAUというものが自然に形成されてくる。その大前提こそ、東京、北京、ソウル、平壌という中央だけの突出した付き合いをやめ、道州別に関係を深めていくということである。

ヨーロッパは、一九五七年のローマ条約調印以来、三〇年かけてECという統治機構を築き上げてきた。その流れの中で九三年、マーストリヒト条約によってEUを発足させ、二〇〇二年にEU通貨「ユーロ」の導入と段階を踏んできた。私は、いずれ世界中がそういう道を歩むと思う。

なぜかというと、アメリカも影響力を領土の周囲に伸ばし、一つの「アメリカズ」になりつつある。南アメリカ大陸の南端フエゴ島から北のアラスカまで、というブッシュ（父親）の構想が見え隠れしているし、アルゼンチンはどうもドル化しないと安定しないだろう。近い将来、これらの地域は実質的にドル経済圏の構成員としてみなされることになる。

ヨーロッパが長年の努力の結果一つのコミュニティーを作り上げ、アメリカも「アメリカズ」の形成に手を付け始めているときに、アジアがこのまま国家単位でバラバラだったら、いったいどうなるか。イングランド銀行を破産させかけたジョージ・ソロスの末裔たちが、とことんアービトラージをし始め、一つ一つの国ごとがヘッジ・ファンドや投機家の餌食になっていくだろう。アジアの通貨が不安定になれば、アジアの資金は逃げ道を求め、安定しているドルとユーロに向かう。こうなってくれば、アジアの通貨が全部投げ売りされてしまうだろう。

こういう状況まで想定すると、「アセア」と私が呼んでいるアジアの共通通貨、ユーロに匹敵する共通通貨の発想がどこかで出てこざるをえない。

共通通貨を実現させるには、国民国家が突出していてはダメだ。地域国家の集合体に生まれ変わらなければ不可能だ。残念ながら、中国のほうがいち早く、意識せざる改革によってそちらに動き始めている。日本が、このまま突出した中央集権国家として今の立場にいるかぎりは、アジアの国々も付き合いようがないだろう。

もしそうなれば、日本はむしり取られるだけむしり取られて、気が付いてみたら、国家としてのプライドを失って、二度と立ち上がれなくなってしまう。地政学的に見た場合、このまま行けば、日本にとって最悪のシナリオが浮上してくるのだ。

❸――日本に残された時間は少ない

地方独自の成長を阻害する日本の分配システム

日本が道州制になり、中国をはじめとする海外のメガリージョンと付き合い出せば、相手側の特色と合致するよう、日本の地域も変わっていかないとしかたがない。

日本の悲劇は、四七都道府県が総務省（旧自治省）を頂点とするばらまき行政で、ほとんど平板になってしまったことだ。どこへ行っても同じような空港があって、どこへ行っても同じような駅がある。地方は皆、新幹線の誘致と空港の拡大に一生懸命取り組んでいる。だから、日本には特徴ある地域が生まれない。

国全体が沈みだしたからといって、全体で浮上する方法をいつも考えているのが今の日本の姿だ。だから「小渕恵三経済戦略会議改革案二五二案」なんていうものが出てくるし、小泉政権では「骨太の改革」という分厚いものが出ている。

しかし、私に言わせたら、これらは骨太でも何でもない。骨太というなら一つの解決策だけでいい。なのに改革案としてたくさんのプランを書き連ねている。それはなぜかというと、皆で同じものを要求し、抜け駆けは許さず、同じだけ予算をもらおうという島国根性が染みついているからだ。こうなると、皆で手をつないで沈んでいくしかない。

万事がこの調子だから、日本では地方が突出できないのだ。例えば佐賀県に資金を出せば、福井県が「うちの県にもください」と言い出す。国はそれを断れない。

こんな例がある。ある地方で、冬でもソフトボールができる体育館が必要だといって建設したら、これが大いに当たった。それを全国に講演して歩く政治家がいるから困るのだが、これを聞きつけて仙台も申請し、青森も申請し、結局雪の降る地方はことごとく「冬でもソフトボールができる体育館」を申請しはじめた。しかも、その申請がみんな通ってしまうのである。

宮城県のある町でバッハホールが成功したといったら、日本じゅうにバッハホールができてしまった。今では全国になんと五〇〇ぐらいのホールがある。オーケストラや音楽家が増えていないのに、バッハホールばかり増えてどうするんだと聞きたくなる。日本はすべてがこのパターンだ。どこか特徴があると、みんなが真似し尽くすまでやってしまう。中央集権とは、まるで、特徴のない地方を造る機械みたいなもので、地域の特色が育ちようがない。

日本への投資を呼び戻すには

日本は、道州制にして中国と付き合い、かつまた国内にも世界中から企業を呼び込まないといけない。生産では中国に追い付けなくても、マーケットとしてはどこにも遜色をとらない巨大な経済力がある。このマーケットはそれなりに魅力あるのだから、外国からの投資を呼び込むためにも、やはり地域ごとに特徴を出していくというのが非常に重要になってくる。

アメリカを見てみると、例えばカリフォルニアには重工業がない。カリフォルニアは、ハリウッドを中心としたエンターテインメント産業と、ロッキードなどを中心とした防衛産業があり、州都サクラメント周辺は一大農業地区である。シリコンバレーができる前はこれだけだった。今は北部にITのメッカができたのだが、もともとカリフォルニアにはそういう特徴があった。

それから、五大湖沿岸は何といっても重工業だ。化学ではデラウェアなど、いわゆる東部の海岸地帯になる。シカゴになると食品産業が立ち並ぶ。シカゴの周辺は農業の集積地になっていたから穀物マーケットがある。マクドナルドのような大きな食品会社は、たいがい本社をシカゴ周辺においている。

シアトルにはボーイングがあったから航空産業。エレクトロニクスはシリコンバレーとボストンのルート128、それにトライシティーと呼ばれるノースカロライナの一地区。エレクトロニクスというとこの三つしかない。オイル関係なら全部テキサス、ルイジアナ、南カリフォルニアに集中している。

いずれにしても、アメリカは日本のような幕の内弁当的な、どこを見ても同じというふうにはせず、非常に特徴ある地域別の発展をした。あれだけ広大な国土と膨大な産業があるのに、すべてがクラスター化しており、個性がはっきりしている。

産業の特徴が深まってくると、世界中からそういう業種の会社が集まってくるから、ますます地域の特性が強まる。人材も集まってくるし、関連の部品やプロフェッショナルサービスなども参集してくる。

「均衡ある国土の発展」というのは本来、政策目的ではなく、地域同士が競争した結果であるべきなのだ。日本のようにこれを「目的」とし、皆でパイを分け合い、全体で活力を失って沈んでゆく、というのも珍しい。

つまり、日本はいまだに全体を復活させようとしている。しかしどこにも特徴がない。小泉改革のどこを探しても、地域のことは書いていない。「官から民へ」と「中央から地方へ」というスローガンを唱えながら、抜本的な道州連邦への移行などには触れていない。中国で突出した地域が生まれつつある今、地域が強烈な特徴を出していかなければ反転などできない。なぜかというと、世界中の投資家のショートリストに載らないからだ。

私は三〇年間もコンサルタントをやっているが、日本へ投資をしようと考えている会社は過去の経験を含めて一つもない。ロングリストにも載らないだろう。アジア本社をどこに置こうかという議論の中で、東京の名前が出てきたことはまず記憶にない。国際会議を開こうといったときに、東京が候補地になったことはほとんどない。

逆に中国は、自分たちの特徴をますます強く打ち出して、世界中から金と技術と人を呼び込もうという戦略に出ている。これが新しい工業地帯の持っている意味合いだ。だから、中国で成功した日本企業を取材すると、加ト吉はおそらく山東半島の話しかしないだろうし、伊藤園は福建省の話、マブチモーターは広東省の話しかしないだろう。それぞれの地域は、中国という一括りでは語れないし、またその地域には突出した特徴があるからだ。

では、日本は今後どうすればいいのか。

特徴の出し方はいくつかある。北海道ならこうだ。金融をメインにし、東京に時差を二時間つけて「日付変更線のあとで最初に開く市場は札幌」ということにする。こうすれば金融機関が世界中から集まってくる。

また、アジアで唯一のスキーリゾートとして生きるという方法もある。新千歳空港をアジアのハブ空港に磨き上げれば、アジアからアメリカに向かうときには、札幌で必ず乗り換えになる。そうなってくれれば、乗り換え客をターゲットにして、リゾート地として、夏の避暑や冬のスキー、温泉などが大きな産業になるだろう。こうなれば、金融とリゾートで北海道の繁栄は約束されたようなものだ。

私がこんなことを横から言っても始まらない。実際、このようなことをもう一〇年以上も前から提案しているのだが、車よりもヒグマが多い、と言われる地域に、公共事業で無駄な道路を造ることが優先される状況が今日まで続いている。それが現実だ。しかし冬になると、雪を見に来たアジアの人々で札幌の街は溢れている。

中国もそうだが、地域が本気で競争を始めると、数年でそれぞれの特徴が顕著になってくるものだ。中国でも山東省は、数年前までは何にでも手を出していたが、珠江や長江との競争の末、食品加工に特化する方向に向かってきた。これこそ競争の産物だ。何かに特化しなければ生き残れない。大連も、「間接業務のユニクロ化」をやれと刺激したら、日本語に対して急に興味を持ってきた。当たり前だ。そうでもしないと、長江デルタにかなわなくなってしまう。

競争こそが、特徴を生み出し、ショートリストに載る強みにつながる。日本はまだ競争が起こってないから特徴がない。特徴がないところに、誰かが「はい、割り当てます。九州はＩＴでいきなさい。北海道は金融へ」と言っても、それはほとんど意味がない。競争の中で、自分たちの手でそういう地域戦略を作り上げ、勝ち取っていくしかないのだ。

国滅びても都市は栄える

ショートリストに載るには、「あなたのところの特徴を一言で」と投資家から尋ねられたときに、即座に答えられる独自のものを持っていなければならない。それがなければ、投資家の目は別の地域に行ってしまう。地域が自力で考え抜いた末に、「売り物はこれだ」と発見するしかないのである。

そのセールスポイントができたら、投資をしてくれそうな人に対して、それを目の前で示さなければならない。こんな芸当がイタリアでは実感できる。「この町は」と特徴を訪ねれば、必ず一言で返ってくる。

例えばカルピという町なら「ニットです」と返ってくる。本当に街じゅうニットだらけなのだ。モデナならF1だ。ランボルギーニからフェラーリまで、全部ここで作っている。コモという町なら「絹織物ですよ」と言われるだろう。エルメスのネクタイやスカーフも作っている。「あれ、それはフランス製品じゃなかったのか?」と不思議に思うが、そんな疑問に彼らは「しーっ」と口の前で指を立てるだろう。知らん振りして、フランスのブランドであるエルメスの製品を作っている。

ことほど左様に、イタリアの町はそれぞれが世界の中で断トツの強さを誇っている。国は財政的に破綻しているのに、町はしたたかに世界を相手に切った張ったを演じている。これはもちろん、競争の結果に得た強さだ。三〇年前に、カルピに行ってニットの世界的な産地になると予想した人がいたかといえば、誰もいない。日本の繊維業に叩かれ、アジアから安いものが入ってきて、死にもの狂いで高級ニットに逃げていった。そうしたら、意外なことに世界の中心になってしまった。こういうものなのだ。

競争に晒されれば、生き残るために地域の特徴をたった一言のレベルに昇華させざるをえない。日本の道州も、競争させればきっとそうなるはずだ。これについていけない道州は衰えるしかない。しかしそれはそれで、意外に観光業が栄えたりする。何もないのが幸いすることもある。

アメリカでもそうだ。例えばニューハンプシャー州やメーン州あたりのニューイングランドでは、「一五〇年前のアメリカが生きている」というのが売り物だ。ここはまったく文明化からも工業化からも見放されている。工業化は繊維産業が盛んな頃になされたくらいだ。

その結果、街には古い歴史しか残らなかった。なにしろアメリカ最初の文明の地というのはまさにそのあたりだったのだ。だから一五〇年前のレンガ造りの鄙びた工場が、そのまま放置されている。それが今になって、内部をきれいにしてモールなどに化粧直しされていたりする。

またひとたび郊外に出ると、清教徒たちはこういう所で生活していたのか、と思わされるような風景がそのままの姿を今に残している。そしてこれが観光客を惹きつけているのである。夏は押すな押すなの大賑わいだし、秋は秋で紅葉がきれいだ。

モンタナ州なども、工業は衰えに衰えている。しかし、ジャクソンホールなどのスキーリゾートが有名だし、最近では映画の舞台となることも多く、これが観光客を惹きつけている。

「リバー・ランズ・スルー・イット」という、ブラッド・ピットが出演していたロバート・レッドフォード制作のフライフィッシングの映画があったが、これはモンタナのリビングストンという街が舞台だった。ここは、市長が消防署の職員や製材所の工員だったりする。フルタイムの給料を市長に払えないからだ。そういう街だからこそ、映画のロケ地にもなる。

こうなると、夏にはブラッド・ピットが映画の中でフライフィッシングをしていた場所などに、観光客が押し寄せるようになる。「マディソン郡の橋」もこうしたところが舞台だった。

だから中途半端で終わるなら、工業化なんかしないほうがいい。日本でも今、観光客が集まるところは、江戸時代を取り戻した馬籠や小布施、高山といったところだ。人工的なところがなく、江戸時代に戻ったような土地ばかりである。

山形などは中途半端に工業化が進んでしまっている。電車を降りてみると、不思議な感覚に陥る。山形や富山というのはもともと田舎なのだから、そこを訪れる人は田舎の風景を見たいと思うものだ。それなのに、「ありゃ、ここは静岡駅前かな」と思うような景色しかない。これでは何も特徴がないから、観光客を惹きつけるものがない。中途半端な努力なら初めからしないほうがいい。工業が徹底的に衰退し、落ちるところまで落ちたら、こんどは観光客が来る。豊かな社会では、観光だけでもきちんと産業が成り立つ。

日本の最大の不幸は、均衡ある国土の発展を目指したことだ。逆に言うと、特徴ある国土の発展ができなかった。だから、ショートリストに残らない。「日本」という国で一つの単位を構成してきたから、一つつまずいたら国全体が一緒になってひっくり返るという構造になってしまったのだ。

第10章◆日本経済のとるべき道

❶――日本企業の敵は中国の皮をかぶった日本企業

中国からの輸入急増の真相

日本は今、中国からの輸入が急増している。これを恐れるあまり、日本は中国脅威論で覆われてしまったようだ。

しかし、実はこれ、中国の企業が輸出しているわけではない。輸出元は、中国に進出した日本企業だ。つまり三洋電機であり、シャープであり、ソニーである。シイタケや長ネギも、全部日本の商社による開発輸入商品だ。だから、国内産業を脅かす犯人を捕らえてみたら皆わが子、というのが真実なのである。

中国企業には、まだ自力で日本市場のマーケティングをし、顧客ニーズをつかんで、日本で通用する製品を作り込むだけの力をもったところは少ない。

日本企業も、アメリカに進出した当初は、自分のブランドでは販売できなかった。例えばペンタックスのカメラはハネウェルというブランドで売られていたし、リコーの複写機はセービンの名で売られていた。全部現地のディストリビューターだ。そういう会社にカモられながら、ひたすらOEM供給をしていた。東芝ですら同様だ。そうしてだんだんと力をつけて、一皮むいて東芝になり、リコーになり、ペンタックスになりと、自前のブランドで売り込めるようになっていった。

トヨタや日産でもそうした苦労を重ねてきている。一九六〇年代の後半、私が学生として渡米していた頃は、日本車はカリフォルニアのハイウェーを走れなかった。なにしろ、ハイウェーをちょっと走ればオーバーヒートしてしまうのだ。

日本にようやく高速道路ができたのは、名神高速道路の開通した六三年のことだ。それまでは日本の自動車メーカーは、わざわざ車をカリフォルニアの高速道路まで運んで実験していた。そのうちやっと日系二世、三世を相手に「日本の車です。買ってください」と少しずつだが売り始めるようになった。

余談になるが、私は学生時代に、ボストンで最初にカローラを見て感激してしまった。留学する際に母親が持たせてくれた伊勢神宮のお守りを、「故障しませんように」とそのカローラに掛けてやったくらいだ。なにせ祖国を離れて三年目にして初めて見た日本車である。大いに感激してしまい、その後何回もそのカローラを見に足を運んだものである。

これが六九年の出来事だった。その後、石油危機が起き、日本車は燃費がいいということでバカ売れし、一定の認知を獲得するようになった。これが七三年である。この間、たった四年しかない。

私がコンサルタントになったのは七二年のことだ。それからは、日本企業の尖兵としてアメリカの市場調査をし、ニーズを読み取り、それを満たす商品開発をし、今度は価格競争をし、サービス拠点を作り、というように私もいけいけドンドンでやってきた。しかしそれでも、多くの日本企業がアメリカ全土をカバーするのに二〇年はかかった。

まず西海岸でトライし、その後、反日感情のあるデトロイトを避けて東に展開し、そして南に伸び、最後にいよいよ中西部デトロイトに攻めあがった。アメリカ五〇州のうち四八州を自分の足で歩いてマーケティング調査をしたのだ。こうやってアメリカを市場的に征服していくのに二〇年かかった。

このように、日本企業によるアメリカ市場への売り込みは、まさに血のにじむような苦労があった。こうした努力の末に、ようやくアメリカのニーズがわかりだし、市場にうまくはまる商品を作って売れるようになった。これが八〇年の、それも中盤以降だ。やがて円高になり、追い立てられて、値段のいい高級車のほうにシフトしていった。そういう軌跡だ。これはオーディオなど他の分野でも同様だ。

あの歴史を思い出すと、中国企業が独力で、いきなり日本市場にぴったりはまる商品を開発するということは考えられない。中国人の手で日本向けに作られた製品は、日本ではまだ受け入れられていない。国内の産業を悩ませている輸入製品は、すべて中国を利用している日本企業の手で送り出されたものなのだ。そうでなければ「メイド・イン・チャイナ」の味や品質は、日本の消費者の要求を満たせない。

当面は、中国は日本企業の言う通りのスペックで、日本向けに安くていい商品を作っていく。自分たちでマーケット調査をして、日本企業でも考えつかないような商品を開発し売り込むのには、どんなに早くてもあと五年や一〇年はかかる。

もっとも勢いに満ちて、「世界中にバンバン売り込んでやろう」と意気込んでいた時代の日本企業でも、人材が育ち、システムができあがるまでに最低一〇年はかかった。さらに成功を確認するには二〇年は必要になる。私は、さすがの中国でも、このプロセスを天才的に一足飛びにできるとは思わない。国際化というのは、どこの国でも、例外なく一〇年以上はかかるプロセスなのだ。

しかし逆に言えば、その一〇年間は、中国からの輸入は飛躍的に伸びてくるだろう。それも、日本人が先導してくる輸入だ。日本人が日本のニーズを彼らに伝え、彼らはそれにしたがってよいものを作る、という関係だ。

だがここで考えてほしい。日本人が恐れている中国からの輸入の急増とは、実は違った角度から見れば、中国大陸を使った日本人同士の競争の産物だ。つまり日本企業と競争しているのは、中国の企業ではなく、日本企業そのものなのである。

統計に騙されるな

これからの企業の優劣を分けるのは、「誰が中国を一番うまく使ったか」というポイントに大きくかかってくる。もちろん「誰が」という部分が、欧米企業の場合もある。そのときは日本に向けて、中国で製造した製品をぶつけてくる。

しかし日本企業にとっては、中国をいかに取り込むかというこの熾烈な戦いをする相手は、九九パーセント、日本企業になる。このことに気づかないのは、北京—東京という固定観念から抜け出せないからだ。だからどうしても中国にやられたと思い込んでしまうのだが、絶対にそうではない。

敵は日本企業だ。この戦いは、国内競争の延長線上の戦いであり、戦場が中国にまで広がったと考えればいい。しかし、先の戦争と違って、今回は中国にとってもメリットがあるので、彼らもこれを歓迎し、先導する。日本企業はもしもこの競争に敗れれば、日本市場において国内ライバル企業にとどめを刺されることになる。

中国をもっとも利用し成長して来たのは「ユニクロ」で知られるファーストリテイリングだろう。日本でおこなうのは商品開発と販売だけにして、製造はすべて中国で行う。また思い切って定番アイテムだけに絞り、中国では一つの工場で製造する服のデザインを一種類だけにすることで、安く大量に生産することを可能にした。

一工場あたりの生産能力は年間五〇〇万着にもなるという。それをユニクロ・ブランドとして日本に「輸入」し、自社店舗で販売することによって、本来中間業者が取るべきマージンを削減した。ユニクロはこの方式を定着させ、全商品の九割を中国で生産するまでになった。

彼らはこのようにして中国をうまく利用し、ライバルを圧倒してきた。それは、イトーヨーカ堂などの流通業であり、日本のさまざまなアパレルメーカーだ。図表10・1で示したように、ユニクロではライバル会社の二分の一以下の価格で販売しながら、販売利益は四倍以上も稼いでいる。これが日本のマーケットに与えた衝撃は大きく、中国で製造し、仲介業者をなくすことでコスト削減するということを意味する「ユニクロ方式」という言葉は、もはやビジネス用語として使われるまでになった。今やアパレルに限らず、さまざまな業界で中国を利用した「ユニクロ方式」が検討されている。

まさに、日本企業が日本企業を倒している。中国企業がやっているのでは決してない。これは他の分野でも同じことが言える。

農水産物も、中国産との競争に直面してくる。日本の商社が輸入してくるノーブランドの海苔やシイタケといった農産物、水産物は圧倒的な価格競争力をもっている。日本の農水産物も、ブランドのないものはその価格差によって倒されていくだろう。国内で生き残れるのは、ブランドのある関サバ、山形・旭町のサクランボといった類のものだけだ。

現在のところ、日本企業が生き残る条件は、中国をうまく利用して日本のライバルとの競争に

図表 10.1　ユニクロのビジネスモデル

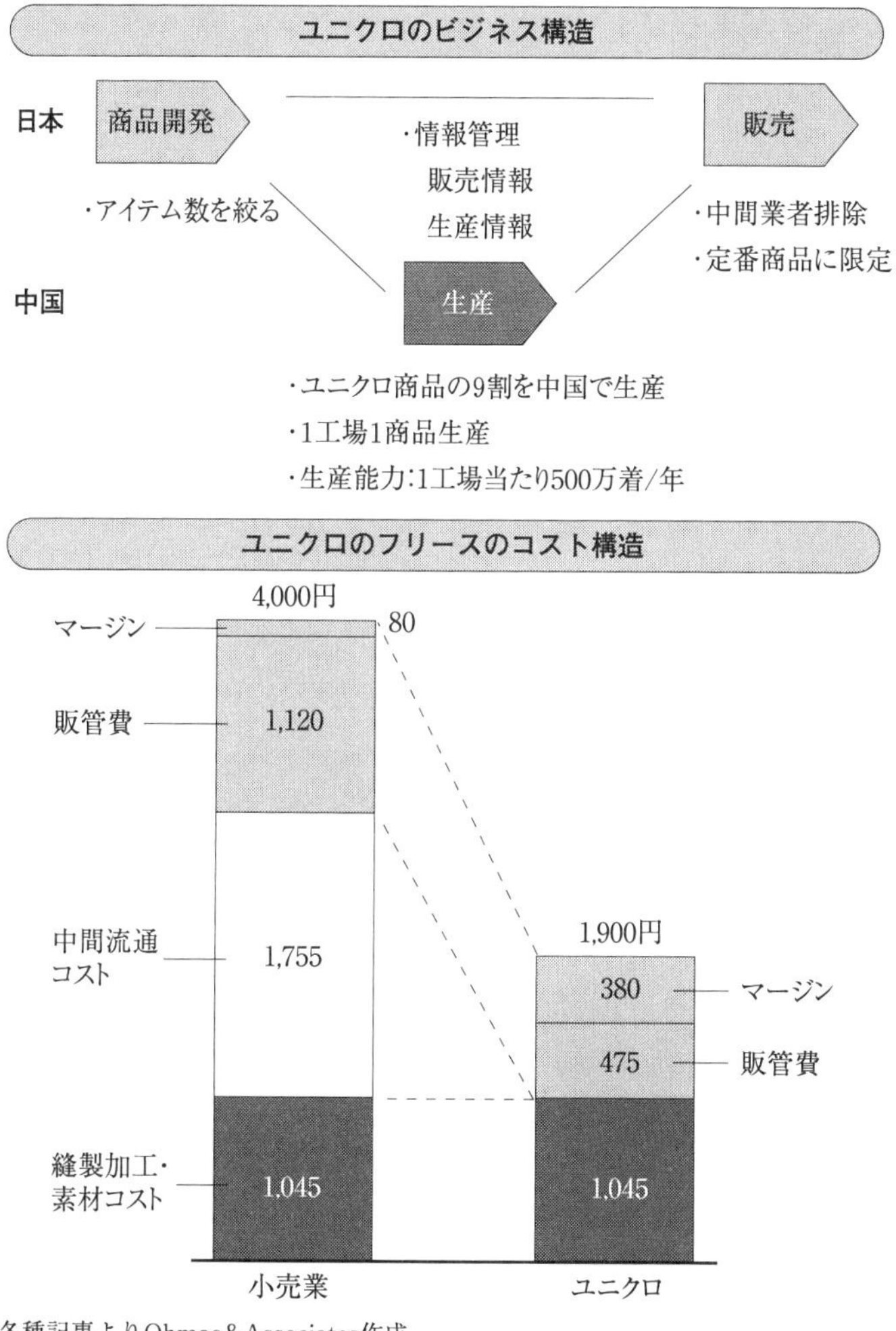

各種記事よりOhmae&Associates作成

勝つことだ。中国が日本を倒すという構図は、五年や一〇年はあり得ない。そんな簡単に国際事業運営のノウハウが手に入ったら、この商売を三〇年もやっている私もこんなに苦労はしない。

国際化という点では、スイスの企業には一日の長がある。アメリカの企業とくらべても、国際化については磨きが入っていて、世界中でしたたかに活躍している。国内マーケットが六〇〇万人しかなく、大きくなろうと思ったら必然的に国外マーケットで商売しないといけないからだ。スウェーデンも、本当に強い企業をいくつも出してきた。しかし、国の規制が強いため、最後にほとんどの企業が本社をイギリスやスイスなどの国外に移してしまった。競争に晒された企業というものは、生き残るためには、あらゆる可能性を模索するものなのだ。

だから、中国対日本という構図は、日本が中国を利用し続けるかぎり続く。「そんな競争には巻き込まれたくない」と言って、この競争を拒否することは日本企業にはできない。なぜなら、アメリカやヨーロッパ、台湾や韓国の企業が、これからとことん中国を使いまくるからだ。とことん使いまくって、中国の土俵からいい商品を日本市場、すなわち世界第二の巨大市場に向けて、どんどん廉価で送り込んでくる。

サムスンが、ヒュンダイが、中国で製造した家電や自動車を日本に持ってくる。エリクソンやノキア、そしてGEも中国製の製品を送り込んでくる。ウォルマートやカルフールといった小売業者も、中国での調達力を増して、日本での小売業に参入してくるだろう。

日本企業がこの競争への参加を拒否しても、結局日本マーケットには、ヨーロッパ製、アメリカ製ブランドを装った「メイド・イン・チャイナ」が氾濫することになる。すでに勝負はそういう段階に来ている。

幸いにして、今はまだ、日本はこの勝負において負けていない。日本の企業も、数年前までは中国の利用の仕方はとことん弱かった。それが次第にノウハウを身につけ、伊藤園が福建省に進出し、加ト吉が山東省を中心に展開し、サンヨー食品は天津で大規模な工場を建設した。

つい最近になってのことだが、日本の企業は思っていたよりも中国をうまく使い、競争力をつけはじめている。現時点で、欧米の企業にくらべて中国の利用の仕方が足りないということはない。だいたい似たようなレベルにいるし、韓国よりは一歩先を行っている。ただ台湾企業や香港企業は、北京語ができて中国人労働者の使い方にも長けているため、急速に強くなってきている。しかし一方では、そうした台湾、香港の企業を上手に取り込んで中国を利用している日本企業も登場し始めている。

こうして見ると、実は、中国はそれほど主体性のある経済発展をしてはいない。主体性がなくてバラバラになったがゆえに、世界中の先進国が軒並み入ってきて、中国という素材を使って、そこから新しい実体のある、競争力のある商品を引っ張り出している。そういう構図になっている。

したがって、「日本の産業を守るためにセーフガード発動を」などと主張する人は、ワンテンポもツーテンポもずれていると言っていい。今まで一五〇〇年間続いてきた国民国家の概念が強いから、貿易収支の数字だけを見て、「中国にやられた」と驚いてしまう。それでは、日本と貿易戦争を繰り広げた頃のアメリカと同じ轍を踏むことになる。当時アメリカも、「日本にやられた」といって対日批判をしてきた。しかし実際には貿易不均衡は錯覚で、騒動の裏ではＩＢＭやテキサス・インスツルメンツが日本市場で勝利していたのだ。

例えばコカ・コーラは原液だけしか輸出していない。われわれが飲むコカ・コーラは、付加価値の大半を日本でつけている。だから、日本人が大量にアメリカの製品を飲んでいても、貿易収支の統計には、原液の輸入分しか反映されない。日本ＩＢＭは一〇〇パーセントアメリカ資本の企業だが、生産は現地法人である日本ＩＢＭの野洲工場や藤沢工場でおこなっていた。だからＩＢＭの製品を日本人が買っていないのではなく、アメリカの輸出統計に載らないだけのことだ。日米貿易戦争は、この統計上の錯覚に基づく、不毛な戦争だったのだ。

それなのに、日本はアメリカ製品の買い方が少ないと非難され、当時の中曽根康弘首相は「申し訳ありません。アクションプランを実行します」と言って、日本の市場開放を促す約束をアメリカに対してしてしまった。

このとき私は「それは統計上の誤りである」と中曽根首相へ進言した。最初のうちは「マクロ経済学者はこのように言うじゃないか」と納得していない様子だったので、統計上のカラクリを次のように説明した。「違うのです。アメリカのものを日本人がどのくらい買っているかというと、一人当たり四倍買っています。アメリカ人が日本の製品を買う四倍です。しかしその製品は日本で製造されています。コカ・コーラのような方式にしたり、ライセンスを与えて日本企業に作らせたりといった、そういう進出形態の違いによるもので、日本人はアメリカの製品を大量に購入しているのです」。

こう話すと、彼は「しまった」とつぶやいた。通産省をはじめとする役人たちは、当時この統計のトリックに気づいていなかったのだ。しかし、すでにアクションプランを約束してしまった後なので、「困った、困った」と悩んでしまった。

このように、当時、言われていた貿易不均衡というものは存在しなかった。まったく同じことが今、日本と中国の間にも起こっている。それは、アメリカが犯した過ちとまったく同じで、日本が統計上の数字だけ見て「大変だ」と騒ぎ立てる構図である。日本企業が中国をどう使い出したのかを、ミクロレベル（企業レベル）でつぶさに検証していかないと、中国との間の貿易問題を本当に理解することはできない。

❷——産業空洞化は悪者ではない

失業率アップは産業構造転換の条件

さて、日本企業の中国移転が進むとすれば、考えなくてはならない問題が二つある。

一つは、国内の雇用がどうなるかだ。日本と貿易戦争をしている頃、アメリカは日本やメキシコ、カナダの商品を大いに買っていた。しかしアメリカの雇用は、こうした輸入の増減とはまったく無関係であり、むしろアメリカの景気によって左右されてきた。そして好況に沸いたクリントン政権下で、ついに日本よりも低い失業率を記録した。

つまり輸入が増えたからといって、アメリカの雇用が減ったということは全然ない。なぜかというと、製品を作ろうとすれば、設計、販売、金融、ファイナンス、ローン、ブランドマネジメント、広告宣伝などが必要になる。そうしたあらゆる付加価値は、アメリカの国土に残るのだ。実際に製造部門がメキシコに移転しても、失う雇用はそんなに大きなものではない。すでにアメリカでは、製造業の従事者は就業人口の一〇パーセント程度になってしまっているからだ。

貿易不均衡が進行してアメリカに日本が叩かれているとき、アメリカの製造業における雇用を一番創出したのは、実は日本の企業だった。自動車工場を造り、部品産業九二社が進出し、合わせて一〇〇万人近い雇用を作った。日本企業以外の製造業は全部低迷していて、アメリカ人が

「職を奪われる」と指弾した日本企業が、皮肉にも大いに彼らを雇用したのだ。マクロ統計だけを見ているエコノミストたちは、こういう事実をまったく認識できていなかった。

その後アメリカでは、クリントンの時代にＩＴ景気で雇用情勢は非常に改善された。しかしその間に、貿易赤字は増え続けた。貿易赤字は増え続け、逆に失業率は減り続けた。だから輸入と雇用の間には相関関係はあまりない。輸入が増えるということは、逆にいえばそれだけ消費力があるということで、消費力がある国はまだ救いがある。輸入しても国民がモノを買わなくなったときに、経済の本当の停滞が始まるのだ。アメリカは、経済の調子がいいと輸入がどっと増えるし、そういうときは実は失業も減っている。

もう一つ考えなければならないのは、産業の空洞化だ。これを懸念する人は非常に多いのだが、実は今までに、空洞化して衰えた国は存在しない。

日本の空洞化の深刻さを指摘する向きもあるが、現在日本の製造業の海外生産比率は一二パーセント。それにくらべて、ドイツやアメリカはすでに三〇パーセント前後である。どちらも日本の二倍以上に空洞化が進んでいる。だからといって、ドイツの競争力が失われたかといったら、そんなことはない。化学や医薬では世界のトップレベルだし、クライスラーと一緒になったダイムラーベンツも自動車産業の勝ち組の一つだ。製造以外の機能で本国に残る仕事は多いし、海外事業群を支援するプロフェッショナル・サービスも次々と生まれてくる。

すなわち、ドイツもアメリカも、産業競争力を失ったという兆しはない。だから、日本企業も少なくともあと二倍は中国に出て行くと考えておいたほうがいい。

認識を改めてもらいたいのだが、空洞化するということは産業にとって極めて健康なことだ。空洞化するということは、日本という国を飛び出してでも生き残ろうという、元気な企業があるということである。元気な企業がなかったら、そもそも空洞化は起こらない。競争力のない企業は絶対に外国に出て行かず、国内にとどまって、ある日突然バタンと逝ってしまう。だから国外に行ってでも生き残ろうという企業があるかぎり、健全なのだ。

逆に言えば、国内から動く力も意欲もないというのが、一番困ってしまう。日本の絹織物は特別に法律で保護されていたが、これが勇気を出して日本を飛び出していれば、今頃タイあたりで膨大な産業を作っていたはずだ。ところが保護されていたため、養蚕業や絹織物の業者はだれも外に行かず、日本で滅びてしまった。コメも農畜産物も同じことだ。こういうのは、税金もかかるし、将来性もゼロで困る。だから、空洞化するというのは健全な証拠であり、「まだ、生き残るぞ」という意志の表れでもある。

空洞化については、みな錯覚している。空洞化しても、国の経済は全然おかしくならない。日本は空洞化をどんどん進めるべきなのだ。今後、外に出ていく日本企業には、むしろ奨励すらしてあげてもいいと思う。なにせ税金での救済を求めずに、自分で生存地を求めていくのだから。

図表 10.2　日米独製造業の海外生産比率

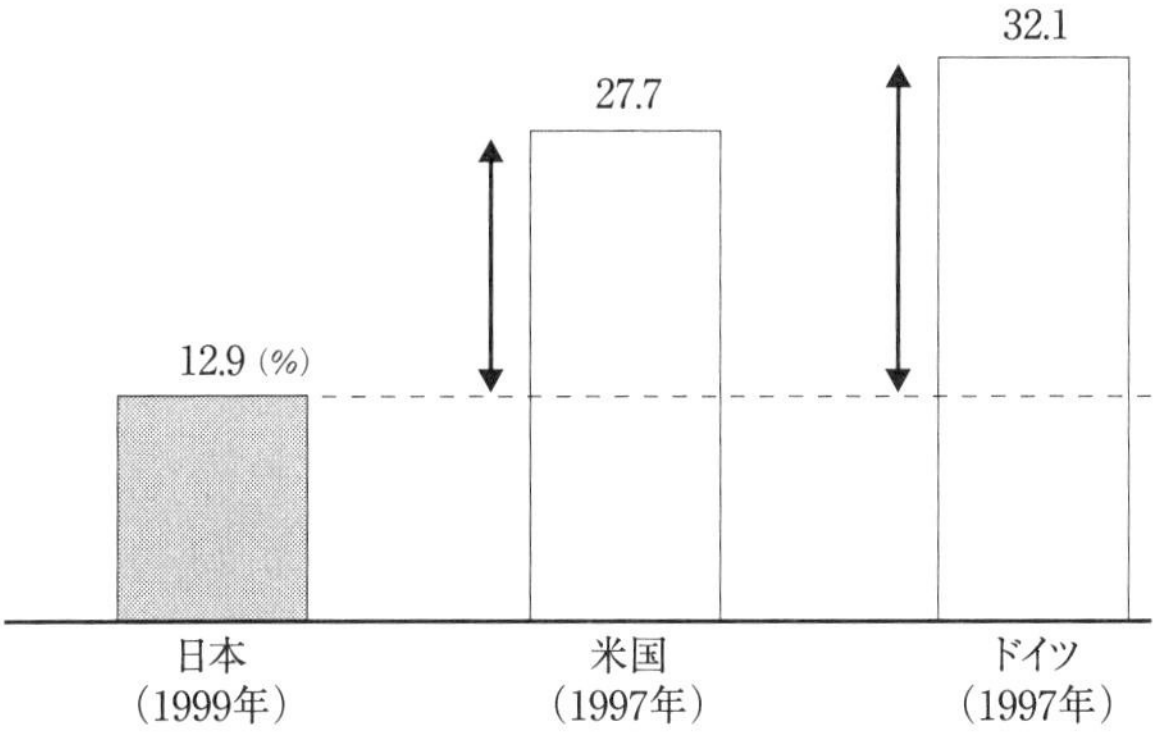

注：（海外生産比率＝現地法人売上高/国内法人売上高×100）

資料：海外事業活動基本動向調査（経済産業省）

図表 10.3　日本の産業集積地における中小企業の海外生産割合

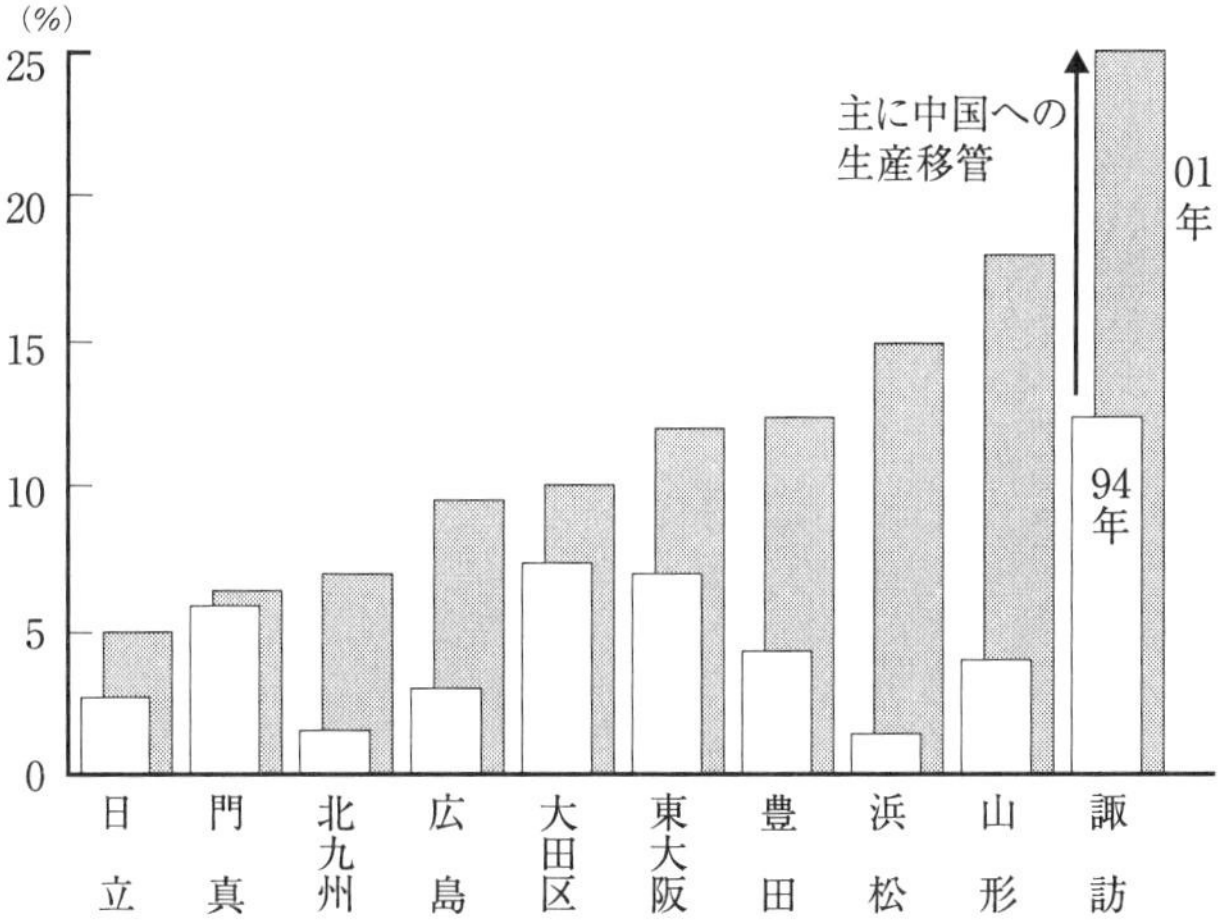

出典：日本経済新聞 2001年7月18日

図表10.4　中国への進出成功例

日本工場を閉鎖し、退路を断って中国へ進出	・マツオカコーポレーション（広島県福山市）	・日本の工場を閉鎖 ・中国事業で得た利益を、中国国内での再投資に使う ・中国企業との合弁事業会社を上海株式市場A株、B株ともに上場し、中国国内で資金調達する
リースを活用して自前で固定費を抱えない	・マブチモーター（千葉県松戸市） ・フォスター電機（東京都昭島市）	・広東省独特の委託生産加工方式（来料加工）を採用し、中国企業が工場、従業員を用意してもらい、投資リスクを軽減
中国事業のノウハウを持つパートナーを活用	・京写（京都府久御山町） ・各エレクトロニクスメーカーなど	・香港に本社機能を置くEMS企業に生産を委託（例：IDT社など）

Ohmae&Associates作成

本質的に雇用拡大を期待できない製造業

そういう観点から見ると、今の日本の政策は最悪だ。やっていることと言えば、タクシーの免許をやたらに乱発して、空車を増やしている。これが何につながるのか。

今、日本で一番増えている産業は何だろうか。私の実感では、首都圏で一番増えているのは、空港のセキュリティー・チェックだ。昔の五倍は増えている。空港に行くと、エックス線などによる荷物、身体のセキュリティー関係者がズラッと並んでいる。もう一つ目立って増えているのがマッサージ店だ。なんと一〇分一〇〇〇円だ。ファストフードでアルバイトをしても、稼げるのはぜいぜい一時間で一〇〇〇円という時代に、こちらは一〇分一〇〇〇円である。免許も何も要らないから、そこいら中マッサージ店だらけになってきた。

マクドナルドで八〇円のハンバーガーを求めておいて、肩揉み一〇分に一〇〇〇円払っている。ユニクロで一枚一〇〇〇円のシャツを買う人が、一〇分のマッサージに一〇〇〇円、三〇分やってもらって三〇〇〇円と平気で払っている。「金銭感覚は確かか」と聞きたくなるが、しかしこの産業が伸びているのも事実なのである。

実はアメリカでも、製造業はメキシコや日本、あるいは中国に移転してしまって、国内がサービス産業化してしまったのだが、それでもだれも収入が減っていないという不思議な現象が起きている。

製造業がメキシコに移っても、かわりにコンピュータ・プログラム関係やエンターテインメント産業が雇用を生んでいる。おかげで、アメリカは意外にけろっとしている。ドイツも製造業は東欧に行ってしまったが、けろっとしている。

日本のように豊かな国は、それでいいのである。日本はまだ窮していない。この余裕が、新しい需要を生んでいる。泥んこエステであり、マッサージであり、ネイル・サロンであり、アカスリだ。増えていくのがこうした産業であっても、国の経済は大きくなる。

一〇〇年前のケインズ経済学者たちは、「製造業が雇用だ」と主張した。日本も製造業が中心だった時代がある。戦争が終わったばかりの頃には、農業が就業人口の五〇パーセントだったが、その後は製造業が一番大きな比重を占めてきた。

それが今では、製造業は二〇パーセントを割ってしまい、サービス産業は（建設産業をどう分類するかにもよるが）七〇パーセントになっている。農業人口に至っては四パーセントでしかない。しかし国の根幹は何か、と思ったとき、政治的あるいは国家予算的には農業が一位で、サービス業のウェートはゼロといったところだ。ところが、就業人口の七割はサービス業にいる。多くの人は、まだ日本は世界一の生産国だと思っている。それも正しいかもしれないが、就業人口的にはすでに五分の一以下なのである。

よく考えればわかるのだが、製造業というのは、どんどん人を減らすことで生産性を上げていくものだ。ロボットを使い、コンピューターを使って一〇〇万台のテレビを製造すると、そこに携わる人間はほんの何人かですむ。つまり、製造業で大きな雇用は絶対に創出できない。

同じく農業でも創出できない。オーストラリアでは、一人で三〇万トンのコメを作っている人がいる。日本全体のコメの生産量が一〇〇〇万トンだから、その三パーセントにあたる量だ。田植えと稲刈りの時期だけアルバイトを使うのだが、他はたった一人で六キロメートル×三〇キロメートル四方の広大な水田を切り盛りしている。この人と同じ働きの人が三〇人いたら、日本のコメは賄えてしまう。

だから農業というのは、絶対に雇用を吸収できない。アメリカでは農業人口は全体の一・五パーセントほどしかないが、それで世界の穀倉地帯と言われているのだ。

ところがこの点、マッサージというのは客一人に対して一人のマッサージ師がつく。二人一緒にマッサージなんて芸当はできない。雇用吸収というのは、このように一見、無駄に見えるところでなされている。ケインズ経済学者はここがわかっていない。

現代の製造業はロボット化が進んで、半導体などは人の手を介さない、完全無人化のインラインで作られている。これを見てもわかるように、製造業が雇用の基本だというのは、ケインズ経済学の最大の誤謬なのだ。

さらにケインズ経済学では、「国の税金を使って有効需要を創出したときに、供給が必要になる。その供給で雇用が発生する。雇用が増えれば消費も増える。だから、税金を使ってでも有効需要を創出するのはいいことだ」と言われてきた。しかし、今の日本ではそうはならない。有効需要を創出したら、中国から製品が入ってきて、国内に雇用は発生しない。アメリカでも、有効需要を刺激したら、メキシコから製品が入ってきてしまう。

ケインズ経済学は、結果的に今のボーダレス経済の実態と大きく乖離してしまった。彼の時代にはロボットもコンピューターもなかったのだからしかたないが、ケインズがこの状況を目の当たりにすれば、きっと「一般理論」を書き変えるだろう。

❸――チャイナ・インパクトを変革の原動力とせよ

アメリカ人経営者に染み込む海外移転志向

ボーダレス経済では、有効需要を作ったら海外の最適地から製品が入ってきてしまうので、雇用につながらない。雇用にはつながらないが、製造業では最適地から製品を持ってくるのが国民経済的にはいい。生活レベルもそうしたほうが上がる。生活の質を上げて、コストを下げる。これが可能になるとすれば、政治的にも正しい選択といわざるをえない。

失業者の発生が問題だという。開発途上国では確かにそうだろうが、先進国は二桁失業を経て産業構造の転換ができた。ところが、日本はつい最近まで二パーセントの低失業率で、事実上完全雇用ができていたから、産業転換が先進国で一番遅れてしまった。

これも誤解されているのだが、失業率は高くなるほどいい。なぜなら、失業率が高まらないと産業構造は変わらないからだ。日本は、中国が隣で製造してくれるようになったのだから、サービス産業やプロフェッショナル産業にシフトしなければいけない。失業率が高まって、既存の産業から人材が出てこないかぎり、この転換は進まない。産業構造の転換に成功したイギリスやアメリカは、失業率が二桁になって、皆パニックになって新しい勉強をして技を磨いた。

空洞化もどんどん奨励すべきだ。企業が競争力をつけるには、海外で競争に晒される必要がある。世界と競争する力を失い、表に出て行けなくなった銀行やゼネコンは、われわれから見れば、もはや税金を食うだけの存在になってしまった。

無惨な姿になった日本の小売業も、これからはお荷物だ。中国に展開しているのはジャスコを率いるイオンとイトーヨーカ堂だけで、ダイエーや西武が行っているという話は聞いたことがない。中国で続々と店舗展開しようと言っているのは、元気な会社だけだ。

アメリカは空洞化が進んだおかげで、競争力のない企業は国内からきれいさっぱりなくなってしまった。だから、残っている会社は強い。アメリカは、農業の一部を除けば補助金がない国だから、競争力を失ったお荷物企業を無理やり生き長らえさせるようなことはないし、力のある企業は自力で生存可能な適地を探し求めていく。

アメリカの企業家というのは、もとより海外生産を考えるような人種だ。従業員を二〇人も抱えるようになると、「国内に工場を持っているのは名折れだ」というくらいの感覚で、海外生産を本気で考え出す。かつてなら「最低でもメキシコ、できれば日本に」という感じだったし、今では「中国に」というのが彼らの共通認識だ。

アメリカという国はこうした特徴を持っている。国内で製造業は、まず成り立たない。部品も十分に集められない状態であれば、我慢して国内にとどまろうとする経営者はほとんどいない。日本人経営者も、中国シフトを本気で検討しなければならない時期にすでに入っていることを、もっと認識するべきなのだ。

中国に騙されないための事務手続き〝お任せサービス〟

いま私は、広州で製造業をサポートする会社を立ち上げようと考え、いくつか仕掛けを作り始めている。

日本企業によくある例が、中国に進出したはいいが、騙されて、カモられて、ズッコケるというパターンだ。この計画は、これをなんとかうまく立ち上がるように手助けできないかという発想からスタートした。

中国というのは、ありとあらゆる生産形式がある。自分で自由にやれる独資があるし、合弁もある。また、中国側に工場まで作ってもらった上で、賃加工だけを頼むという来料加工方式も利用できる。どの方法が一番いいのか、事業内容によって選択していかなければならない。

図表10.5　中国への主な進出方法

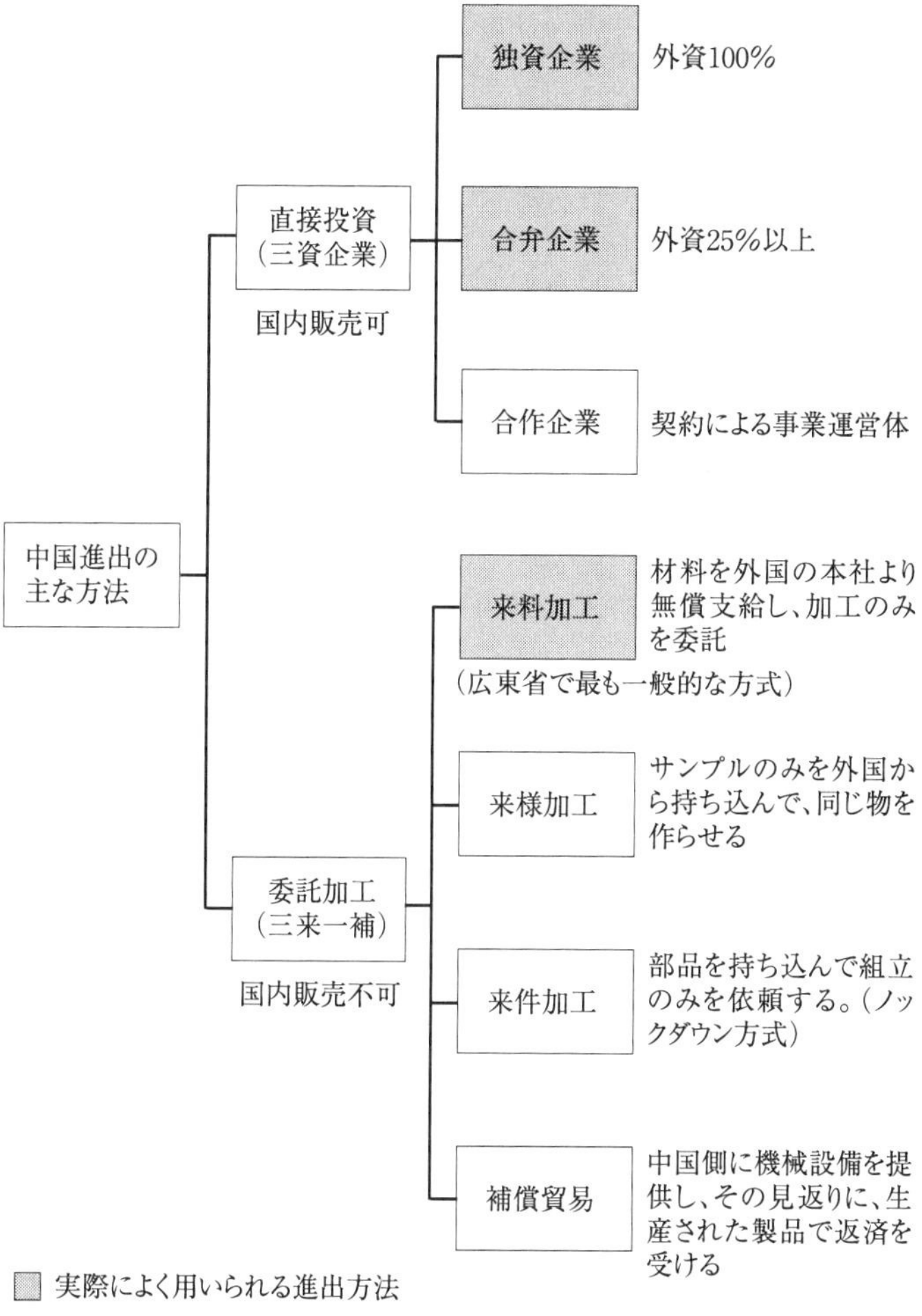

各種文献よりOhmae&Associates作成

また同じ地域でも、一人当たりの一ヵ月の給料が五〇〇元から一五〇〇元（日本円に換算して八〇〇〇〜二万四〇〇〇円）の幅でばらつきがある。こういう人たちをいかにうまく使い、生産に応じていかに従業員数の調整をするか、というのが成功の鍵だ。

しかし、日本企業は日本のメンタリティーをそのまま持っていってしまうから、自社で一〇〇パーセント雇用してしまい、必要なときになるとリストラできない。「リストラをすると残った人のモラルが下がる」などと言って、妙な金縛りにあっているから、現地の企業が力をつけてくると競争力を失い、中国に行っても結局そこで倒れてしまうというケースが多い。

私が今広州でおこなおうとしているのは、現地の人や成功している経験豊かな日本の企業と組んで、そういう日本企業の苦手な部分を代行するサービスだ。「それは私たちに任せなさい。現地政府との交渉から通関業務まで全部やってあげますよ。あなたは、日本でやっている製造業のノウハウと機械だけを持ってきて、数人のエキスパートで思いっきりやりなさい」というわけだ。

例えば大田区の工場が、機械を持って中国にやってきたなら、いわばカセット方式でパチンとはめ込んでやり、明日からでも大田区でやっていた仕事がそのままできるようにする。通信インフラを整えれば、回線を通じて大田区の工場からでも、あたかも隣室のごとく支援できる。二、三人のベテランが現地に来て中国人労働者を指導してくれれば、きちんと工場は稼働する。そういう支援専門の会社を作っていこうと考えている。

「中国に行ってカモられた、悔しい」と言って撤退してくる被害者があまりに続出しているので、現地で成功した企業を集めて、日本企業をサポートできる会社を立ち上げる必要があると考えたのだ。

雇用は脱製造業から模索しろ！

日本では、国内の雇用を守るのは経営者としての責務だという思い込みが強い。また大企業のお膝元の自治体は、雇用を全面的にその会社に頼っているから、工場を海外に移転するなどといえば、企業城下町の首長だったら泣いて土下座し、「行かないで」と言って引き留めるかもしれない。しかし、それは企業にとっても地元にとっても不幸なことだ。企業が生産を最適地でおこなっていないという可能性があるからだ。

例えば旭化成の工場がある延岡市の人口は、かつての二〇万人からどんどん減って、今では一六万人を割ってしまっている。これが将来増えることはない。延岡がよみがえるよりも、シーガイアがよみがえる可能性のほうが高いとすら思う。延岡にしがみつくかぎり、旭化成にも延岡市にも将来はない。中国に工場を移したとしても、延岡には研究機関や研修生のトレーニング機関を設置して、違う方向で発展していく道もある。

例えばスイスのジュネーブ郊外にあるブベイという町は、売上高五兆円を超えるネスレ・グループのお膝元で、実際に訪れてみると世界最大の食品会社の本社であることをまざまざと実感させてくれる。世界五〇ヵ国ぐらいから幹部社員が来ているから、さながら国連事務所のような雰囲気だ。

経営のトップも、スイス人の国籍にこだわってはいない。前会長はドイツ人だったし、現会長はオーストリア人で、ナンバー2はオーストラリア人という具合である。世界中から人が出入りし、この本社を守っているといった感じで、世界の縮図が見えるようだ。

ところで、このブベイで唯一やっていることというのは、幹部の研修である。会長も出てきて、「ネスレというのはこういう会社だ」と講演する。ここに世界中から人が集まるということで、一つの城下町が成り立っているのだ。

研修しか行わない本社だが、街が衰えているという感じはない。美しいレマン湖のほとり、夏になると観光客が押し寄せる風光明媚な土地で、とても栄えている。一方、日本の企業城下町を見ると、「夏草や兵《つわもの》どもが……」といった体の場所が多く、どうしても衰えているという印象が強い。

欧米の世界企業の本社は、田舎町にあることが珍しくない。しかしそこに行ってみると、世界本社というものの存在意義がわかり、逆にそこから世界が見える。

例えば、私が五年間役員を務めたナイキのワールドヘッドクォーター（世界本社）は、オレゴン州のビーバートンという田舎町にある。しかしここはまさに世界の縮図、グローバルキャンパスといった趣だ。

タイガー・ウッズだろうがマイケル・ジョーダンだろうが、世界のトッププレーヤーたちが製品の打ち合わせなどで本社を参拝に来る。周囲には、ジョーダン・ビルディングやアンドレ・アガシのビル、ピート・サンプラスのビルと、プレーヤーの名前が付いた建物が立ち並んでいる。「ここが世界のスポーツの殿堂なんだ」ということを嫌でも実感させられる。本社の最大の機能は、世界中のディーラーや社員のトレーニングで、ここで「ナイキイズム」を教え込むのだ。

多くの国際的企業を見ても、世界本社に工場はない。ナイキも工場は別の場所にある。ただ、スポーツシューズのかかとに入れる「エア」だけは、世界中の誰にも作らせないので本社の工場で作っているが、本当にこぢんまりした工場なので、恥ずかしくて他人には見せられないような代物だ。コカ・コーラの原液工場のようなもので、「何だ、こんなものを高く売っているのか」と思われかねないため社外秘になっているが、本社にあるのはこの小さな工場だけである。製造部門が空洞化しても、商品開発や世界中にある子会社のマネジメント、経理といった仕事はしっかりと本社に残っている。

ドイツ南部のシュツットガルトという都市は、ダイムラーベンツやボッシュの本社がある都市だ。ダイムラー本社には、イスラム教徒が聖地メッカを巡礼するように世界中から人が訪れ、そういうビジネスマン向けに、市内には立派なホテルがたくさんある。すでにダイムラーは乗用車の一部を残し、生産工場を海外に移してしまったが、シュツットガルトが空洞化しているという印象はまったく受けない。

空洞化するということは、企業が海外に出て行くことだが、だからといって全部の機能が出ていってしまうわけではない。本社機能や重要なマーケティング機能などは残るのである。そして、こんどは世界中に出ていったセールスマンやマネージャーをトレーニングしないといけない。そういう人たちの頻繁な往来とともに、栄える街が出てくる。そういう世界中の本社タウンというものを私は見てきたが、街が寂れている例はない。

工場がないといけないと考えるのは、もう古いのだ。ネスレでは、工場は世界中に拡散させてしまっているが、結局、本社の人材育成機能が一番付加価値の高い仕事になっている。こういう世界本社がいくつも集まった道州や地域ができてきたら、そこは確実に栄えるだろう。まさにスイスのようなイメージの道州ができる。

そういう場所では意外に寮や学校も栄える。ブベイでも、世界中に散っていったマネージャーは、子供たちを地元に残してスイスで教育を受けさせようとするから、全寮制の学校ができている。学校などの教育関連が大きな産業になっているのだ。世界中にいるマネージャーたちの子供を全部預かっているから、巨大な産業だ。製造拠点が海外に移転したとしても、地域が衰退しなければ、かわりの産業が伸びてくるのである。

今の日本人は、あまりにも世界のことを知らなすぎる。学者やジャーナリストも、一部の国や事例しか見てきていない。それで、空洞化対策だ、デフレ阻止だ、失業対策だ、セーフガードだ、とやるものだから、国民は全体像を見る機会がない。

やはり、お隣の中国のことくらいは、自分の足を使いその目で見てきたほうがいいのではないか。また、多くの人が中国を見ることによって、日本に対して正しい危機感を持ってもらうのはよいことだ。日本には、まだまだ打つ手があるし、またダメージを少なくする手も今ならある。

要は、チャイナ・インパクト（中国の衝撃）をいかに自分自身の変革の原動力とするか、という応用問題なのだ。

エピローグ

本書の理論的構成に関しては、拙著『ボーダレス・ワールド』（ハーパー&ロウ社、日本語版単行本はプレジデント社、文庫版は新潮文庫）と『地域国家論』（フリープレス・マクミラン出版、日本語版単行本は講談社）を参考にしてもらいたい。

私はUCLA（カリフォルニア大学ロサンゼルス校）で公共政策を教えているのだが、その講座がまさに地域国家論である。そして、現代のネットワーク社会では、繁栄する世界の地域は例外なく資本、技術、人材、情報を広く世界中から引き寄せ、ある意味では「貸席経済」となることによってネットワークの中心を維持しようとしている。

世界最大の貸席経済は、紛れもなくアメリカだ。資本や人材をためらいもなく輸入し、また世界中の企業に自国内の雇用創出を手伝ってもらっている。「ずるい」と言ってしまえばそれまでだが、これが二一世紀的繁栄の雛型なのである。

自分の持つ地下資源や国土の広さ、軍隊の強さなどでは、もはやどの国も繁栄を引き寄せることはできなくなってしまった。それはまさに一九世紀、二〇世紀を支配した経済原理であったと思うが、拙書『大前研一「新・資本論」』（東洋経済新報社）でも詳述したように、ケインズの理論とも、マルクスの主張ともまったく異なる経済実態が、世界的では支配的となった。世界中の資本は、瞬時に国境を越えて行き来する。情報も企業も消費者も、そして雇用さえも電話線一本で国際移動してしまうのである。

中国が現代経済の申し子だ、と言うのはまさにこの点である。こうしたダイナミックな経済の動きを本能的に察知し、他人の力を借りることによって自国経済のキャッチアップと建設、さらには躍進へとつなげている。これは、建国の父が理論的支柱としたマルクス・エンゲルス的な階級闘争による（持てる者からの）富の配分ではない。世界に溢れている技術や資金を廉価で良質な労働力によって吸引し、繁栄を磁石のように吸い寄せる、という自由主義的な手法である。

これこそが、私が一九八〇年代の初め頃から主張しているボーダレス経済の実態だ。さらにまた、その帰結として富を受け容れる単位を小さくした「地域国家」というものの実質的形成なのである。資本や企業は臆病だから、敵対的な中央集権国家には向かわない。あくまで投資が保証され、かつまたリターンが期待されるところに吸引されていく。ここ数年の中国はまさにこの理論通り、世界中から投資を呼びこみ、強固な産業基盤さえも作り上げてしまった。

本書の中で述べている珠江や長江の産業クラスターは、今後伸びることはあっても、イデオロギーや国家権力が原因で崩壊するというシナリオはもうないだろう。しばらくは、西欧や日本における工業地帯のように長い期間かけて成熟し、そして次第に他の地域に置き換えられる、というライフサイクルをたどるものと思われる。

要は、貸席経済で発展したシンガポールの「超巨大バージョン」がいくつかできてきた、ということである。そして、こうした経済発展は、北京の統治機構にも少なからぬ影響を与えると予想される。

実は本書で詳述したように、これは北京の統治機構が、国営企業の建て直しを通じて変化し、実質的に地方へ主導権が渡されたからこそ起こった、という因果がある。つまり、統治機構が実質的に変わったがゆえに、今のような経営資源の潤沢な流入が起こっている、というのが私の解釈だ。だから、これからは意図せざる北京の変革を後付けで認めてゆく、という過程に入るのではないか、というのが私の考えで、それは最終章に書いた。

こうしたダイナミックかつ本質的な変化というのは、学者がよく使うマクロ的な統計からすべてを理解することはできない。理論は現実をモデル化することによって構築されるが、学者が現実を十分に見ないで、マクロな数字と従来の枠組みを用いて説明しようとしている間は、新しい観点は出てこない。

統計は結果であって、先行指標ではない。私が本書の執筆にあたって重視したのは、先行指標をとらえるために現地に足繁く通い、個々の企業が何をしているのか、生活者がどのような動機で消費し、貯蓄をしているのか、そのミクロな集積体としての経済全体がこれからどうなるのか、を自分の頭で整理・構築することであった。

このようにして見えてきた実態はやはり、新聞や本に書かれていることとはかなり違うものだった。また、中国人自身がわれわれに説明してくれる公式・非公式な姿とも、少なくとも私の目には異なって見えた。現実にそこに住んでいる人々にさえ、何が起こっているのか、どうして起こっているのかがわからないほど、今の中国は激しく変化している。

日本の高度成長期もこれと同じだったので、驚くにはあたらない。また、今の日本経済のていたらくに関しても、日本人自身がなぜなのか、どうしてこうなったのかを他の人に説明できないのと同じことである。かく言う私も、今までに自分で考えていたこと、九〇年代前半までに抱いていた中国に対する「深い理解と信念」を木っ端微塵に壊されたのだ。

本書で書かれていることは、九〇年代に私が中国に対して書いていたこととはまるで異なる。なぜなら、現地で見た、特に企業社会で起きていることは、当時の見聞、予想などをはるかに超えたものであった。連続性があまりにもなさすぎる、と文句を言いたいほど、今の中国で起こっている変化は大きい。

本書はそうした点を考慮し、かなりの部分を現地における見聞録で綴っている。そうした現象を共有することで、読者諸賢と私との間で一つの見解、納得、フレームワークが自ずと形成されるのではないか、と思ったからである。

また、そこから得られた仮説を検証するために、かなり多くの分析をおこなった。グラフや表が多いのは、その考察結果を皆さんにも見ていただくためである。私が本書で出している見解は、世界的に見ても新しいものである。GEのジャック・ウエルチが後任のジェフ・イメルトを連れて昨年来日した時、この要旨を口頭で言ったところ、彼らの反応は素早かった。すべての事業部が「中華連邦」の〝国別〟対応を木目《きめ》細かくやっているかどうか、ただちに全社プロジェクトを作って見なおせ！　と叫んだくらいである。

私の著作は米国、中国、韓国、台湾などではすぐに訳されて広まる。本書の骨子はすでに、ジャパンタイムズ（表題〝メイドインチャイナ〟）やストラテジー&ビジネス誌（表題〝チャイナ・インク＝中国株式会社〟）に英文で書いているのだが、現地で出会った中国の要人の信じられないくらいの数の人が、これを抄訳のかたちで読んでいた。

かつてはその言葉さえ禁止されていた「連邦」というコンセプトは、ある意味では必然の成り行きであり、もはや分裂を象徴するものではない。むしろ、繁栄を持続するメカニズムとしてとらえる余裕が、今の北京には出てきたということであろう。

本書を書くにあたっては、計六回中国に足を運んでいる。また、私だけではなく、二〇〇一年九月には二八名の経営管理者を連れて大連と瀋陽に、また一一月には私が主宰している経営者の勉強会「向研会」メンバー五七名を連れて上海、蘇州、アモイ、広州、番禺、東莞、深圳などを回ってきた。

この時には、私の経営している衛星放送ビジネスブレークスルーの水谷プロデューサーも同行し、都合四時間の「目で見る現代中国」とも言うべき番組を作った。本書を読んだ人は、次にブロードバンド（NTT―BB）で私の見聞録を見てもらいたい。そうすれば、本書が誇張ではなく、むしろ控えめに今の中国で起こっている産業勃興期の諸現象を伝えようとしていることが、理解されると思う。「読んで、見て、聞いて」それから納得してもらいたい。

私も含めて古い中国を知る人間は、なかなか今の中国を認めようとしない。あんな官僚的な国がそんなに急にうまくいくわけがない、と考えているらしい。まあ、一部ではそうだろうが、まだまだ全体はそこまで行っていないよ、いずれ内部矛盾でひっくり返るさ、といった心配が心の底にはある。

また、中国に行って失敗した会社のほうが、うまくいった会社よりも多いわけで、そのトラウマが、われわれの中国を見る目を曇らせている。私自身も正直言ってそのトラウマ派であった。だから、本書は分析と映像のメディアミックスという、出版業界でもこの種の本としては初めての試みをしてみることにした。

私の気持ちとしては、オオマエ・ツアコンダクターの直接案内で中国に行ってもらいたい。つまり、ブロードバンドによる映像編をぜひ見てもらいたい。百聞は一見にしかず、ということわざがあるように、今の中国は見なければ信じられない。それも街並みだけではなく、工場の内部を。そして、彼らの話を、直接聞く。これしかないだろう。

ブロードバンドによる映像配信について、詳しいご案内は左記ホームページをご覧ください。
ビジネス・ブレークスルー http://www.bbt757.com/information/book/ko/china.htm

あとがき

現代中国を理解するには、今までとは別な見方をしなくてはいけない。そう思ったのは、実は二〇〇〇年の秋に、深圳にある華為とIDTの工場を訪問した時である（その両社の訪問記録も映像編では出てくる）。それで私は、二〇〇一年を新しい中国を勉強する年、と定めて集中的に分析し、かつ訪問した。テレビ番組も一〇時間分（二時間×五巻――上海・蘇州編、大連・瀋陽編、孤島台湾編、日本企業編、現地及び日本以外の企業編）をすでに作った。

本書の中で述べているように、現在私は、大連と広東で事業を立ち上げようと準備しているところである。北は「間接業務のユニクロ化」、南は「成功メーカーの共通インフラ提供」事業だ。こうした集中的な取り組みができたのも、大前・アンド・アソシエーツの優秀なスタッフが努力してくれたおかげである。ここであらためて、担当の上田谷真一、谷口賢吾、姜一志に礼を言いたい。

また、本書をこのようなかたちで世に出そうという考えは、講談社の拙著『やりたいことは全部やれ！』の制作チームから生まれた。彼らは同書の制作中に、私が中国の研究に異常な時間を割いていることを知り、本にして世に問うたらどうかということになった。私は単にその誘いに乗っかってしまっただけなのだが、それでも同社学芸図書出版部・矢吹俊吉部長、担当の篠木和久氏、執筆を手伝ってくれた阿部崇氏の苦労は大変なものだったと思う。彼らの熱意がなければ、この本をまとめる時間は忙しさにかまけてどこかに消えていただろう。改めて感謝したい。

平成一四年二月一〇日　東京にて

著者識

会員制月刊情報誌　大前研一通信

あなたにも隠れた真実がみえてくる！ビジネス情報、政治・経済の見方から教育、家庭問題まで、大前研一の発信を丸ごと読める唯一の会員制月刊情報誌。また、大前研一も参加する、ネット上のフォーラム（電子町内会）も開設しており、併せて加入すれば、きっと、マスコミでは分からないものの見方や考え方が自然に身についていくでしょう。

お問い合わせ・資料請求は
電話：フリーダイヤル0120-146086《いしんをやろう》　FAX：03-3263-2430
E-mail：JDB02662@nifty.com
URL：http://ohmae-report.com

THE OHMAE REPORT

政策学校　一新塾

大前研一の政策学校。新しい日本を創り出すネクストリーダーを養成するため1994年に開塾。「ゼロベース思考」で新時代のビジョンを探究し、「仮説思考」で走りながら考えていく『主体的市民』を多数輩出しています。実際に議員を招いて「政策提言」する機会もあります。多忙の方、地方在住の方には通信教育コースもあります。
ホームページよりメルマガ「一新塾ニュース」に登録可。

お問い合わせ・資料請求は
電話：03-3239-0170　FAX：03-3263-4854
E-mail：iss@ attackers.ne.jp
URL：http://isshinjuku.com

大前研一の政策学校
一新塾
All Clear by Your Action

起業家養成学校　アタッカーズビジネススクール

起業家養成スクールとしてスタートしてから2002年4月で第13期、開校7年目を迎えます。現在では単に「起業」という切り口ではなく、”新しいビジネスを創造する人”の為に「協力者とのネットワーク確立」「実践スキルの獲得」「パラダイムの変換」といった3点を基軸とした様々な機会を提供しています。

お問い合わせ・資料請求は
電話：03-3239-1410　FAX：03-3263-4854
E-mail：abs@attackers.ne.jp
URL：http://www.attackers-school.com

Attackers Business School

次世代ビジネスリーダー育成　経　営　道　場

「経営道場」では、企業のマネジャー層や若手社員の方々が、自らの会社の仕事をしながら大前・アンド・アソシエーツの業務をお手伝いいただくという形を通じ、「経営者の視点」から経営課題の解決案を考える力を身につけていただきます。企業の変革や新規事業の立ち上げに向けて自ら行動を起こしたい方、是非お越しください。

お問い合わせ・資料請求は
E-mail：jinzai@attackers.ne.jp
URL：http://www.attackers.ne.jp/jinzai/

OHMAE & ASSOCIATES

●著者紹介

大前研一（おおまえ　けんいち）

1943年、北九州市生まれ。早稲田大学理工学部卒業。東京工業大学大学院で修士号、マサチューセッツ工科大学大学院で博士号を取得。経営コンサルティング会社「マッキンゼー&カンパニー」日本支社長、本社ディレクター、アジア太平洋会長等を歴任。95年退社。96〜97年スタンフォード大学客員教授。現在、UCLA政策学部教授、（株）大前・アンド・アソシエーツ代表取締役。起業家養成学校「アタッカーズ・スクール」および政策学校「一新塾」の塾長。著書に『平成維新』『新・国富論』『やりたいことは全部やれ！』（講談社）、『インターネット革命』（プレジデント社）、『一人勝ちの経済学』（光文社）、『サラリーマン・サバイバル』（小学館）、『21世紀維新』（文藝春秋）、『ゼロからの出発 Re-Boot!』（PHP研究所）、『大前研一 新・資本論』（東洋経済新報社）ほか多数。

●大前研一ホームページ　http://www.kohmae.com/

●協力

株式会社 大前・アンド・アソシエーツ

経営と人材に関するプロフェッショナルファーム。自ら事業会社の企画・創立・運営を行う他、経営・社会・国際問題に関する研究活動や、起業家や経営者の育成なども手がける。

ホームページ　http://www.ohmae-associates.com/

●図版作成　**株式会社 フレア**

チャイナ・インパクト

2002年3月29日　第1刷発行

著　者　大前研一《おおまえけんいち》
発行者　野間佐和子
発行所　株式会社講談社
東京都文京区音羽2-12-21　郵便番号112-8001
電　話　出版部　03-5395-3522
販売部　03-5395-3622
業務部　03-5395-3615
印刷所　慶昌堂印刷株式会社
製本所　黒柳製本株式会社

定価はカバーに表示してあります。

N.D.C.222　294p　20cm

落丁本・乱丁本は、小社書籍業務部あてにお送りください。送料小社負担にてお取り替えいたします。なお、この本の内容についてのお問い合わせは学芸図書出版部あてにお願いいたします。

ISBN4-06-211152-7　（学図）